湖南省社科基金项目"现代汉语母语教育史研究"（2010YBB076）

湖南省普通高校哲学社会科学重点研究基地"小学教师教育研究基地"

湖南省重点建设学科"课程与教学论"

湖南第一师范学院 2012 年院级出版基金

高校社科文库
University Social Science Series

教育部高等学校
社会科学发展研究中心

汇集高校哲学社会科学优秀原创学术成果

搭建高校哲学社会科学学术著作出版平台

探索高校哲学社会科学专著出版的新模式

扩大高校哲学社会科学科研成果的影响力

现代汉语母语教育史研究

The Study of the History of Chinese as Mother Tongue Education from Modern Times

曾晓洁/著

光明日报出版社

图书在版编目（CIP）数据

现代汉语母语教育史研究 / 曾晓洁著 . -- 北京：
光明日报出版社，2013.5（2024.6 重印）
（高校社科文库）
ISBN 978 - 7 - 5112 - 4188 - 7

Ⅰ. ①现… Ⅱ. ①曾… Ⅲ. ①现代汉语—母语—教育史
Ⅳ. ①H109.4

中国版本图书馆 CIP 数据核字（2013）第 059128 号

现代汉语母语教育史研究
XIANDAI HANYU MUYU JIAOYUSHI YANJIU

著　　者：曾晓洁			
责任编辑：赵　锐		责任校对：傅泉泽	
封面设计：小宝工作室		责任印制：曹　净	

出版发行：光明日报出版社

地　　址：北京市西城区永安路 106 号，100050

电　　话：010-63169890（咨询），010-63131930（邮购）

传　　真：010-63131930

网　　址：http://book.gmw.cn

E - mail：gmrbcbs@ gmw. cn

法律顾问：北京市兰台律师事务所龚柳方律师

印　　刷：三河市华东印刷有限公司

装　　订：三河市华东印刷有限公司

本书如有破损、缺页、装订错误，请与本社联系调换，电话：010-63131930

开　　本：165mm×230mm

字　　数：285 千字　　　　　　印　　张：17.75

版　　次：2013 年 6 月第 1 版　　印　　次：2024 年 6 月第 2 次印刷

书　　号：ISBN 978 - 7 - 5112 - 4188 - 7 - 01

定　　价：78.00 元

序

记得有这样饱含深情的诗句："母语是小学语文课本里的看图说话，是儿时镀满月光的摇篮，是祖国最南端曾母暗沙的名字，是珠穆朗玛地球最高离太阳最近的地方，是每天新闻联播的准确时间，是每次放飞白鸽的我的共和国的生日。"

确实，母语是人存在的家，人的充分发展首先必然包括语言的充分发展，母语教育对于个人成长有着重大意义，再加上母语教育又是加强民族凝聚力和根植民族文化的最重要途径，所以，无论于己于国，研究母语教育史，发展母语教育，都具有重要的学术价值和重大的实际意义。

众所周知，所谓"母语教育"，在中国全境，实际上就是指的以中华民族的共同语——汉语为代表的汉语文教育，人们一般叫做"语文教育"。语文大致划分为语言与文学两大板块。语文教育研究领域同样分为语言（汉语）教育研究和文学教育研究。目前，与母语教育史研究有关的语文与语言教学研究、国家语言政策研究、现代语文教育史研究等领域确实都各有一批研究者；而对核心问题"现代汉语母语教育史"的研究，却基本上还处于不太成形的阶段，因此，集中进行史的发掘、梳理与归纳，具有较大的研究空间与学理价值。另外，汉语教育"墙内开花墙外香"的现状，也让我们觉得很有必要从历史演进的视角审视汉语母语教育，从而警醒其稍显懈怠的现在，有益于其必须倍加关注的未来。曾晓洁女士是我的博士，读博之前，本科学的是汉语言文学（中文）专业，硕士读的是汉语言文字专业，她有科班出身的语言学背景，也有汉语言教学与研究的根底，她能集中精力进行"现代汉语母语教育史"的研究，正是我所期望的。前几年，她通过艰苦的拼搏，圆满完成了《现代汉语母语教育发展研究》的博士学位论文，然后，又经精心打磨，推出了这部《现代汉语母语教育史研究》，更是令人欣喜不已。

史的研究需要搜罗和泛读海量的史料，既有教育的，也有语言的，还有社会的，一般人难以承受，难于耐烦。可是，晓洁是一位勤奋、扎实、厚道又不乏睿智的年轻女性，肯吃苦，能坐冷板凳，硬是寒窗苦读了两三年，广泛掌握了相关史实，完成了教育史与汉语言教育史研究者应当完成的几项任务，即说明清楚相关教育制度及学说的变迁原因、比较各期教育异同、阐发研究对象与时代背景间的关系、客观评价每一期的得失并指出其各自的特征，由此而顺利完成了这项研究。

总体来看，这本《现代汉语母语教育史研究》的特点与创新之处主要有四点：

第一，见解新颖，确定了现代汉语母语教育史的起点为1897年。史论研究，治史治典，首重追根溯源，爬梳剔抉，把握发展脉搏，发现学术规律。传统语文教育时代，我国母语教育基本上围于文字的教育，或者说，只是一种沉淀多年与实际生活用语相距遥远的古老书面语教育，进入汉语母语教育的现代语文学科教育时期之后，接踵而至的汉语改革将这一距离渐渐缩至最小，而口语听说教育也开始进入母语教育课程并逐渐得到较为深入的研究。本书作者把现代母语教育的时间上限划定在出现第一本白话性质教科书的1897年，这应当是现代汉语母语教育史研究的观点创新，既体现了"走向语言"这一现代母语教育与传统母语教育的质的区别，也考虑到了语言教育的自身特质及教材白话化在带动汉语母语教育从文字走向语言这一过程中所发挥的巨大作用。

第二，自成系统，勾勒了现代以来汉语母语教育的发展脉络。母语教育的发展受到了众多因素的制约。首先，现代汉语母语教育史在某种意义上就是一部百余年来的祖国历史文化变迁史，社会语言改革、国家语言政策、学校语言教学都受到民族文化传承和社会时代思潮的共同制约；其次，母语本体认识自现代以来得到了不断的发展，这些不断发展的认识对母语教育的内容产生了十分明显的影响；再次，在汉语母语教育的内部，学校母语教育在很大程度上还受到了社会母语教育的引导与规约。这些复杂多样的制约因素，使得现代汉语母语教育的史料呈现出纷纭芜杂的现象。但是，本书紧紧抓住汉语母语教育自身的特点，力求以语言教育的重大思潮与变迁作为语言教育的分期标准，做到了去芜取精，去伪存真。具体分期的主要依据包括：学界相关著述、学术会议的论战焦点；语言法规的制定、语文课纲的颁布；学校语言教学的观念变迁、实际成效与社会反响。在上述标准的规约下，作者从大量史实中找出了各历史拐点的代表性事件，理出了各阶段母语教育的总体精神主旨，从而确定地把现代汉语母语教育切分为六个时期，即：1897 至 1928 年的开创期、1929 至 1950 年的探索期、1951 至 1965 年的突进期、1966 至 1977 年的畸变期、1978 至 1989 年的恢复期和 1990 年起的转型期。

第三，视角独特，构建了一个理想的语言能力结构及层级模型。现代以来，我国社会母语教育基本上都围绕"全面普及"在发展，学校母语教育也得到了"螺旋式提升"，现代汉语母语教育的成就毋庸置疑。但是，如果从理想母语能力的视角来审察，现代汉语母语教育也留下了一些缺憾，比如，在重视语言规范、书面表达、单项序列的同时，相对忽视了言语态度、口语素养和总体层级的培养。为此，作者提出并试图构建一个理想的语言能力模型，认为理想母语能力应由具备一定层级性的言语规范能力、言语修饰能力、言语感知能力、言语享受能力、言语应对能力和话语控制能力等六个要素构成，并设想了一条应当有益于培养出理想的现代汉语母语能力的未来之路。

第四，精心结构，使全书具有较强的学理立体感和文本可读性。作者将母语教育的发展置于特定社会思潮和时代发展的背景之下，让各个时期母语教育的特色在鲜明的背景下得到彰显，加之全书材料丰富翔实，表述清晰畅达，使全书的内容架构具有了纵横交错、经纬交织的立体感，也使著作文本具有语言清顺、深入浅出的可读性。

总之，捧读这部别具一格、新意迭出的《现代汉语母语教育史研究》，作为导师，倍感欣慰。期待晓洁博士能够以此作为崭新的起点，开辟出一条汉语母语教育史研究的康庄大道。同时，我也相信，作为现代汉语母语教育史研究的一个具有原创意义与应用价值的新成果，本书能够给汉语教育史研究和语文教育史研究带来新的惊喜与新的启迪，高等学校的研究人员将其列为案头必备的参考文献，高师院校把它列为语文教师教育类课程教材，那样，本书就能够发挥它应有的作用，将科学研究的成果转化为教学应用的生产力，为我国现代汉语母语教育的教学与研究作出重要的贡献。

是为序。

周庆元

（作者系湖南师范大学二级教授，博士研究生导师，中国高等教育学会理事、语文教育专业委员会会长。）

CONTENTS 目 录

第一章

绪　论

第一节　核心概念界定

"现代汉语母语教育史"的内部切分为：现代/汉语母语教育史，即现代以来汉语作为母语的教育发展史。"母语""母语教育""现代"是本项研究的三个核心概念。

一、母语

关于母语，现有定义的主要分歧集中在母语（mother tongue）与第一语言（first language）、本族语（native language）、本族共同语（common language）之间的关系上，具体观点可归纳为如下三类：①母语＝第一语言，如《辞海》（上海辞书出版社 1999 版）、《现代汉语词典》（商务印书馆 1973 版到 2002版）、班弨（2008）[①]；②母语＝本族语＝第一语言，如《语言与语言学词典》（上海辞书出版社 1981 版）、语言学百科词典（上海辞书出版社 1993 版）；③母语＝本族共同语，如李宇明（2003）[②]。

为什么会出现这些分歧？就个体而言，第一语言往往原本就是本族语，可是随着民族融合和区域间移民加剧，第一语言和本族语相龃龉的情况增多，对母语的定义分歧也就相应出现。一般说来，研究者的学术背景对母语定义影响较大，比如，戴庆厦作为民族语言研究者，认为母语首先应该是个人的第一语

[①] 班弨．论母语与"半母语"[J]，暨南学报（哲学社会科学版），2008（5）：113－116.

[②] 李宇明．论母语 [J]．世界汉语教学，2003（1）：48－58.

言，同时又强调有些人对自我母语的认定会因民族融合而产生变化①。而李宇明则站在语言规划的角度，认为"母语是个民族领域的概念……母语直接指向民族共同语，但不指向共同语的地域变体。方言只能成为母言，不应视为母语"②。王宁也与此相似，在承认"自然母语以民族语言的方言为大多数"的基础之上，偏向于把社会母语——本族标准语看作母语，她说："每个人一旦进入书面语学习，就立即进入标准语（民族共同语）范畴。没有这种标准语，用纷繁复杂的地域方言来进行交流，不但会在国际上使外国人莫衷一是；而且就连国内的跨地域交流，也会困难重重。"③

其实，从名称上看，母语本来是个单纯的概念，是儿童幼年时期在父母（家庭）熏染下自然获得的语言，即第一语言。但受词语"母亲"经常具备"给人归属感"这一附加意义的影响，母语便常与"本族语"等同起来。而本族语往往有方言与共同语的差异，所以就又有了母语是等同于方言还是标准语的争议。站在国家语言教育的角度，应该强调民族共同语能力的获得与提高，况且现代汉语母语教育史的研究目的是要提供史鉴，为加强民族凝聚力、提高国家软实力服务，所以，在进行现代汉语母语教育史研究时，应把母语确认为现代汉民族共同语。

二、母语教育

在我国，最容易与"母语教育"相混淆的概念，莫过于"语文教育"，此外，有着相交叉内容的概念还有"母语教学"、"汉语教育"等，下面一一加以区分。

先说母语教育与语文教育的关系。母语教育与语文教育的混淆，其实产生于对语文课程的研究中。大家知道，"语文"这个概念，自其在学校课程中使用那一天起，内涵与外延的界定就一直处在纷扰之中，语言和语文究竟是什么关系，历来众说纷纭。如果要归纳，可大致分成两类，一类认为语文就是语言，另一类则认为语文包含了语言，但语文具体如何切分，又有"语言文学"、"语言文化"、"语言文章"、"语言文字"四种提法。

---

① 戴庆厦，何俊芳. 论母语 [J]，民族研究，1997 (2)：59 - 64.
② 李宇明. 论母语 [J]. 世界汉语教学，2003 (1)：48 - 58.
③ 王宁，孙炜. 论母语与母语安全 [J]. 陕西师范大学学报（哲学社会科学版），2005 (6)：73 - 77.

　　语文就是语言的观点，最为有力的支撑依据大约是叶圣陶"语文＝口头语言＋书面语言"的经典解释，而学界的一些混用现象，如中国语言学顶尖杂志《中国语文》的刊名与刊发内容的差异（该杂志在 1953 年创刊之际及其后几年乃至改革开放之初，发表了不少语文教育和语言研究的文章，名实相符，但后来主办方转为中国社会院语言研究所，刊发内容缩小为仅限于语言本体研究，刊名依然保持不变），也为人们的争论留下了口实。而 20 世纪末语文课程的人文转向，又对该观点起到了推波助澜的作用。在 2001 年《全日制义务教育语文课程标准（实验稿）》"前言"部分，"语文教育"出现了 4 次，"母语教育"出现了 2 次，就"母语教育"出现的语境看，二者似乎可以互换。新课标修改前后成立的江苏凤凰母语教育科学研究所和江苏母语课程教材研究所，研究的主体其实也就是语文教育和语文教材。一些主流研究，如潘涌（2009）① 以母语教育为题，谈的是语文教育；冯学锋等（2006）② 谈母语教育的亮点与问题，所列的其实是语文教育的亮点与问题。把"母语教育"等同于"语文教育"的话语方式，近几年比较常见。确实，如果立足于母语的习得角度，强调民族精神与民族文化在母语习得的过程中相伴始终，那么，母语教育中确乎含有许多语言获得之外的隶属于语文教育的东西，但是，由于语文教育的不少内容，如文学和文章学的学习，不仅逸出在语言获得之外，也逸出在文化之外，所以，即使只强调母语获得当中较低语域的语言习得，母语教育也不能涵盖语文教育的全部内容。

　　语文包含语言的观点，应该主要是从语文课程内容的角度提出的。因为就我国学校语文课程内容来看，除了汉语的教学，还涉及文学、文化、文章等的教学，也就是说，在课程的层面上，把语言看作语文的一部分是有道理的。那么，"语言文学"、"语言文化"、"语言文章"、"语言文字"的四种切分，哪一种更合理呢？仔细考虑一下，第一，语言与文化不是并列关系，语言的内容本身就是文化，把"语文"解读为"语言文化"的提法把语言看作了纯形式工具，有所偏颇。第二，文章只是语言的整体形式，语言与文章的集合不足以概括事实上的语文。第三，语言先于文字，当某种语言发展到一定阶段而产生了相应的文字之后，该种语言就具备了口头和书面的两种形式。汉语是有文字

---

　① 潘涌. 论全球化背景下母语教育的普世价值 [J]. 北京大学教育评论，2009（3）：173 - 179.
　② 冯学锋，李晟宇. 母语与母语教育 [J]. 长江学术，2006（3）：60 - 66.

的语言，汉语自然便包括了汉语口语和汉语书面语及其表现载体——文字。对于汉语来说，语言与文字是事实上的属种关系，"汉语言文字"就是汉语，只不过前者比后者更加强调书面载体而已。综上，不管是"语言文化"、"语言文章"还是"语言文字"，都不足以囊括"语文"的全部内容。相较之下，"语言文学"的切分法更有说服力，因为，"建国以来的语文课本，就包含语言知识和文学篇目这两个部分。50 年代的语文课曾实行过语言、文学分科；高校中国语言文学系的主干课程，实际上包含语言学和文学这两大门类。"① 除了史实的支撑，这种切分还具备逻辑上的优势，因为语言、文学是两个相互独立的概念，外延相加即为语文课程的主体教学内容，文化、文章教学也完全可以在语言文学教学中得到实现。

至于"母语教育"与"母语教学"，二者的区分来自于教育与教学的差别。一般认为，"教育"的范畴大于"教学"，"教学"通常只发生在学校情境当中，而"教育"几乎与生活同在，"活到老，学到老"就是对教育与受教育无时无处不在的生动描述。母语教育因所习内容为母语，泛而言之，外延当与生活相等，但由于研究技术的限制和母语概念的限定，日常语言习得与方言教育只能排除在外。这样，母语教育就被切分为学校教育和社会教育两大块，学校教育主要指语文课程中的母语教学，社会教育主要指国家层面的语言规划和产生了较大社会影响的母语变革思潮。也就是说，母语教学比母语教育的内容要窄得多，它只包括了学校层面的一部分语文课程内容，如语音、词汇、语法、文字识写、标点符号等汉语知识的学习和朗诵、讲演、作文、逻辑、阅读等汉语综合运用的学习，而母语教育则还包括了国家与社会层面的语言生活引领。

最后谈谈"母语教育"与"汉语教育"。由于国内各少数民族汉语学习者的增多和 20 世纪 80 年代以来对外汉语教育的逐步兴盛，汉语教育的内涵得到了较大扩展，它不仅包括了汉语母语教育，也包括了我国少数民族汉语教育和对外汉语教育，我国少数民族汉语教育和对外汉语教育通常被统称为汉语作为第二语言教育，汉语母语教育是个与之对应的概念。

三、现代

先说下限的问题。也许有人会认为，"现代"之后有"当代"，现代汉语

---

① 王宁．汉语语言学与语文教学 [J]．中国社会科学，2000（3）：169－178．

母语教育史的下限不应该一直延伸到现在。确实，谈论中国历史时，往往会把1949年当成是现代与当代的分界线，但在语言研究中，现代和当代却是同义词，不仅国外汉语学术界很少从语义上区别"现代"和"当代"，一些专门的语言词典，如中华书局版《当代汉语词典》、上海辞书版《当代汉语词典》，虽然冠名为"当代"，但其实际收词也与现代汉语词典大同小异。况且，"现代"这一概念具有多义性，它既是一个时间概念，更是一个价值概念，而"现代汉语母语教育"所框定的"现代"，很大部分正是源于其与"传统"的相对意义。据此，现代汉语母语教育史研究所涉时间延伸到了现在。

对于"现代"这一概念的起始点，在现有"史"的研究上，迟的一般定在"五四"运动，早的大多定在清末资本主义殖民者对中国的入侵之初。那么，现代汉语母语教育史的"现代"起始点应如何确定，才能既尊重历史共性，又充分考虑其发展个性呢？

这里首先牵涉到的，是汉语母语教育传统与现代的分野问题，即确定好现代汉语母语教育与传统汉语母语教育之间的最大差异。综合比较之后，可以认为二者之间的最大差异是：传统汉语母语教育是一种文字的（文言的）教育，而现代汉语母语教育是一种语言的（语体的）教育。

接下来的第二个问题：是什么导致了汉语母语教育从文字的（文言的）教育走向语言的（语体的）教育？笼统地说，导致这种变化的原因是清末国运衰微之时的西学东渐。如要找出一个重大的历史性事件的话，可认为是中日甲午战争。因为，之前的一些历史事件虽然也对我国的语言及语言教育产生了一些零星的影响，但都不及中日甲午战争的影响那样集中而具有震动性。这些较为集中的影响主要表现在：

第一，甲午战争的失利导致人们把注意力转向教育救国，从而促进了汉语书面语从文言到白话的改变。一般认为，中日甲午战争的迅速结束，宣告了中国器用救国迷梦的破灭，在坚船利炮无益于救国的认识之下，先驱者们的目光开始转向教育，希望通过思想改造来拯救国家，而要进行思想改造，第一紧要的就是要通过提高语体的地位以实现文化的下移。因此，虽然黄遵宪1868年就主张"我手写我口"，国内最早的白话报纸——《申报》白话《民报》二日刊，也已于1876年3月30日开始发行，但前者仅限于一种理论倡导，后者的实践也只是一枝独秀。直到甲午战争之后，白话文体才真正从倡导变成实践，全国各地都开始积极创办面向大众的白话报纸，《强学报》（1896）、《演义白话报》（1897）、《无锡白话报》（1898）等相继创刊。详细的情况，叶再生《中国近代现代出版通史》（第一卷）细细列出了1898年9月到1911年12月间的所有白话文报刊，从头到尾数下来，总共有118种。① 根据另一种统计，"从1899年到1918年，各地新创办的各类白话报刊不下170余种，遍布全国近30个大中小城市，甚至世界屋脊拉萨，也在1907年创办了《西藏白话报》"②。

第二，使得中国文字改革运动的速度加快。由于19世纪后期的放眼看世界，受西方文字影响而有意推行汉字平民化的呼声已时有耳闻，但在甲午战争之前，可见的成果仅1892年卢戆章的《一目了然初阶》，可以说，文字改革的真正研究者还较少，而少数一些已在进行中的相关研究，也因"以资世用"意识不强而久久没有面世。但在甲午战败的强烈刺激下，改革变通又一次成了社会最强音，汉字改革也同时被推上了风口浪尖。1896年，沈学在"余则以变通文字为先"的思想指导和"自强为计"③的抱负下，创《盛世元音》18笔字母公诸天下，蔡锡勇也在"文字为振兴之本"④的舆论里于这一年创制出《传音快字》。此后，王炳耀《拼音字谱》（1897）、王照《官话合声字母》（1900）、田廷俊《数目代字诀》（1901）等先后推出，梁启超、吴汝纶、王璞等社会名流也努力为之奔走呼告，文字改革运动至此已肇其始端。

也就是说，甲午战争的失利明显地刺激了我国的文言变白话和汉字改切音字两项运动，对汉语母语教育从传统到现代的转型起到了有力的促进作用。那么，是不是据此就把中日甲午战争的结束作为现代汉语母语教育的开端呢？这里就牵涉到一个视角的问题。目前，对于历史起点的界定，大概有两种不同的视角。有的研究者比较重视背景因素，认为可以把相关的重大历史事件作为某段历史的时间起点，如近代教育史把鸦片战争作为起点，一些学科把五四运动作为其现代起点等就是这样。但目前，更多的研究者开始倾向于认为应该关注研究对象本身的特色，应该把研究对象本身领域中最具代表性的事件作为界定

① 叶再生.中国近代现代出版通史（第一卷）[M]，北京：华文出版社，2002：712-722.

② 黄爱.试论我国新闻大众化的变迁 [J].青年记者，2009（12）：32-33.

③ 沈学.《盛世元音》自序 [A].文字改革出版社.清末文字改革文集 [C]，北京：文字改革出版社，1958：9-10.

④ 汤金铭.《传音快字》书后 [A].文字改革出版社.清末文字改革文集 [C]，北京：文字改革出版社，1958：6.

起讫点的最主要依据。两相比较后可发现，前一种视角关注"本源"，有其合理的一面，但既然选取某个对象做专门的历史研究，那么，强调"本体"的后一种视角更能够凸显研究对象本身的特色，所以，从后一种视角出发界定汉语母语教育的"现代"起点当更为合适。

这样，第三个问题就出来了，即：体现汉语母语教育从传统跨越到现代的标杆性的事件是什么？

根据前面已经做出的对于"母语教育"一词的界定，"母语教育"的范围要大于"母语教学"，是社会母语教育和学校母语教育（即教学）的总称。那么，标志切音字运动开端的卢戆章《一目了然初阶》（1892）的出版，作为推行白话之首度实践的《申报》白话《民报》二日刊（1876 年 3 月 30 日）的创刊，都是备受世人瞩目的母语教育重大事件。这是不是就意味着可以将1876 年或者 1892 年作为汉语母语教育的现代起点呢？答案是否定的。主要理由有两点：第一，母语教育虽然包括了社会母语教育和学校母语教育两个部分，但研究社会母语教育，主要是因为它对学校母语教育起着牵一发而动全身的基本导向作用，不加研究无以明白学校母语教育发生变化的直接原因，研究的最后落脚点还是学校母语教育。如果把社会母语教育的重大事件作为现代的时间起点，似乎不太能反映研究汉语母语教育史的根本目的。第二，退一步来说，如果把社会母语教育与学校母语教育同等对待，也会发生取舍困难。以白话化为主体的书面语体改革，以汉字拼音化为主体的文字改革，以统一语音为主体的口语语音推广，以语法为主体的汉语本体研究，以及扫盲和纯洁公共语言等国家与社会层面的活动，都隶属于社会母语教育，谁主谁次，难以排定。相应地，1876 年《民报》二日刊创刊，1892 年卢戆章《一目了然初阶》出版，以及我国第一部用西方现代语言理论研究中国语法的《马氏文通》于1898 年的出版，出现时间都比较早，该以哪一个为准，确实难以提出能够说服人的理由。

所以，还是得以学校母语教育中的重大事件作为标杆。考察清末民初的汉语母语教学，可以看到与传统时期明显不同的三点变化，一是白话性质的教材从开始出现到不断增多，二是以官话学习为中心的听说训练开始受重视，三是以语法学习为中心的汉语母语规律开始进入学校教学。翻看文献得知，最早的白话性质教科书出现于 1897 年①，最早要求学校"习官话"出现于 1904 年《奏定高等小学堂章程》，最早要求教学语法知识的是 1902 年《钦定蒙学堂章程》。这三个事件当中，该以哪一个作为最突出的标杆呢？比较发现，教材白话化、听说训练、汉语知识教学三者当中，教材白话化在清末民初的学校母语教学中实施得最为彻底，教材白话化对于学校母语教学实现从传统到现代转变的实际作用力也最大，因此，从白话性质母语教材的出现来考虑汉语母语教育的现代起点，具备较大说服力。

基于以上各种考虑，现代汉语母语教育史的起点当为 1897 年。

第二节　文献综述

对 1897 年以来的汉语母语教育发展史研究产生直接影响的研究分为三个方面：一是语文与语言教学研究；二是语文教育史研究；三是国家语言政策研究。

一、语文与语言教学研究

"一部中国古代教育史，大抵是一部中国古代语文教育史。"② 对语文教学的研究又与语文教育现象相伴始终，如田正平、肖朗主编的《中国教育经典解读》（2007）所选大多与语文教育有关，清代王筠《教童子法》总结出来的经验也全是儿童语文教育方面的。自 1904 年语文在国家课纲中独立设科以来（中国民间"国文"独立设科始于 1878 年张焕伦创办的正蒙书院③），该方面的论述更是汗牛充栋，从黎锦熙、叶圣陶、张志公、吕叔湘等语文教育专家到

---

① 关于最早白话性质的教科书，不少学者都认为是 1897 年南洋公学的《蒙学课本》，如清末民初教科书研究权威石鸥先生《中国最早的现代意义的教科书——南洋公学的〈（新订）蒙学课本〉》（《书屋》2008 年第 1 期）一文就对此做了明确表述，而他《百年中国教科书图说（1897 – 1949）》（2009，湖南教育出版社）一书，则更是因此而直截了当地把现代教科书的起点定在 1897 年。虽然也有一些不同的声音，比如陈翊林先生《最近三十年中国教育史》（1930，上海太平洋书店）第 46 页谈到，"二十一年华亭钟天纬在上海办三等学堂，而以语体文编教本为国语教科书的先河。"周予同先生《中国现代教育史》（1934，上海书店）第 98 页对同一事件的表述是，"光绪二十二年（公元 1896 年）华亭钟天纬所创办的上海沪南三等学堂……以白话编撰儿童教本"。也就是说，在南洋公学《蒙学课本》之前，也许在 1895 或 1896 年，钟天纬所创办的学堂已经编出了更早的白话性质蒙学课本，但由于教育史对此只有只言片语、语焉不详的介绍，时间也不统一，所以本书不予采信。

② 周庆元.语文教育研究概论 [M].长沙：湖南人民出版社，2005：180.

③ 徐林祥.融斋龙门弟子与中国早期现代化 [J].史林，2006（5）：30 – 43.

钱梦龙、魏书生等 80 年代后的各大教改流派掌门人，均有多部论著与不少论文问世，这些论述是研究各个时期汉语母语教育的重要参考资料。

语文学科归根到底是学习语言和语言运用规律的学科。语言教育研究夹杂在语文教育研究当中，语文教学中的"语法、辞汇、发音、说话、识字以及朗读、修辞，写作中的一部分指导工作都属于语言教学的范围。"① 语言教学的具体内容在语文教育中的变化，则体现了一个明显的历时演变过程。在这个过程中，有一个明显的由重视语言知识到重视语言能力，从粗略地谈语言能力到细致化地谈言语和语感能力的过程。

自五四以后，语言知识，包括注音字母、标点符号、笔画、修辞、语法等，开始进入中小学语文教学中。陈启天② 1920 年即在其《中学的国文问题》一文中，提出语文教学的"正""副"目的，认为语文课的"正目的"是要能说普通言语，要能看现代应用文和略解粗浅美术文，要能做现代应用文。徐特立 30 年代在解放区进一步明确了语文教学的主目的是学习语言。但是，直到 1956 年的汉语与文学分科，语言教育基本上还是以语言知识的教学为主旋律。20 世纪 60 年代初张志公的《传统语文教育初探》，已经处处表现出一种要从汉语特点出发来改革语文教学的精神，但并未引起人们重视。正如刘大为所说，"应该客观地说，真正为母语教学所需要的语言知识应该是怎么样的，具有什么样的系统，并没有被我们的语言学认真探索过，甚至也没有被语文教学界深刻论证过，更没有考虑过它们该如何进入教学的过程。"③ 另一方面，语言教育却又是培养"使用语言的人而不是语言学家，是能用'这种语言讲话'的人而不是'谈论这种语言'的人。"④ 这就需要语言教学从纯知识的教育转到能力教育上来。80 年代末之后的语文课纲反映了这种转变，零星的研究或实验则早在"文革"一结束就已展开。蒋仲仁⑤ 1979 年《语言规律与语

① 徐世荣．中等学校语言教学中的几个问题［A］．顾黄初，李杏保．二十世纪后期中国语文教育论集［M］．成都：四川教育出版社，2000：98．
② 陈启天．中学的国文问题［A］．顾黄初，李杏保．二十世纪前期中国语文教育论集［M］．成都：四川教育出版社，1990：154－165．
③ 刘大为．语言知识、语言能力与语文教学［J］．全球教育展望，2003（9）：15－20．
④ S．皮特·科德著．上海外国语学院外国语言文学研究所译．应用语言学导论［M］．上海：上海外语教育出版社，1983：12．
⑤ 蒋仲仁．语言规律与语文教学［A］．顾黄初，李杏保．二十世纪后期中国语文教育论集［M］．成都：四川教育出版社，2000：452－461．

文教学》一文指出了语文教学中学习语言规律的重要性和可操作性，陆继椿1979 年创立"分类集中分阶段进行语言训练的教学体系"。20 世纪 80 年代初，知识如何转化为能力的理论探讨和实践实验，就已成为当时语文教育界关注的热点。到 90 年代中后期，洪镇涛针对语文教学脱离语言实际大搞架空分析的弊端，提出变"研究语言"为"学习语言"的主张，深入进行语文教学的本体改革，影响较大；陶本—[①]在《语文教育和语言素质》中提出了"语言素质"的概念，认为语言素质是指以语言文字为载体的，人的认知、情感和操作等几种因素在学习、交际、创造与自身发展中的综合体现；张静认为，"应该建立以语用为纲的，适当结合有关语言要素和语言成分的理论知识的教学体系。"[②] 张传宗则通过百年历史的回顾，探讨语言教学对整个语文教学的带动作用，并对 21 世纪新的语言教学体系，提出了自己的构想。[③]

在纷纷扬扬的如何处理语言知识和培养语言能力的探讨中，王尚文[④]提出了"语感中心论"，认为语文能力的核心是语感，引起强烈反响，接着他又在其《语感论》（1995）一书中进一步提出"语感图式"的概念。此后，语感的培养就成为了语言能力的一个精致化名词，研究者日众，如杨成章[⑤]就对语感的本质特征、语感教育和语感学习的基本原理作了比较深刻的理论分析，而以李海林为代表的"言语教学观"也开始在语文教育中产生影响。总之，王尚文和李海林当为 20 世纪末 21 世纪初语文教学言语转型的主要倡导者与理论奠基人，他们的著作《语感论》和《言语教学论》，对新世纪的母语教育已经产生并将继续产生重要影响。

在语文与语言教学研究的总体发展框架中，口语、拼音、识字、语法、修辞等语言细项的教学与研究都经历了比较曲折的发展过程。以识字为例，20 年代时，在科学化潮流的影响下，刘廷芳等人就组织进行了十分扎实的识字心理研究；三四十年代解放区的实用识字也开展得红红火火；到 1958 年，集中识字、分散识字两大流派的实验分头进行，影响甚众；80 年代后期，在计算

---

① 陶本一. 语文教育和语言素质 [J]. 语文教学通讯, 1996 (4)：28 – 31.
② 张静. 从语言的层面看语言教学的纲 [J]. 语文知识, 1994 (3)：2 – 7, (4)：2 – 7, (5)：2 – 7.
③ 张传宗. 以加强语言教学带动语文改跨入21世纪 [J]. 课程·教材·教法, 1998 (1)：25 – 31.
④ 王尚文. 语文教学的错位现象 [J]. 教育研究, 1991 (10)：55 – 59.
⑤ 杨成章. 语感与语文教育 [J]. 重庆师院学院（哲学社会科学版）, 1997 (1)：85 – 92.

机科学的带动下，人们开始大力研发汉字教学计算机软件，首都师大刘庆俄教授①在这一方面的成绩最为显著；进入 90 年代后，在研究传统经验和信息处理的基础上，如何解决汉字教学的重点和难点，成了语言学界和语文学界共同关心的课题，为此做出贡献的，有苏培成等一些人。

此外，在个人的成系统研究中，执汉语母语教学研究之牛耳的当数庄文中，他不仅以《中学语文教学》为主要园地，发表了成系列的语言教学论文，而且还先后出版了《中学语言教学研究》（1999）和《中小学语言教学概论》（2006）两部专著，前者把重点放在对语言教学知识点的论述，后者则依循时代脚步，把语言教学的重点放在了语言能力的培养上。高更生、王红旗等合著的《汉语教学语法研究》（1995）一书，设有一章专门介绍汉语教学语法的演变过程，颇有教学语法史的味道。相对而言，最有特色与冲击力的则数王培光和何克抗的研究。前者所著《语感与语言能力》（2005）是最早的汉语语感的实证研究，该书以二千五百份语感问卷为基础，论证了语感与听说读写能力有中等程度的相关性，解释了几十年来中学语法教学效果不显著的原因；后者所著《儿童思维发展新论——及其在语文教学中的应用》（2007）一书，则振奋人心地提出了网络时代背景下，母语读写能力完全可能得到突飞猛进的提高。

二、语文教育史研究

这里的"语文"，指语文课程。语文教育史方面的著作，张志公《传统语文教育初探》（1962）系统地对中国传统的语文教育经验做了较为系统的分析与概括，"可以说是中国语文教育史研究的奠基之作"②。而自 20 世纪 80 年代末 90 年代初以来，现代语文教育史的研究开始呈现繁荣趋势。其中，影响最大的研究者，应该算顾黄初和李杏保两位。顾黄初主编的巨著《中国现代语文教育百年事典》（2001），以语文教育为主线，勾勒了 1901～2000 年之间中国现代语文教育改革和发展的历史面貌，可惜编撰时受时间顺序的苑囿，有时难免令读者只见独立事件，不见全史；两人合编了《二十世纪前期中国语文教育论集》（1990）和《二十世纪后期中国语文教育论集》（2000）两部珍贵且独具慧眼的史料集，并且《二十世纪前期中国语文教育论集》"导论"还高

---

① 刘庆俄. 汉字教学改革的新尝试［A］. 顾黄初，李杏保. 二十世纪后期中国语文教育论集［M］. 成都：四川教育出版社，2000：1093 - 1098.

② 刘正伟，顾黄初. 关于中国语文教育史研究的对话［J］. 中学语文教学，2000（10）：16 - 18.

屋建瓴、提纲挈领地全面介绍了语文学科在新中国建立以前的历史进程；二者合著的《中国现代语文教育史》（2004）由点而面，对每一个历史时期的语文教学法理论著述均给予了相当的关注，比较清晰地勾勒出了现代语文教育学学科建设的历史；此外，顾黄初还以讲稿为基础独著了《现代语文教育史札记》（1991）一书。其他同类研究中，直接以"史"命名的就有好几本，其中，陈必祥主编的《中国现代语文教育发展史》（1986）和张隆华主编的《中国语文教育史纲》（1990）成书较早，在语文教育研究界产生了深刻的影响。但是，所有这些语文教育史类著作，都把汉语教育与文学教育、思想教育融合在一起叙述，看不到汉语母语教育这一概念的影子。而陈黎明、林化君则能以语言研究者的身份介入语文教学研究，所著《20世纪中国语文教学》（2002），考虑到了不同时期的语言政策对语文教学的影响，虽然严格说来，该书对于相关语言政策更多的是做了罗列工作，但对于研究现代汉语母语教育史，还是起到了不可忽视的启发作用。

三、国家语言政策研究

汉语母语教育，由学校语言教育和社会语言教育组成，其中社会语言教育的最直接体现是国家语言政策。相较于语言学的其他研究领域，语言政策与语言规划的研究一直是语言学研究的薄弱环节，但总体看来，这方面的研究在20世纪也曾形成两次高潮，一次是五六十年代，一次是八九十年代。五六十年代高潮的形成与建国之后紧锣密鼓的语言规范工作互相辉映，主要内容涉及拼音形声字批判、简化汉字问题、新语文运动等方面。参与及领导语言规范工作的学者，如周有光、曹伯韩、吴玉章等都有专著出版，中国语文杂志社和文字改革出版社则成为当时的主要相关出版机构。当时出版的这些专著或论文集，都是今天研究汉语母语发展史与汉语母语教育发展史的重要资料，尤其是其中《清末文字改革文集》（1958）一书，收集了1892年到1911年间与语言文字改革相关的所有重要文章，为研究开创期的现代汉语母语教育提供了宝贵的资料。改革开放尤其是1985年以后的新一轮语言规范工作，为语言政策研究提供了一方热土。这一次高潮主要集中在回顾文字改革历史、推广普通话、进一步规范汉字、汉字信息化等几个方面，学术界此期对于语言规范的问题也有了更深刻的反思与认识，"匡谬正俗"与"规范过度"的关系得到了进一步澄清。

当然，除了以上三项以外，语言的教育还必然受到对语言本体现象认识的掣制。一个经典的例子是，在索绪尔之前，"语言"的概念比较含糊，统括了当今语言学上的"语言"和"言语"两个概念，相应地，语言教育也就没有区分作为一套规则系统的语言知识教育和在具体情境中培养的言语能力教育，并且国内言语教学论的兴起也正是发生在索绪尔现代语言观念的全面引进之后。所以，研究现代汉语母语教育史，就必须了解同期现代汉语本体研究的大致进展情况，这方面的研究非常之多，但只需要做纲目性了解即可，所以不做评述。此外，现代汉语母语教育史研究还将受惠于教育史学、课程哲学、语言哲学、学习心理学等各领域的既有研究，限于篇幅，不一一陈述。

第三节　母语教育的多重制约性

无论是对于个体、民族还是国家而言，母语都是一种至关重要的标志。母语的重要，连带而及了母语教育的重要，无论任何时代、任何国家，母语教育都具有无法取代的至高地位。也正是因为母语教育的这种无法取代性，各种各样的思潮与观点才都争先恐后地试图对母语教育产生力所能及的影响，而母语教育内容本身深刻的文化积淀又使母语教育的复杂性进一步加剧。总之，制约母语教育发展的因素非常多，择其要者，要算民族文化传承、社会时代思潮、母语本体认识和个体语言环境这四点。

一、民族文化传承

语言既是民族文化最重要的载体，又是民族文化的一部分。观察汉语母语中的任何一个字词含义，任何一种语法现象，任何一种修辞方式，任何一类音韵演变，都可以看到汉文化打下的深深烙印。从最简单的汉字"人"、"口"、"手"中，可以读出我们一脉相承的擅长形体联想的思维特点；从最常用的词汇"桌子"、"椅子"、"凳子"中，可以发现声符表义的"右文说"的影子；从最普通的判断系词"是"的形成可以窥探从具体到抽象的虚词形成规律；从避讳、婉曲的修辞可看出中国沿袭几千年的礼仪文化；……总之，母语与祖国文化一道，交汇融合，构成了一张无处不在的巨大的网，我们生活在其中。

语言在发展过程当中，也会受到外来文化的影响，留下外来文化所投射下的一些影子。但是，就像异体移植必须要满足不被植入体排斥的基本要求才有可能成功一样，任何外来文化在融入汉语当中时，必须要经历一个先被汉语同质的过程。二三十年代传入的一些音译词，如"梵婀铃"、"水门汀"、"德律风"等等，因为不符合汉语意合的特点，虽然短暂存在，但后来还是分别以"钢琴"、"水泥"、"电话"等形式重新译过，才被接纳成为汉语常用词。"梵婀铃"等形式之所以不能被我们接受，就是因为民族文化具备天然的筛选功能，在以汉语为母语者的潜意识里，一个词语拿过来，它的整体意义就应该由其中的每一个成分（大部分情况下即指汉字）的意义意合而成，如果按照惯有的思维无法意合，或者意合出来的整体意义与实际意义出入较大，人们就难以接受。以"拉长（zhǎng）"和"给力"这两个词为例，前一个词虽然已出现多年，但除了外资工厂较多的地区，一般人都不太明白它究竟指什么，但后一个虽然是 2010 年才创制出来的网络新词，但只要给个语境，几乎所有第一次接触的人都能对它的意思猜个八九不离十。之所以有这种差别，就因为"拉长"含有外来成分，是"line + 长"的音意合成词，而"给力"却是"给 + 力"的动宾结构，两个构词语素义都是本土惯用的。也正是因为认识到了这一点，清末外国传教士们才会想方设法地要用老百姓感兴趣的方式来传授教义，甚至于出现了"自太初，有上帝，造民物，创天地，无不知，无不在，无不能，真主宰"这样韵语形式的《圣教三字经》。

语言是语言教育的主体内容，语言蕴含的高度的文化性，使得语言教育也必然地受到了民族文化传承的影响与制约。

这种影响与制约首先表现在语言教育的目标取向上。我国的学校母语教育，一直有一种重吸纳轻输出的目标取向，其最明显的表现是：从古至今，我们用在识字、阅读教学上的时间总是远远多于用在说话、写作上的时间，而且，即使是为时较少的写作训练，也强调述而不作的传经态度，不能轻易地表明自己的观点，如果非要表明，也必须要采用一种曲折隐晦的方式。为什么会有这样的一种取向？归根结底，还是由于我们传统谦敬文化的影响。一方面，传统文化强调隐忍、恭听、内敛，比较忽略个体自我诉求的表达、彰显，所以，写的，尤其是说的能力一直得不到较好的引导与发展；另一方面，传统教育又讲究师承，教师的教本是经，对教师的尊敬也就顺带出对经的尊敬，所以，人们通常只是采用一种"传"的方式来注经解经。

民族文化对于母语教育的影响与制约还体现在教学内容的选取上。以读经为例，在现代汉语母语教育史上，学生是否需要读经的讨论共出现了三次高潮，时间分别是五四运动前的 1912～1917 年、国民政府时期的 1931～1935 年以及 21 世纪以来的最近十来年。从语言学习的角度看，读经就是读古代典籍，就是感受和学习古代母语，而由于古代母语是现代母语的根，所以完全可以通过适量的古母语学习来培养学生对现代母语的感悟力与领受力。但事实并没有这么简单，由于古代典籍承载着丰富的传统文化，结果就导致每一次要不要读经的讨论，都偏离了古母语学习的这个原点，演变成了要不要恢复帝制、要不要尊孔尊儒、要不要保护国学之类的大论战。

如果谈及社会母语教育，传统文化的作用力就更明显一些。以清末以来的汉字拼音化改革为例，虽然先驱者持续不断地争取了近百年，但最后还是以失败告终，根本原因就在于，"语言文字是世界上最保守的东西，比宗教更为保守"①，试图用一种完全异质的拼音文字来取代表意的汉字，如果无法把触角广泛而深入地扎进亿万群众的心灵土壤之中，那么，即使有再好的出发点和推行可能性，传统文化的重重阻隔也必然会使其步履艰难。

二、社会时代思潮

社会思潮包括外来思潮与内部思潮两种，对于现代汉语母语教育，外来思潮有过四次较大的集中影响，内部思潮有过两次较大的集中影响。

第一次外来思潮的影响，发生在 19 世纪末 20 世纪初，当时有一种思想，叫做"汉字落后论"。这种思想的产生源于中西文字的比较，由于此期中西沟通增多，接触西文的人越来越多，其中一些学贯中西、对语言学习比较敏感的人士就渐渐达成一种共识，认为西方文字是线性的拼音文字，记音元素简单，学习起来比较容易，中国汉字是平面的表意文字，偏旁部件多，难认难写难记，加之西方拼音文字又是从最初的表意文字发展而来的，那么，很明显，"汉字落后"了，它应该像西方文字一样，要从表意走到拼音化的路上去。基于这次思潮的影响，后来绵延近百年的艰难的汉字拼音化改革才得以发生。

第二次外来思潮的影响是发生在 20 世纪二三十年代的母语教育科学化实验。受当时科学思潮和心理实验教育的影响，在一批归国留学生的带动下，母语教育界对识字教学中的用字选择、识字顺序、写字教法以及作文的批改方法等，进行了一系列科学化的实验控制与测验，取得了不少有推广价值的成果。后来 80 年代的语言教育科学序列的追求也与此相仿，也是受到了科技的影响，但在成果上，后一次因为更致力于追求教法上的序列，故而推广性没有前一

---

① 胡适 . 胡适自传 [M] . 南京：江苏文艺出版社，1995：277.

次强。

第三次外来思潮是 20 世纪五六十年代的苏联语言观和语言教育观。当时，在马克思、恩格斯"语言是交际的工具"这一观点的影响下，国内很多语言学家，尤其是关注语言教育的语言学家，如张志公、吕叔湘等，都认为语文课就是语言课，语言的性质是工具，工具性就是语文教育的基本性质。我们知道，工具观的形成标志是 1963 年张志公《论工具》的发表，但用教工具的方法来教学语言的思想，实际上在建国初期进行社会语言规范时就已有体现，后来从 1956 年开始的两年汉语课程独立，所用《汉语》教材编得比较繁琐，原因也在于把语言的性质和语言教育的性质混淆起来了。

第四次外来思潮是 20 世纪 90 年代以来的人文思潮。语言虽然被人们当工具使用，但语言本身所包含的内容却是人文的，所以人文思潮的引进对于语言教育来说是件好事。可由于之前的语言教育过于注重工具性，忽略了人文性，以至于人文思潮一涌过来，不少人就认为应该把之前的语言教育理念完全推倒重来，于是就有了世纪末的语文教育大讨论，就有了语言知识是不是"发霉奶酪"的争论。

内部思潮方面的两次影响，分别发生在三四十年代和五六十年代。三四十年代，由于内忧外患交相叠加，政权的掌握者们无暇对知识分子进行思想约束，学术界出现了一大批自由知识分子。这些自由知识分子中的不少人都与语言教育有一定的关系，叶圣陶、夏丏尊、朱自清、丰子恺等开明同人是其中的代表。他们游离于政治之外，以开明书局为中心，潜心于探究语言教育的内部规律，为现代汉语母语教育添上了浓墨重彩的一笔。五六十年代的母语教育则发生在民族精神极度振奋的时代背景之下。当时，张扬民族精神的诉求极其强烈，统一规范的语言则是张扬民族精神的不二利器，于是就有了推广全国通用的普通话，去掉国人说话、作文中不规范现象等一系列追求语言健康与纯洁的重大语言教育事件发生。

综上可见，内部思潮几乎总能产生比较好的影响，而外来思潮则往往由于引进之时所赋予的理想总是太高，同时又没有考虑到外来事物的本土适应性问题，所以，虽然也都产生过一些正面影响，但更多时候却总是使汉语母语教育的导向从一种极端走向另一种极端，达不到本来应有的改革效果。姜义华认为中国启蒙运动之所以陷入不断的困境当中，一个极其重要的原因就是，"它为万分强烈的忧患意识所迫，总想从国外现代文明中拿过几样现成的具体成果，在中国立即开花结果，立竿见影，马上见效，而过分忽略了看来形态不那么具体、效果更不那么显著的思维方式自身的变革。"① 这一精辟的论述，借来以解释现代汉语母语教育学习外国的情景，也非常合适。

三、母语本体认识

现代以来母语本体认识对社会母语教育所产生的影响，主要表现在汉字改革上。自四五千年前甲骨文创制，汉字崇高的地位就已经基本奠定。从"仓颉四目"、"天雨粟、鬼夜哭"等关于汉字创制的传说，到甲骨卜辞时代的巫史合一，再到殷墟考古发现的甲骨文曾被一坑一坑深埋井底，都说明原初时代的文字曾被当成特权阶级所独享的一种神秘工具。先秦以后，文字虽不似当初那般神秘，但掌握汉字的人数仍然非常少，"天地君亲师"、"敬惜字纸"等，就表现出民间对这少数人的极度尊敬。应该说，整个清末以前，汉字的地位都是至高无上的。但是，清末以后，出洋留学者渐渐增多，他们得风气之先，在外面扩大了视野，再回头反观中国的文字，于是就发现了汉字的繁难，于是就有了改革汉字的呼声。结果，几十年闹腾腾地改革来改革去，到了80年代中期，因为重新发现了汉字的能够适应单音节语素为主的汉语、可"超方言"地解决方言复杂的汉语记录问题等优点，就又倒回去肯定了汉字是最适合于汉语的一种载体。用许嘉璐先生在中央电视台"汉字五千年"节目中说过的话，是"用了八十年时间才发现汉字适应汉语特点"。

相较于社会母语教育，学校母语教育受母语本体认识的影响要更大一些。因为语言课学什么、怎么学，在很大程度上就取决于对于母语本体的认识。

在学什么的问题上，可以以语法教学为例。在《马氏文通》以前，人们虽然也对语法有过一些朦胧的认识，比如发现虚词的功能随上下文而变化之类，但都基本上是仅限一隅，不成系统。也许是因为"身在山中"，汉人对于汉语语法的体系认识迟迟没有起步。比较早地归纳出汉语没有形态变化这一总括性认识的，也许还要算国外的比较语法学者，如洪堡特19世纪就曾拿汉语跟梵语作比较，认为汉语几乎排斥所有语法形式，而梵语的语法差异却几乎都能在语音中得到体现。直到后来马建忠到了法国，在做翻译的过程中有意识地比较了汉语与印欧语的差别，才写出了《马氏文通》这一系统研究汉语语法

---

① 姜义华. 理性缺位的启蒙［M］. 上海：三联书店，2000：序/4.

的伟大著作。接着，赵元任、黎锦熙、王力等也开始了语法的研究，研究方法则发生了从词本位到句本位到词组本位，从成分分析法到层次分析法等系列变化。可以发现，上述语法研究的每一步发展都迟迟早早对学校教学语法产生了革命性影响，而现代汉语母语教育史上的两个语法系统，也均在语法学者和语文教师的共同努力下构建而成。再说近年流行的语感教学。一方面，"语感中心说"的兴起可以看作是对过分重视语法的反拨，但更重要的影响则源自于80年代以来汉语本体研究新思潮。因为，在改革开放中日渐强盛起来的中国，在80年代以后又一次重拾民族自信，重新注重用本土眼光来观察民族元素，汉语研究也出现了以申小龙为代表的一种新方向，他们强调汉语作为意合语言的特色，创建了汉语文化学这一新兴分支学科。汉语本体认识的这股新潮流与21世纪全世界人文话题的复兴一起，投射到汉语教学中，就导致了"语感中心说"的崛起。

而在怎么学的问题上，我们知道，传统的学校母语教育特别强调吟咏，之所以强调吟咏，固然跟语言学习很需要培养语感有关，但更重要的是，古代"小学"最擅长的是训诂，是根据形体、上下文（后来还有读音）来解释词义，重于感性认知而轻于理性分析。古汉语的分支学科，在传统时期已经事实上成形的只有训诂学、古文字学和古音韵学，其他，语源学、语法学、修辞学等等，都是到清乾嘉之后才开始陆续形成。即，因为传统母语本体研究强于感性认识，结果才导致了进行语言教育时较多地强调感性色彩浓厚的吟咏背诵。

也许正因如此，不少语文教育家和语言教育家才同时又是语言学家。比如，语文教育界的"三老"叶圣陶、吕叔湘、张志公，虽然在语言学界的影响有大有小，但都可以被称为语言学家，其中，吕叔湘更是现代以来除了王力之外几乎无人可以与之比肩的语言学大师。其他，远的如马建忠、黎锦熙、刘半农……，近的如王力、张静、胡裕树……，这些语言学家都以母语教育的兴盛为己任，或者为语言教育专门写作了相关论著，或者不时有母语教育类论文发表。

章太炎打过一个比方，说学校好像是一个陂塘，如果没有外面的长江大河的灌输，陂塘里的水迟早会干涸。这个比方借用到母语教育上也正合适，因为母语教育要想得到发展，就必须不断廓清对母语本身的认识。对母语本体的认识更透彻，就更有益于指导母语教育，使之更有针对性，教学效率更高。

四、个体语言环境

如果说民族文化传承、社会时代思潮和母语本体认识主要是对母语教育内容造成影响的话，那么，个体语言环境则主要是对母语教育的效果造成较大影响。

众所周知，任何教育，最后的效果一定要落实到人，落实到受教育者个体。母语教育自然也是这样，但它却又有跟其他教育不一样的地方。我们不难在母语教育滞后的时代发现大批母语表达能力极强的个例，也不难在母语教育发达的时期找到不少笨嘴笨舌、词不达意之人，之所以会这样，就是因为母语教育受个体所处环境的影响比其他任何教育都要更强烈一些。

一般说来，个体语言环境包括个体自身的前期语言积累和个体所处时代及家庭的语言文化资本两部分。语文教师经常发出的"同样的老师，同样地上课，但写出的作文，却天上地下、差别极大！"之类的感慨，反映的大体上就是个体自身的前期语言积累问题。比如五四时期，不少思想开放的文人都认同并且开始写作白话文，但其作品所体现的白话文水平却呈现出很大差异，鲁迅、冰心、刘半农等人的白话作品一开始就非常出色，而陈独秀、郁达夫、巴金等起始阶段的白话作品，白话味儿却不够浓厚。同时，对于另外一种人来说，比如章太炎，虽然很不喜欢并且绝少做白话文，但一旦做起来就非常清通，截取《章太炎的白话文》① 中任意一段来读，都觉得很是干净利落。这种语言把握能力的区别，体现的正是个体前期的相关语言积累程度。

另外，个体语言能力必然会受到所处时代的国家语言政策的影响。国家关心青年人教育的根本原因是，"通过教育，才产生出那些在一定的时候必须出来维持国家的人"②。个体所处时代的语言政策，也正是以这样的一种原因影响着社会民众的语言学习。静止地看，语言能力强弱总是在个体之间进行比较，而国家语言政策的影响却很宏大，它对每个公民产生的作用理论上说来应该大致均等，国家语言政策与个体的语言能力似乎相隔较远，但如果我们把时间稍微往前或往后推移一些，所处时代语言政策对于个体语言差异的影响立即就会显现出来。汉语学科独立前后初中生语言分析能力的差异，70 后与 80 后

---

① 吴齐仁. 章太炎的白话文 [M]. 上海：上海泰东图书局，1927.
② ［德］卡尔・雅斯贝尔斯著. 王德峰译. 时代的精神状况 [M]. 上海：上海译文出版社，2005：70－71.

之间普通话水平的整体落差……反映的都是这种影响。

最后，个体母语能力还受到所处家庭与区域文化资本的深刻影响。众所周知，每个人出生之后遇到的第一个困难就是语言交际困难，所以甫一落地，为着吃喝拉撒得到满足、喜怒哀乐得到认同，人们就要咿咿呀呀地开始学习运用母语。可以说，母语是群体生活的必备工具，是个体进入本群落或本阶层生活的入场券，狼孩、猪娃、沙袋儿正是因为缺乏幼儿期的母语训练，才导致了后来的人际困顿。好在对于一般人而言，学习母语有天然的环境，通过耳濡目染之间有意无意的模仿，人们一般就能渐渐地获得母语这一维持其社会网络的最基本工具。不过，虽然同样可获得，但所获得的母语的质量却因个体所处家庭与区域的语言文化资本的质量不同而存在很大差异。因为，人处于哪个社会阶层，语言是其关键性区别之一。每个阶层、每一社会群体都有自己标志性的语言，而要融入该群体，就必须掌握该群体的语言，语言是进入特定阶层重要的敲门砖，也就是说，个体成长时所处家庭的社会阶层对其母语能力有着质的影响。个体家庭所处区域也与此类似。当前颇受关注的留守儿童语言交际能力、城乡儿童语文水平差异等问题，究其实，讨论的就是一个语言文化资本问题。相较于其他各种能力，母语能力对于家庭与社区文化资本的依赖性可能要更强一些。

第二章

现代汉语母语教育的开创期（1897～1928）

　　把这个时期称为开创期，是因为跟传统母语教育相比，此期呈现出一种迥然不同的新面貌。以学校教育为例，至少包括了以下四点：教学目的上，培养语言能力取代了为科举服务；教学内容上，文言取代白话的理念已成主流；教学形式上，儿童本位意识得到加强，课堂讨论成为渗入到传统"读、背、讲"中的一道风景；教学地点上，传统家塾、私塾、义学、义塾逐渐被新式的学堂、学校所取代。

　　关于时限问题，把1897年作为起点的原因，绪论"概念界定"部分已谈得比较清楚，不再赘述。而以1928年作为下限，主要是因为在1897年后到国民政府成立之前，政权更替很快，百日维新、辛亥革命、袁世凯北京政府、孙中山广州政府，纷纷扰扰，没有停歇。政府既不稳定，教育自然东摇西摆、重心不稳，社会主导思想也在旧的已经打破而新的尚未建立之时无法定型。宗白华曾经对五四运动前后的青年有过两段对比性描述，说破旧之时的青年"都感到有共同的要求，共同的热望，胸怀坦白相示，一见如故"[1]，但到五四结束之后，他们却"突然产生了一种空虚，思想情绪没有着落，行为举措没有标准，搔首踯躅，不知怎么才好"[2]。这种从热情澎湃到迷惘彷徨的变化，既反映了当时整个社会的基本情况，也大致反映了当时母语教育的状态变化。民元前后，各种新潮涌动，母语教育方面也同样如此，切音字运动、白话文运动、"国语"替代"国文"、听说教学进入课堂、开始关注汉语理论知识、汉字与作文教学的科学测验，一个个以崭新的面孔，争先恐后地进入了历史舞台。但是，由于传统势力的阻碍与政府的软弱无力，此期的这些创新之点，除

---

① 宗白华．少年中国学会回忆点滴［A］．美学与意境［M］．北京：人民出版社，1987：372.
② 宗白华．青年烦闷的解救法［A］．美学与意境［M］．北京：人民出版社，1987：20.

了母语教育的科学测验已经出现了一个践行高潮之外，都只是停留在试验阶段或理论层面，甚至就连从政令看在 1920 年就已成定论的小学"国文"改"国语"，事实上也在章士钊任教育总长后不能保全①。这种热闹非凡而又纷繁芜杂的情景，直到蒋介石国民政府成立之后，才慢慢得到规整。而这一规整的成果比较集中地反映在 1929 年的暂行课程标准之中，所以我们把 1928 年确定为现代汉语母语教育开创期的结束之年。

第一节　科学民主与母语教育走向现代

"由启蒙精神所开辟的现代性……在其后的 200 年来，不可阻挡地成了整个人类的生活典范。"② 而对于自道光以后就战争频仍但从未取胜，民族自信已经跌至历史最低水平的 19 世纪末 20 世纪初的中国来说，启蒙精神以及其所倡导的科学民主更是被当成了挽救国难的最佳良方。

在这种精神的引领之下，一些相信科学的人开始经世致用、创办实业，实施实业救国，另一些人则希望依据民主精神，进行制度改良。虽然这两种尝试最后都以失败告终，但是，科学与民主之风却在这些尝试中越刮越猛，以致科学与民主一起成了五四最张扬的口号。受此惠泽，中国进入了一个前所未有的言论自由阶段，教育界也呈现出一种令人向往的宽松的学术氛围。北大录取了没有高中文凭的何其芳，清华没有把数学得零分的吴晗拒之门外，没上过大学的梁漱溟、钱穆等站上了北大的讲台，"一无学位、二无论著"的陈寅恪名列清华国学院四大导师之中，没经过正式学术训练也没有专业教育知识的沈从文，懵懂之中就站稳了北大教席，而且所上课程"新文学研究"和"小说习作"也是量身定做……这些羡煞学人的事例，足以让人管窥当时的学界总体氛围。现代汉语母语教育也就是在这样的氛围中，理所当然地由传统走向了现代。

一、母语教育的民众化追求

古往今来，教育常常被赋予引领时代前行的热望，但教育自身却往往尾大不掉，只能跟在时代思潮后面跑。好在鸦片战争震动了国内少数上层人士，被

①　郑培民. 从文言文教学到白话文教学 [M]. 北京：北京师范大学出版社，2000：66.
②　哈佛燕京学社. 启蒙的反思 [M]. 江苏教育出版社，2005：编者手记/1.

东夷小国击败的甲午战争又使这种震动得以扩大，震动的结果是开始反省，反省的结果是普遍认为国家挨打缘于科技落后，科技落后缘于教育失败，教育失败则缘于没有普及教育、打开民识。如何才能普及教育、打开民识？当时的共识是：第一，必须从打破汉字的难学难认、打破言文分离开始；第二，必须改革学制，打破一生读经的旧教育，发展培养各方面人才的新教育。由于这些共识，切音字运动兴起来了，白话文的旗帜举起来了，新学制也开始酝酿出台了。

（一）打破言文分离以降低教育门槛

从现有记载来看，从周秦开始，先哲们就比较强调母语教育，孔子认为"一言可以兴邦"，孟子以实践展示滔滔雄辩的屈人之势，荀子把"口能言之"置于"身能行之"之前……而凝结民族文化精神的一些成语，如"言行一致"、"言谈举止"、"言传身教"等，都是言在行前；"言为心声"、"言而有信"等，更把言与心、信等同视之。但是，翻阅我国语文教育史，可以发现一个明显的事实，那就是：传统学校语言教育所重视的都是书面语教育，而且都是文言化的书面语教育。先秦"六艺"中的"书"指的是识字与写字；《周礼》"乐德、乐语、乐舞"中的"乐语"指的是书面语言的讽诵和学习；自汉代独尊儒术，自隋代兴起科举之后，书面语教育更是独步语言教育领域；并且，即便仅仅是书面语教育，也在"文必秦汉"的经典思想的指导下，越来越脱离百姓生活语言而只凭借着渐行渐行的先秦汉语来做文章。这样一来，是否掌握文言就成了传统时代划分个体所处阶层的重要标准。

这种言文分离产生了两个不良后果，一方面，因为言与文的分离使得口语中已经具备的能力跟将要学习的书面内容基本风马牛不相及，入学之时一切必须从零开始；另一方面，因为言文分离，在学塾里摇头晃脑读会的一点文言，在现实生活中又无法活学活用，所以只好天天捧着书本读、对着帖子写，希望通过量的积累达到"其义自见"和"熟能生巧"。也就是说，不管离先秦已经有三百年、五百年还是一千年、两千年，不管口头语言已经如何在鲜活的交际生活中面目全新，传统时代里的读书人，只要一坐到书桌旁，翻开书，拿起笔，接触的还必须是遥远时代的化石语言！那么，是什么力量在支撑着这种穿越时空的坚持？说到底，读书人愿意忍受这种带着虚无色彩的艰辛，目标却是现实色彩浓厚的"朝为田舍郎，暮登天子堂"，是为了通过科考进入上流社会。也就是说，是教育做了言文分离的强力推手。解铃还需系铃人，要改变言文分离局面，必须釜底抽薪，从教育做起，倡导言文一致。清末民初的贤达之士清楚地认识到了这一点，在他们的或奔走呼喊，或亲力实践，或着手推行之下，开创期的母语教育至少从社会认识上树立了"言文必须统一"的母语教育新观念。

（二）推行义务教育和通俗教育

除了用"言文统一"引导母语教育的下移之外，此期国家轰轰烈烈推行的普及教育，也在一定程度上推进了母语教育的前行。此期的普及教育可划分为义务教育和通俗教育两大块，义务教育的对象是学龄儿童，通俗教育的对象主要是幼年时期曾经失学的成年普通民众。

此期最注重通俗教育的时间是从 1910 年到 1915 年之间，这几年间相关法令与措施纷纷颁布，简易学塾、半日校、露天校、巡回学校也相继在各省建立。比如，学部 1910 年 1 月奏准公布《简易识字学塾章程》之后，仅仅一个月功夫，学部就报告说配套的《简易识字课本》三种已经全部编完，而且第一、二两种已在各省发行，并同时报告说，上下两卷的《国民必读课本》也决定马上就近试用并已通知各省翻印发行。同年 7 月份，学部还调查了各省简易识字学塾成绩，并且按省排了名次予以公布。可见当时推广通俗教育的力度之大与节奏之快。发生在 1910～1915 年间的通俗教育大事，可以用表格的方式归纳为：

表 2-1　1910～1915 年间通俗教育大事举例①

时间	通俗教育
1910 年	1 月，学部公布《简易识字学塾章程》 1 月，学部奏定《京师及各省图书馆通行章程》
1911 年	2 月，学部奏准《改订简易识字学塾章程》 8 月，学部要求各省举办简易识字学塾
1912 年	5 月，章太炎、于右任、张謇等发起通俗教育研究会 11 月，陈宝泉、祝椿年等组织成立北京通俗教育会

---

①　表中大事系由《中华民国教育新法令》、《中华近世通鉴·教育专卷》、《中国近代教育大事记》等资料中的相关文件与条款整理得来。

续表

时间	通俗教育
1913 年	4 月，教育部拟定 5 个通俗教育调查表，要求各地调查填写 10 月，教育部创办的通俗图书馆在北京开馆
1914 年	2 月，教育部公布《半日学校规程》
1915 年	10 月，教育部公布《通俗教育讲演所规程》、《通俗教育讲演规则》、《图书馆规程》和《通俗图书馆规程》

为什么要如此雷厉风行地大力推行通俗教育？按 1915 年《通俗教育讲演规则》所说，开办通俗教育在于"启导国民改良社会"①，也就是说，其根本宗旨在于通过"新民"以改造中国社会。但因为普及教育的本质是要解放百姓思想，改变百姓无见无识、天聋地哑的情况，所以最最基础的还是要普及母语的书面教育。所以，在《简易识字学塾章程》的规定下，虽然也教一点儿浅易算术，但最主要的是教识字和通过阅读获得相关社会基础知识。从《第一次中国教育年鉴》中可以看到，当时的教育学院大多设有民众教育学系、民众教育专修科、农民师范专修科、农民教育专修科等。而与普通民众切实相关的农工商部，也仿照学部做了一些相关的工作，比如 1910 年就曾在渔业发达的各省设立水产学堂，在产茶较多的省份设立茶务讲习所。还有一些社会团体，也在为此做出努力，以 1919 年的北京大学所办社团为例，学生救国会和邓中夏等发起成立的平民教育讲演团都主要致力于民众普及教育，前者创办了《国民》杂志作为其机关刊物，后者的活动则从最初的纯粹讲演发展到创办劳动补习学校。

义务教育方面，此期也发生了较多的大事，可以大致归纳为表 2－2。

表 2－2 现代汉语母语教育开创期义务教育大事举例②

时间	义务教育
1902	《钦定学堂章程》规定"无论何色人等"都要受 7 年教育
1903	《奏定学堂章程》提出了"强迫教育"的概念，教育时间为 5 年

---

① 刘英杰. 中国教育大事典（1840－1949）［M］. 杭州：浙江教育出版社，2001：708.

② 表中大事系由《中华民国教育新法令》、《中华近世通鉴·教育专卷》、《中国近代教育大事记》等资料中的相关文件与条款整理得来。

续表

时间	义务教育
1906	义务教育的第一道正式法令《强迫教育》出台
1915	1月，袁世凯申令教育部切实筹办义务教育 4月，由直隶教育会发起的全国教育联合会召开第一次会议，通过将义务教育列入宪法的议案
1916	1月，北京教育会呈请教育部，要求将义务教育列入宪法 3月，北京政府教育部通令各省救助失学儿童 8月，北京教育会向国会请愿，要求将义务教育列入宪法
1922	11月，《学校系统改革案》（即新学制、壬戌学制）确定学制改革标准第二条为"发挥平民教育之精神"，第六条为"使教育易于普及"

可以认为，《奏定学堂章程》是普及义务教育这一理想的萌芽，教育部、教育会的几次请求是先进教育理念对于义务教育的集体呼吁，而1915年袁世凯在元旦之日向教育部发出的命令则可看作是高层筹办义务教育的决心表达。虽然在此期国内政局频替、经济相当落后的情况下真正实施义务教育无异于天方夜谭，但人们的热心与时代氛围，却可从中略窥一斑。

二、母语教育的科学化诉求

（一）科学之风

科学技术不仅可以促进物质文明和精神文明进步，还可以促进整个社会结构发生变革。但是，"科学"这一名词产生的时间却比较迟，science首次被译为"科学"是1894年西周在《明六杂志》上的尝试，1902年以后该词才得到较广泛的运用。① 确实，此时正值清廷覆没前后，知识分子或由清廷遣派，或由自己出资，大量留洋日本或欧美，以至到1906年留学生总人数已不下几万人。这些留学生在国外受到了科学观念或科学技术的洗礼之后，于辛亥革命前后纷纷回国，或用科学眼光审问中国现状，或热情澎湃地宣传科学知识，"科学"一词也就慢慢成为中国20世纪初的一个最时髦的新名词。

用科学眼光扫荡中国陈弊，首屈一指的毫无疑义当属《青年杂志》。《青

---

① 汪晖. 现代中国思想的兴起（下卷）第二部·科学话语共同体［M］. 上海：三联书店，2008：1111－1112.

年杂志》由陈独秀主办，于 1915 年 9 月 15 日创刊，第二期起改称《新青年》。该杂志秉承一股新风，纵横决荡，引领了令整个时代风气为之一新的新文化运动。而宣传科学知识方面，据考察，中国人创办的最早的综合性科技杂志是《亚泉杂志》，它 1900 年 11 月 29 日创刊，紧接其后创办的有《工艺报》、《道路月刊》、《科学世界》等①。这些科技杂志，最有影响的要算《科学》月刊，该月刊的发起人是一批中国留美学生，他们在 1914 年组织成立科学社，1915 年开始出版杂志，1916 年改名为中国科学社之后，事业发展到采译各国科学书籍，编订专门名词，设图书馆、博物馆、研究所，组织科学讲演团，解决科技应用疑难等。

这些科技杂志带给中国人的，除了科学知识的传输、科学思想的冲击，还带来了书面表达的重要变化。这种变化至少表现在三个方面：第一，书写形式从右起竖排变为左起横排；第二，开始采用新式标点符号；第三，尽量用较为平易的语体代替艰深的文言。当然，这种书面表达的转化并不是一种自觉的变更，而只是在传统汉语书写方式无法方便地表述新内容之时的一种权宜选择。

值得一提的是，谈到中国科学社，人们必然会想到任鸿隽、赵元任、杨杏佛等先驱，谈到《新青年》、新文化运动，人们必然会想到陈独秀、胡适、鲁迅、钱玄同等倡导者或者傅斯年、罗家伦等"五四"运动的组织发起者。其实，与这两个事物密不可分的，还有蔡元培先生。中国科学社方面，蔡元培曾于 1918 年 12 月被选为董事长，撰写《为科学社募基金启》，并游说政府为科学社提供了一笔可观的资金。而《新青年》的主笔人及"五四"运动的发起者，基本出自北大，没有蔡元培的科学民主精神，就没有"狂人"辈出的北大，新文化运动的历史可能就要从此改写。此外，作为民国第一任教育总长，蔡元培还以他的科学精神，在北大分设了文、理、法、商、医、农、工等学科，希望科学知识与科学理念因此得到自上而下的普及与传承。

"科学民主"与"封建专制"是一对相反的概念，人们要反封建专制，自然就会拥护科学民主，所以，"科学"观念很快就被知识分子和青年学生接受，并搭乘新文化运动的快车向全国普及，以至即使在较为偏僻的农村，"赛因斯"和"德谟克勒西"也开始成为灵通人士消夏乘凉时向人炫耀的谈资。

---

① 叶再生. 中国近代现代出版通史（第一卷）[M]. 北京：华文出版社，2002：929-930.

（二）母语知识谱系及教学方法的科学化

学界普遍认为，晚清以后开始了一个意义深远的语言改革运动。我们以为，之所以说晚清开始的汉语改革运动"意义深远"，主要是因为它经历了语言改革与语言教育方法上的由混沌到科学的巨大转变。

汉语的语言改革运动，首先是汉字书写形式的变革，包括了把右起竖排变成左起横排，把简单的句读变成向西洋学习的新式标点符号。这两项变革虽然都没有在此期获得普及全国的功效，但基本思想已经深入人心，实践者也不乏其人。开展汉语语法的研究与教学是汉语改革运动的第二项主要内容。马建忠1896年开始写作、1898年出版的《马氏文通》，是呈现在世人面前的第一本系统性中国语法著作，虽然有批评者认为它没有考虑汉语及汉语语法的特性，只不过是把大量的古汉语语料植入到一个西洋语法框架之中，但无论如何，该书披荆斩棘的开创之功却是无论如何不容否认的。继此书之后，研究汉语语法的专著和论文逐渐增多，修辞学、逻辑学也作为独立的语言分支学科被逐渐加以研究。当然，汉语改革运动中争议最多的一个内容，是汉字改革。从教会教育在中国产生影响开始，汉字就备受"睁眼看世界"的人们的批评。作为一种平面文字，无论是对于把它作为母语学习的启蒙期儿童来说，还是对于把它作为外语学习的外国人来说，汉字首先都会被看作是一幅幅图画，图画的难易依笔画数量和部件组合难易度而定。随着教育普及、各项学习条件改善、汉字大力简化，今天的母语学习者可能已经无法想象，对于晚清90%左右的中国文盲来说，不识字该给生活带来多大的困扰，目不识丁情况下的精神生活该是多么的苍白可怜！正是怀着这样的一种悲悯之心，当时不少有识之士开始苦心设计更容易的汉语记音方式，开启了汉字改革运动。

上述种种，无论是研究科学的书写方式，探求汉语本体的内在组合规律，还是改革汉字以求让更多人掌握书面语言，都既反映了此期先进们的慈善意识，也体现了此期语言学家、语文教育家和科学家们的科学意识和科学精神。

另外，母语教学方法的科学化也已于此期开始了尝试。这一时期，外国的教育思想（如什么知识最有价值、科学教育、自学辅导主义），外国著名教育家（如杜威、孟禄、推士），外国教学方法（如分团教学法、实验教学法、设计教学法）等都争先恐后地涌入中国。我们沿袭了几千年的传统母语教学强调"只可意会不可言传"，阅读上以熟读为主，写作上以模仿为主，虽然也有可取之处，但在此期新鲜亮丽的外国教育理念与方法的映照下，不免让人觉得过于灰头土脸。所以，当时的教育界普遍觉得传统母语教学法太没有考虑学生的接受心理，是效率低、不科学的笨办法。因此，"为了改变国文教学的落后状况，许多有见地的教育家也鲜明地提出了'科学化'的建议"①。可以说，在科学之风的吹拂之下，此期的汉语研究及汉语母语教育开始走上了科学之路。

第二节　社会母语教育："国音"统一与书面语下移

开创期的社会母语教育主要是几个运动，包括切音字运动、国语统一运动和白话文运动。切音字运动和国语统一运动纯属语言教育运动，白话文运动呢，虽然名称上看起来像是文学运动，但无论是从当年最著名的"国语的文学，文学的国语"口号来判断，还是从后世学界所公认的"近代以来的文学变革总是伴随着语言的变革"②来判断，白话文运动与前两个运动都紧密地结合在一起，是互相促进、互相交融的关系。况且，此次文学运动的重点在于改变记录形式，在于使书面语和日常口语一致，所以，白话文运动归根结底也应当属于语言教育的变革运动。

一、切音字运动及其影响下的国语运动

有些学者，尤其是曾经参加过此期社会母语教育运动的学者，常常把切音字运动当成国语运动的一个部分，如黎锦熙1934年《国语运动史纲》就把清末以来的国语运动划分为切音运动、简字运动、注音字母与新文学联合运动、国语罗马字与注音符号推进运动共四个时期。③胡适《国语运动的历史》则把国语运动分为五个时期：白话报时期、字母时期、国语时期、国语的文学时期、国语的联合运动时期。按照这两种分法，切音字运动明显应当算作国语运动的一部分。

但是，近百年之后的今天，再把目光投射回去，不难发现，这两个运动虽然关系紧密，但本质却不一样。切音字运动的直接目的在于解决汉字繁难的问题，主要工作在于汉字改革；国语运动旨在解决方言众多的问题，主要工作在

---

① 李杏保，顾黄初. 中国现代语文教育史 [M]. 成都：四川教育出版社，2004：59－60.

② 汪晖. 现代中国思想的兴起（下卷）第二部·科学话语共同体 [M]. 上海：三联书店，2008：1509.

③ 黎锦熙. 国语运动史纲 [M]. 北京：商务印书馆，2011.

于语言统一（包括语音、词汇和语法，以语音为重点）。一个是书面的文字，一个是口头的语言，两者的工作对象是迥异的。这个明显的事实，前述论者之所以没有看到这种区分，恐怕第一要归因于语言与文字二者的密切关系，第二则在于不管是切音字运动还是国语运动，最终目的都在于洞开民智、普及教育，而身处如火如荼的运动当中的人们，要把两个最终目标一致的活动截然分开，恐怕于情也不容易。此外，从两位先驱的文章标题及具体分期来看，二者对于国语运动的界定也有差异，胡适似乎把白话文运动也包括在国语运动当中了，黎锦熙所定义的外延则要窄一些。参考多家界定，把切音字运动的时间划定为 1892～1911 年①，应该比较合适。

（一）切音字运动

切音字是与汉字相对的一个概念。"切"来自于东汉末年就开始大量使用的反切。这是一种用两个字来拼成一个新字的音的方法，基本规则是"上字取声，下字取韵，上字的清浊定调"。"反"和"切"是一个意思，"切音"就是"拼音"，也称"合音"。但传统音韵学上的反切只是一种拼音的方法，是一种辅助认字的办法，并不是用来记录语言的"字"。切音字呢，虽然使用的也是反切的原理，是用合音的方法来记录语音，但目的却与反切不同，清末语言文字学者创制切音字，是为了把它们作为字来加以使用，所以，清末切音字主要是指为汉语设计的文字方案和速记字。

切音字的发明，我们通常说卢戆章是第一人，其实，同期有类似想法、做出类似成果的，还有蔡锡勇《传音快字》、沈学《盛世元音》、吴稚晖《豆芽字母》、力捷三《闽腔快字》与《无师自通切音官话书》、王炳耀《拼音字谱》等。为什么这么多人不约而同有了类似的想法？这里面其实有个时代背景的问题。正如一千多年前佛教传入，西域文字启发汉人发明了反切一样，切音字的发明也受到了明末传教士的启发。如果溯源，明确的史实可以追到 1605 年利马窦在北京出版的用意大利文拼写的《西字奇迹》以及法国传教士金尼阁在此基础上完成的用法文拼写的《西儒耳目资》。鸦片战争后，以威妥玛为代表的传教士们开始较广泛地用罗马字拼中文，他们这样做是为了帮助普通人更好地识字以读懂《圣经》，但是这一举措却产生了一个意外的副产品，那就是帮助中国不少懂音韵者打开了眼界，他们对于这种拼法非常佩服与向

① 李宇明. 切音字的内涵与外延［J］. 福建师范大学学报（哲学社会科学版），2005（3）：96－102.

往。他们惊讶地发现，这种拼写法不仅简易，而且还可以拼写方言，因为到19世纪末20世纪初的时候，就已有十几种方言版本的《圣经》在各地流传了。对于一直饱受汉字繁难之苦的中国百姓而言，对于志在普及教育而无计可施的有志之士而言，这种拼法的吸引力是不可一言而尽的。

到1892年，这种吸引力的效果显现了，福建人卢戆章《一目了然初阶（切音新字厦腔）》出版了。这是一本拼音课本，是卢戆章根据自己的方言音设计的一种拼音方案。因为卢戆章把这一方案称为"切音新字"，所以由此引发的汉字改革运动也就被称为"切音字运动"。至于设计这种字母的原因，卢戆章在《〈中国第一快切音新字〉原序》中说得很明白："窃谓国之富强，基于格致；格致之兴，基于男妇老幼皆好学识理。其所以能好学识理者，基于切音为字，则字母与切法习完，凡字无师能自读"，然后再将节省下来的时间用来"专攻于算学、格致、化学，以及种种之实学，何患国不富强也哉？"① 这也正是所有切音字设计者们的共同意愿。

如果说卢戆章的意义在于揭幕，那么王照和劳乃宣就是真正的扛鼎之人了。王照在戊戌变法上书言事失败后逃往日本，看到了日本的普及教育的发展，再对比日本文字和汉字的关系，认识到造成中国百姓愚昧的主要原因是汉字复杂，于是，他在1900年春末潜回天津，模仿日本假名，创制出了一套以汉字偏旁或部件作为字母的《官话合声字母》。之所以称"官话合声字母"，是因为王照是河北人，他的发音依据是北方官话。1901年，他进京求见李鸿章，宣传普及下层教育和他的拼音字母，未能如愿。1903年，在北京设立官话字母义塾，编辑官话字母义塾丛刊本《拼音对文三字经》、《拼音对文百家姓》。1906年又在北京大佛寺创办官话字母第一号义塾。这样，通过王照这种编印书籍、发报纸、办义塾的多方努力，"官话字母"在北方的影响越来越大，"用官话字母编印的小册子，作民众读物的，如科学常识、劝善教孝文之类，为数极多，而且确已流行民间去了"②。官话字母同时也得到了名流严修、吴汝纶，武官袁世凯、赵尔巽的倡导支持。袁世凯属下的直隶学务处，还通令全省启蒙学堂传习"官话字母"，并列入师范和小学堂课程。但是，因为所办

---

① 卢戆章.《中国第一快切音新字》原序［A］. 文字改革出版社. 清末文字改革文集［M］. 北京：文字改革出版社.1958：2.

② 黎锦熙. 国语运动史纲［M］. 北京：商务印书馆，2011：112.

《拼音官话报》触了清摄政王载沣之忌，拼音官话书报社 1910 年被封禁，官话字母也被禁传习。

相比王照，劳乃宣的宣传要顺利得多。他制定了《简字全谱》（所以"切音字运动"又被称为"简字运动"），1907 年流布于世。合声简字不立标准音，但却是以官话字母为根据，把南方特有音素作为补充。这种方案既照顾了方言，又考虑到了势力强大的官话，比同期的其他方案更具可行性。在南方，劳乃宣曾在南京设立"简字学堂"对此进行推广，当时江宁有 40 所初等学堂曾经设立"简字科"。在北方，因为劳乃宣曾经担任过京师大学堂总监督一职，有机会接近上层，所以他曾向慈禧进呈《简字谱录》，希望可以在全国颁行，慈禧也曾下旨要学部讨论，但没有结果。1909 年，清廷筹备立宪之时，劳乃宣再次奏请，但学部仍然置之不议，至此，劳乃宣便转向社会民众，在北京成立简字研究会，设立简字学堂，开展民间的简字研究与推广。当王照官话字母遭禁之时，劳乃宣的合声简字方案不仅已在南方广泛推行，北方也有赵尔巽设简字学堂之类的举措发生了。

最难能可贵的是，当王照和劳乃宣的工作开展得有声有色之时，卢戆章也没有停止努力，他在 1906 年又出版了《北京切音教科书（首集、二集)》一书。该书是卢戆章第二套方案《中国字母》的北京音（官话）拼音课本，书中所要推广的"中国字母"北京音拼音方案一共有 21 个"声音"（声母）、42 个"字母"（韵母）。为了使推广更为容易，该书像今天小学语文课本一样，为每一个声韵画了一幅图，成为清末唯一有插图的拼音课本，不可谓不是匠心独运。

跟上述三人一样致力于切音字工作的不乏其人。据统计，从《一目了然初阶》出版到辛亥革命，已有 28 种切音字方案问世，汉字笔画式、速记符号式和拉丁字母式等切音形式都已经出现。[①] 而且，与方案的纷繁一样，创制者们对于切音字的用途也看法不一，有的是仅仅想把它作为一种注音工具，有的是希望它成为一种专为普通民众和小孩子使用的初级文字，也有的致力于要用它来取代汉字。相较而言，在民元前的切音字运动时期，前两种想法是主流，五四运动之后，在钱玄同等人的大力引领之下，拼音化的主要目的渐渐演变为要"取代汉字"，诞生于 20 世纪 20 年代后期的国语罗马字和北拉新文字就都是为此目的而创制的。

---

① 宋伯尧. 建国前的语文工作 [EB/OL]. http://www.k12.com.cn，2009 - 08 - 19.

（二）国语运动

历史上，曾有这样一个著名的笑话，讲的是南齐时大将军胡谐之家学官话的事儿。当时的皇帝看到胡谐之家的人方音很重，就派遣几个宫内人住在他家教孩子们学习官话，过了两年之后，皇帝问孩子们是不是已经学会官话了，胡谐之回答说，因为宫人只有几个而家人很多，所以现在不仅孩子们没有学好官话，反倒使原先说官话的宫人也跟着说方言了。这个笑话既说明了语音的习得需要环境，也说明南北朝时已流行学习"官话"。其实早在先秦时代，就已经开始注重"雅言"了，"雅言"就是"普通之言"，与之相对的是方言，当时每年8月都要派使者到各地搜集方言加以整理，西汉扬雄《方言》一书的全名是《輶轩使者绝代语释别国方言》，其中"輶轩使者"指的就是这类搜集方言的官员。《论语》强调"《诗》《书》执礼，皆雅言也"，也就是说，读书及执赞礼之时，发音说话都要用统一的读书音。《尔雅》中"通语"、"凡语"、"通名"等概念，虽然是从词汇角度提出的，但也告诉我们，此时已经有了普通话与方言，因为如果没有普通话与方言这两个相对的概念，就不会有普通话词汇与方言词汇这两个下属概念。可见，共同语这样一种统一语言与语音在历史上早就存在了。不过，在切音字运动之前，汉字的书面载体跟汉语读音关系不大，所以人们历来就不太注意有声语言的统一建设。而到了此期，既然主张直接记录声音，那么，为交流方便，统一语音的重要性便凸显出来了。

所以，随着切音字运动的逐步推广，人们的注意力也开始逐渐从拼写方言转向统一语言和语音的创制。其中，劳乃宣《简字全谱》体现的就是由切音字运动向国语运动过渡的转型态度。考察后面的历史，可以发现，从大众语时期到解放初的文字改革时期，这种先用方言达到言文一致，再进一步谋求国音统一的两步走思想，一直是颇有影响的。而这一思想的产生并成为潮流，应该源自于理想与现实的冲突。当时引领潮流的知识分子，大多学贯中西、视野开阔，在国运衰微的时代，民族主义动力十足，他们所理想的当然是一步到位，通过拼音化方式一举改变国民的愚昧和国音的四分五裂，但这一理想与90%左右的文盲、经济与交通极端落后的凄惨事实发生了冲突，于是，只能选择两步走这样一种委曲求全的办法。

当然，这是后话，在汉字改革刚开始的时候，新的简易文字能够改变人们识字难的问题，这一事实已使倡导者们十分满意。几年之后，切音字方案纷纷出台，这些方案形式各异，但几乎都囿于一个区域之内，只能给一个区域的人带来福音，怎样才能扩大它们的效用，同时通过统一语言而培植一种大一统的中华民族精神？这样，语言共同化的思想产生了，真正的国语运动开始了。

国语运动中讨论得最激烈的，是把何种方言作为标准国语的问题。蔡元培1920年的一段话较集中地反映了这一情况：

> 用哪一种语言作国语？有人主张北京话，但北京也有许多土语，不是大多数通行的。有主张用汉口语的（章太炎）。有主张用河南话的，说洛阳是全国的中心点。有主张用南京话的，说是现在的普通话，就是南京话，俗语有"蓝青官话"的成语，蓝青就是南京。也有主张用广东话的，说是广东话声音比较的多。①

面对纷繁的中国方言，持"统一国语"观的语言学者们，大多主张要先建立一种"标准国语"；而力主"文学革命"的胡适等却认为，"推行国语就是定国语标准的第一步。"也就是说，"有了国语，有了国语的文学，然后有些学者起来研究这种国语的文法，发音法等等；然后有字典，词典，文典，言语学等等出来：这才是国语标准的成立"。②

其实，语言共同化是一种自然现象，形成民族共同语的最基本力量来自于民族融合和经济交往，只要不同地区的人们互相交往沟通，就必然会形成一种共同语。而这种共同语以哪种方言作为标准，则是一种弱肉强食的自然选择（会多种语言的人，在不同地点会选择说各地的强势语言）。

就全国而言，无论哪朝哪代，京城所在地都是相对强势的语言。镐京为西周都城，秦以咸阳为京师，所以这一带的话在当时被认为是共同的交际音，这种情况一直延续到汉代。南北朝时，洛阳是东汉以来的旧都，作为"帝王都邑"之音，洛阳话是当时北方的"官话"。到了东晋，由于南方北方人互相学习语言，洛阳话和金陵话逐渐融合起来。元明清以后，由于北京的京城地位，所以自周德清《中原音韵》以来，以北京音为核心的北方话理所当然地成了这几百年间的官话。雍正皇帝作为满族皇帝，却曾经要推广官话，京师大学堂

---

① 蔡元培. 在国语传习所的演说 [A]. 顾黄初，李杏保. 二十世纪前期中国语文教育论集 [M]. 成都：四川教育出版社，1990：110.

② 胡适. 国语讲习所同学录序 [A]. 中国新文学大系·建设理论集（影印本）[C]. 上海：上海文艺出版社，2003：258-260.

总教习吴汝纶在考察日本教育归国后要求推广北京话为国语，这些既反映了当事人思想开明，也反映了北京官话事实上的巨大影响力。

二、白话文的艰难获胜

这里的白话文获胜指的是白话文取得了中国文学的正宗地位，并且开始进入学校母语教育。这份胜利虽然来得太不容易，但从逻辑上推论，却是早晚必定要发生的。因为文言受鞭挞，主要因为语言是随时代发展而发展的，要用古旧的形式来承载日新的内容，难免时常捉襟见肘。正如"文必秦汉"、"诗必盛唐"之类的口号，一方面表明了对古代语言作品的一种膜拜，另一方面也折射出这种辉煌在现实当中已不复存在。其实，一代有一代之文学，一代也有一代之语言，用制度和人力禁锢，固然可使一种语言形式得以苟延残喘，但这种不合生活实际的语言不可避免地会成为一种残损的语言，表现力当然受到约束。所以，即使仅从语言表现能力来说，文言也必然会被抛弃。

（一）文言与白话

怎样界定文言和白话？

吕叔湘在 1944 年说："白话是唐宋以来的语体文，此外都是文言文……白话是现代人可以用听觉去了解的……文言是现代人必须用视觉去了解的。"① 1948 年又重申："文言和语体的区别，……能用耳朵听得懂的是语体，非用眼睛看不懂的是文言。"② 可见，吕先生对这个界定比较满意。但这个界定过于感性，有时对于同一篇作品，耳朵听不听得懂，跟听众的知识储备很有关系。

张中行也认为界定文言和白话是一件很困难的事，所以专门写了一本《文言与白话》对二者进行了仔细分辨与比较，最后认为，志在求美的，有相当严格的词汇句法系统的，可用战国两汉作品充当标准的，可以算作文言文，除此而外的是白话文。③ 虽然作了结论，但从其行文的语气来看，这种分辨方法仍然有些勉强。

确实，文言和白话只是相对的概念。因为口语流变，各个时期都有各个时期的白话，而每个时期的口语都难免会渗入一些元素到文言中去。所以，曾经

---

① 吕叔湘. 文言和白话［A］. 吕叔湘全集（第七卷）·吕叔湘语文论集［C］. 沈阳：辽宁教育出版社，2002：77.

② 吕叔湘. 开明文言读本（第一册）［M］. 上海：开明书店，1948：导言/1.

③ 张中行. 文言与白话［M］. 哈尔滨：黑龙江人民出版社，1997：12－15.

的白话，进入书面之后，经过一段时间的沉淀，后人读起来，就又成了文言文了，黄遵宪《杂感》"即今流俗语，我若登简编，五千年后人，惊为古烂斑"说的就是这种现象。像先秦两汉的古谣谚、魏晋《世说新语》中的人物对话、唐代的变文、宋代的话本、元明清的白话小说，全部或主要是用当时的白话写的，都是毫无疑问的俗文学，但今天读来，很多地方也不免感觉雅得像是文言了。从这个意义上说，所谓白话文运动，就是书面语的口语化和文学的大众化的共同活动过程，这正像 20 世纪 20 年代的歌谣征集运动与倡导新诗口语化，在倡导民间歌谣与口语的同时，也就倡导了文学的大众化。

（二）倡导与实践

历史上，倡导白话入书面语的人不在少数。司马迁《史记》的语言比班固《汉书》要平易得多，韩愈、柳宗元提倡"务去陈言"、"词必己出"的自由抒写，朱熹《朱子语录》中出现大量白话，太平天国提倡明白易晓的俗语，"诗界革命"领袖黄遵宪 21 岁时（1868 年）就说要"我手写我口"，清廷1870 年前后打击禁毁通俗文化之后裘廷梁（1897）又明确提出"崇白话而废文言"的口号……提倡用白话写作的人是越来越多了。

但也正如蔡元培所说，"民元前十年左右，白话言语也颇流行，……但那时候作白话文的缘故，是专为通俗易解，可以普及常识，并非取文言而代之。主张以白话代文言，而高揭文学革命的旗帜，这是从《新青年》时代开始的。"[①] 我们知道，《新青年》是在一个民族危机与复辟危机互相叠加，人们悲观失望、消极彷徨的情况下创刊的。当时，"二次革命"失败，国会被踢开，袁世凯炮制《中华民国约法》，妄图举行"国体投票"复辟帝制；文化上复古尊孔，"孔教会"、"孔道会"、"孔社"等先后成立，复古刊物《孔教会杂志》、《不忍》、《孔社杂志》等纷纷创刊；日本又提出"二十一条"，如此等等。《新青年》的风格刚好切合当时人们的心态，此时提出白话取代文言也正得其时。

根据《胡适自传》一书，新青年时代倡导白话文的初期情况可约略描述如下：1915 年，胡适与赵元任一起在康奈尔大学做庚款留学生（1910 年去美）时，有一次美东中国学生会年会把"中国文字的问题"作为主要论题，

---

① 蔡元培.中国新文学大系·总序［A］.中国新文学大系·建设理论集（影印本）［C］.上海：上海文艺出版社，2003：10.

胡适在分到的《如何可使吾国文言易于教授》这一论题中，提出文言文是半死的语言、语体（白话）是活的语言的观点。此时，胡适开始主张用老百姓的、街坊的语言作为教育工具和文学改革的媒介，但遭到了同是庚款留学生的梅光迪、任鸿隽等人的反对，这种反对激起了胡适的斗志，于是他在1916年之际又得出中国文学史是一部活文学逐渐代替死文学的历史和一部语言工具变迁史的结论。以这一观点为基础，胡适1916年写出了《文学改良刍议》（1917年初发表），提出了文学改良的八事，其中，"不用典"、"不讲对仗"、"不避俗字俗语"三事倡导的都跟用白话写作有关。如果说胡适对于白话的主张还比较温和的话，那么北大文科学长陈独秀则可称是一员猛将，他以"敢将孔孟横称妖，经史文章尽日烧"的太平天国精神，在《文学革命论》中集中火力攻击文言文，甚至把前后七子与桐城学派归有光、方苞、姚鼐、刘大櫆十八人称为"十八妖魔"。同时，北大的古音韵学教授钱玄同，对白话文运动也十分支持，不仅写了一封对胡适观点小批评大表扬的长信在《新青年》上发表，而且还创造了"选学妖孽"和"桐城谬种"这两个著名的词语。后来成为国语运动擎旗大将的钱玄同的表扬使得胡适十分兴奋，对白话文运动也就更加信心满满。在胡适与陈独秀的文章成为全国讨论热门的时候，1917年7月，胡适回国。

从黄遵宪、裘廷梁、胡适等人的经历来看，此期白话的提倡者大都受到了国外文字的影响。白话文实践方面，传教士们也要走在国内先知先觉者们的前面。根据叶再生的考证，中国最早的一本口语化字典是马礼逊1815～1823年间出版的巨著《中国语文字典》，第一本"普通话文体"的《圣经》中译本也在1856年由麦都思和斯特罗纳奇完成。① 而国内最早的白话报纸，则是1876年3月30日增出的《申报》白话《民报》二日刊，该报的发刊词称，"本报专为民间所设，故字句俱如寻常说话，每句人名地名，尽行标明，庶几稍识字者，便于解释。"② 接着，1897年主要刊载通俗儿童作品以供儿童阅读的《蒙学报》（叶瀚主编）在上海出版，1898年5月裘廷梁等发起组织白话学会，刊行后来改名为《中国官音白话报》的《无锡白话报》。此后其他采用白话文的刊物日渐增多。学校母语教育方面，按教育部规定，所有国民小学的

---

① 叶再生.中国近代现代出版通史（第一卷）[M].北京：华文出版社，2002：189，133.

② 叶再生.中国近代现代出版通史（第一卷）[M].北京：华文出版社，2002：214.

教材，包括国语、修身、算术、唱歌等，第一、二年级从 1920 年秋季起必须完全使用白话文，小学三、四年级的老教材也规定分别限用到 1921 年、1922 年，过此一律废除。

看起来，白话文至此已取得了完全的胜利，但事实上，稍微翻翻新中国成立前的书报或者中学国文教材就可以发现，虽然用白话文的书刊杂志确实可以罗列出不少，但所占总体比例却仍然比较低。可以说，整个民国时期，白话文都没有成为完全意义上的文学语言和教育语言。

为什么会出现这种情况？按照胡适的观点，主要是两个原因，一是由于执政者的保守，二是文人学者、教育家们不理解文言和活白话不能在同一本教科书之内并存。① 我们以为，胡适所说的第二个原因带有时代局限性，文言和白话完全可以在同一教科书里和谐共处，要不无法解释为什么今天语文课本依然可以采用这种编排格局。而胡适所说的第一个原因却是很有道理的，因为新文化运动的前前后后乃至之后几十年，复古思潮确实不断地在沉渣泛起，从而使得白话文不能全领域获胜。关于复古思潮，因为稍后要集中讨论，此处先一笔带过。

除了这个最重要的原因，写作者本身的原因也不可忽视。因为要打破一种习以为常的写作方式，观念改变比较容易，实践起来却十分困难。譬如梁启超，虽然能吸收一些接近口语的生动语言，把深奥难懂的文言改得通俗平易，但其所做出的文章，从风格上来看，仍然只能算是松动的文言，其《少年中国说》在编入教材时总是跟文言编在一起。再如胡适，他 1915～1917 年在美国尝试写作的白话诗在《新青年》上登出来之后，赵元任立即作出了"不够白"的评价，胡适自己也只好自我解嘲地说，裹了几十年脚的女人，即使把小脚放大也再不能恢复天足。就连集中火力向文言文发难的《文学改良刍议》和《文学革命论》，开头一句也分别是"今之谈文学改良者众矣。记者末学不文，何足以言此"② 和"今日庄严灿烂之欧洲，何自而来乎"③，根本就没有打破文言严格的词汇句法系统。所以，此时革命者们虽然已经憋足了力气，要给白话文打出一片天地，但已上战场，却发现仓促中没带子弹，个中尴尬，可

① 胡适. 胡适自传 [M]. 南京：江苏文艺出版社，1995：309 -310.
② 胡适. 文学改良刍议 [A]. 中国新文学大系·建设理论集（影印本）[C]. 上海上海文艺出版社，2003：34 -43.
③ 陈独秀. 文学革命论 [A]. 中国新文学大系·建设理论集（影印本）[C]. 上海上海文艺出版社，2003：44 -47.

以想见。当然，也有能把理论和实践结合得很好的作家，比如在钱玄同劝说之下从抄古碑的日子里走出来的鲁迅，做出来的第一篇白话小说《狂人日记》就已比较白话化，在《新青年》上刊发出来之后，给自己和《新青年》同时大增底气。不过，对于大多数作家来说，实现从文言到白话的实践改变，还需要一个逐渐磨合的过程。

（三）与复古的斗争

自从"废除文言"的口号喊出之后，白话文就与复古思潮成了冤家对头。20 世纪 20 年代，文言与白话之间壁垒森严，用文言还是用白话，甚至成了旧学与新学的标志，王力先生"欲见誉于胡适之，宜工于俚欲之辞；欲见誉于章行严，当勉为烹炼之句"①，描述的就是这种对垒的状况。不过，"桐城谬种、选学妖孽"这些纯粹的文化人还不是新文化的最大对手，新文化与复古思想斗争最激烈集中的阶段是袁世凯复辟前后的几年。袁世凯之所以能担任民国大总统一职，是由于他客观上在华北拥有重兵，主观上又顾盼自雄，孙中山为和平了事才让位于他。而他却有点忘乎所以，自 1912 年 3 月就职后就一心想要复辟称帝，社会上也不乏一些或是为了迎合袁世凯，或是要趁机达成自我"志向"的人士，所以一股股"尊孔读经"的复古逆流开始涌动。

首先是围绕孔子诞辰做文章。最主要的就是要祀孔，笔者统计②，自 1913 年 6 月袁世凯发布《尊孔祀孔令》到 1917 年之间，袁世凯（共 4 次，亲自参加 1 次，由总统府秘书长梁士诒代行 2 次，由国务卿徐世昌代行 1 次）、冯国璋（1 次）都曾以大总统身份参加过祀孔典礼，而副总统黎元洪、众议院议长汤化龙等则都曾主持过祭礼。上层要祭孔，学校和地方也要祀孔，每县要求配备一所孔庙，北京还在 1918 年"圣诞"那天（当年 9 月 28 日，农历 8 月 27 日，是孔子的生日）给所有学校放了一天假。其次是尊孔教为国教，1912 年到 1917 年间，康有为、汤化龙、陈焕章、张勋，由参众两院中一百多名议员组成的"国教维持会"，以及全国 16 省尊孔会社组成的"各省公民尊孔会"，要么上书总统，要么通电全国，要么游行示威，要么进京请愿，要求立孔教为国教。此外，美国传教士李佳白、英国官员庄士敦等也曾敲边鼓支持定孔教为

---

① 王力．文言平议［A］．王力文集（第20卷）［M］．济南：山东教育出版社，1991：4．

② 该部分的统计归纳自宋荐戈《中华近世通鉴·教育专卷》（2000，中国广播电视出版社）第 140、147、148、149、151、170、214、216、219、223 页，同时用陈学恂《中国近代教育大事记》（1981，上海教育出版社）进行了核对。

国教。再有就是学校教育方面，自汤化龙在《上大总统言教育书》中提出"中、小学课读全经"之后，北洋政府在 1915 ~ 1916 年间依次公布了《国民学校令》《高等小学校令》《国民学校令施行细则》《高等小学校令施行细则》，正式规定了国民小学和高等小学均设读经科。

为了促成上述这些"理想"，1912 ~ 1916 年间，涌现出了许许多多的尊孔社团。根据森纪子的考察，可以罗列出来有：孔教会（上海，沈曾植）、宗圣社（山西）、孔道会（山东）、洗心社（山西）、船山学社（长沙，王湘绮）、崇道会（新金山）、尊孔社（扬州）、中和学社（蜀中）、至圣社（内江）、孔道大会（香港）、中华圣道会（香港）、希社（上海）、孔社（北京）、道德学社（北京）、四存学会（北京）、仓圣社（上海）、尊孔文社（青岛）等。① 从所掌握的史实看，1912 ~ 1919 年间，比较著名的复古组织以及活动范围可以表列如下：

表 2 - 3　1912 ~ 1919 年间著名的复古组织

名称	成立时间	发起人与组织者	活动宗旨或范围
国学会	1912. 2. 28	马裕藻发起，章太炎为会长	研究小学、经、史、子、学术流别和释典等。
孔教会	1912. 10. 7	陈焕章、麦孟华、沈曾植等发起，1913 年推康有为为总会会长	"昌明孔教，救济社会"
孔社	1913. 4. 27	徐琪、饶智元为正副社长，徐世昌等为名誉社长	"阐扬孔学，融汇百家，讲求实用，巩固国基"
环球尊孔总教会	1913. 10. 3	沈维礼	"昌明礼教，振兴文化"

① ［日］森纪子. 民国时期尊孔运动的两条路线 ［A］. 中国社会科学院近代史研究所. 中华民国史研究三十年（下卷）［M］. 北京：社会科学文献出版社，2008：1137.

续表

名称	成立时间	发起人与组织者	活动宗旨或范围
道德学社	1916.12.31	名誉社长江朝宗，名誉学长张炳桢，北京政府参谋总长王士珍任社长	"阐明圣学，敦崇道德，实行修身"
洗心社	1917.11.11	阎锡山	强迫推行孔教
国故社	1919.1.26	刘师培	"昌明中国固有之学术"

　　这些团体以及"社会名流"还为弘扬复古创办了不少刊物，依次主要有：1913年2月创办、陈焕章主编的《孔教会杂志》，1913年3月22日创办、康有为主编的《不忍》，1913年12月创办的《孔社》，1917年12月22日孔教会创办、陈焕章为总经理兼总编辑的《经世报》，1919年3月20日创办、刘师培主编的《国故》等。上述杂志，除了《国故》虽然意在保存文言"国粹"，但文章选取以学术为主要标准之外，其他刊物多跟《不忍》一样，以宣扬尊孔读经为"唯一职志"，其存在的历史意义只是为复古潮流摇旗鼓噪而已。

　　当然，这边尊孔复古之声甚嚣尘上，那边正在日益成长的新文化势力也绝对不会袖手旁观。

　　打头阵的是陈独秀。1915年和1916年两年之间，他发表的有影响的反对复古的文章就有5篇，包括《今日之教育方针》《一九一六年》《驳康有为致总统总理书》《宪法与孔教》和《孔子之道与现代生活》，表达的主要思想依次是：主张用科学和现实生活的教育来取代复古迷信的"理想主义"教育；批判忠、孝、节等纲常名教是奴隶人的道德；指出定孔教为国教违反了思想自由和宗教信仰自由的原则；说明讲求人权和平等的新社会与孔教水火不容；认为道德随社会发展而变迁，没有"万世不易"的道德，应该抛弃封建时代的旧道德旧礼教。这两年李大钊也发表了三篇著名的相关文章，分别是《青春》《孔子与宪法》和《自然的伦理观与孔子》。第一篇文章号召青年大胆向封建主义进攻，为创造一个不断更新的青春的新国家而斗争；第二篇指出孔子只不过是历代专制的护身符；第三篇批判孔子所代表的旧道德已经不适应当时的时代。此外，易白沙《孔子评议》、蔡元培《在信教自由会之演说》、钱玄同《中国今后之文字问题》也都论证了废除孔学的必要性。除了上述新文化运动的主将，还有很多其他反对尊孔者，他们的文章散见于各地报刊，《每周评论》1919 年曾以增刊形式辑录了其中的 27 篇，内容与主张都比较积极向上。

不能忘记的是这次斗争当中关于北大的一个插曲。事情发生在 1919 年，因为之前几年反对复古的大将陈独秀、李大钊等几乎全部出自北大，所以同样在北大任职的林纾（林琴南），一个特别热爱古文的教授，就发表小说《荆生》，把批判孔子、提倡白话文者称为"禽兽自语"，又创造了"伟丈夫"这一角色表达凭借武力来征服新思潮的愿望。文章发表才十几天，李大钊就发起了反攻，撰文《新旧思潮之激战》，宣告青年人不会害怕这个所谓的伟丈夫。陈独秀的《关于北京大学的谣言》几天后也新鲜出炉，对林纾加以批判。事情发展到此，林纾又公开发表了《致蔡鹤卿太史书》这一写给蔡元培的信，认为新文化运动颠覆经典、倡导白话土语，都是邪门歪道，作为新文化策源地的北大，不应该再允许这种行为发展下去。蔡元培很快就以《复林琴南书》做了回复，口吻完全符合长者和校长的身份，内容是重申北大兼容并包的学术自由思想。蔡元培的回答实事求是，因为事实上，北大新文化闯将虽多，辜鸿铭等复古守旧者也为数不少，并且也发表过不少相关言论，林纾的争辩，确实是有欠公允的。

总之，新旧文化的激烈交锋，一直到 1919 年才基本告一段落。但斗争还远未结束，因为事隔几年之后，一批留学欧洲回国的人物如梅光迪、胡先骕、吴宓等以南京的《学衡》杂志为阵地，章士钊以北京的《甲寅周刊》为据点，又频频鼓吹"读经"，攻击白话文，反对言文合一，甚至主张恢复科举制。

为什么会有这么多形形色色的林琴南、章士钊们？至少有以下两个原因。第一，提倡白话文的先驱，像鲁迅那样彻底的不多。他们中的大多数，是为了提高普通百姓的文化水准才提倡白话文的，他们并不反对文言，甚至还非常欣赏文言，自己做起文章来，"都还脱不了绅士架子，总觉得'之乎者也'不能不用①。"即使此期倡导与践行白话文最积极的胡适，内心深处还是很崇尚文言经典的，他在 1934 年反对小学读经的时候，写了篇文章叫《我们还不配读经》，把经书的地位看得比较高；他又曾给青年学子们开过一个必读书目，这个必读书目的难度，远远超过了一般学者的实际水平。胡适等人的欣赏文言，正反映了社会上以古文经典为正宗的风气并未消散。确实，北京大学研究所

① 黎锦熙. 国语运动史纲［M］. 北京：商务印书馆，2011：134.

1921 年开办了以章太炎的弟子沈兼士为首的国学门，清华马上紧随其后，花大力气网罗到了王国维、梁启超、陈寅恪、赵元任作为新创立的清华国学院的四大导师。而五四前后的诸子研究风也与白话文运动几乎同期并起，在乡间教中学的钱穆之所以能被胡适相中从而进入北大，凭借的就是《先秦诸子考》这一巨著。第二，复古读经总是与尊孔有关，很多时候，统治者是要用孔子的思想来钳制青年们的活力。复古的标志之一是读经，按照此期倡导者的理论，读经的目的是为了修身。其实，经书里确实有修身的内容，但修身的内容，史、子、集里也有，《增广贤文》所收集的那些民间谚语里也有，把修身作为提倡读经的理由，实在是有些牵强附会。当然，读经的另一个被宣讲的目的是要保存国粹，这个理由似乎颇有道理，目前广泛开展的经典诵读里也有这个观点的影子。上述两点理由中又都可看到民族主义与平民主义之间的矛盾，而针锋相对的两种事物同时不乏拥戴之人也是社会转型期常见的情形，这正跟日夜交替之时的日月同辉是一个道理，只不过同辉的两个事物中，旧事物的辉煌仅仅是回光返照，而新事物却要从此走向更加光明的未来。

（四）新式标点符号的诞生

此期与白话运动密切相关的是新式标点符号的诞生与推行。

新式标点符号包括了点号和标号，它们的作用可以描述为：

> 过去的书面语里，只把这声音记录下来，这便是字，现在我们要把这静默也记下来，这便是"点号"。日常说话的时候，由于有周围环境、脸部表情以及手势、腔调等方面的帮助，哪一句话是谁说的，哪一句话没有说完，哪一句话要着重都明明白白，要是只用文字记录在纸上，这些东西便看不见了。为了弥补这种缺点，也规定了一种符号，这便叫"标号"。①

标点符号这么管用，但它的历史却非常短。今天熟知的新式标点符号是1920 年才公布的，以前就只有充其量四五种可以称为标点符号的东西。最早的两种叫句（·或o）、读（、）。《说文解字》中有"、"字，解释为"有所绝止，、而识之也。"说明它至少从汉代已经开始使用，但这种使用仅限于读书

---

① 欧阳复生.怎样用标点符号［M］.武汉：湖北人民出版社，1956：1.

人自己作记号，以帮助离经辨志，经典著作还是什么也不用。到宋代，印刷术发明后，一些通俗读物印刷时也开始使用句读这种最早的点号了。明代开始，有了最早的标号，就是在字词的左边加一直线标示是人名，加两直线标示是地名。这是四种大家都公认的古代标点符号。此外，还有写作时用"□"表示阙如，作文批改时用"○"表示赞赏的，但究竟算不算标点符号，还存在争议。但是，不管怎样，这么几个符号，对于补足纯文字记载语流表意之不足来说，还是远远不够的。于是，仿照西方书写习惯的新式标点符号开始进入人们的视野。

标点符号的大致引进过程，可粗线条地描述如下：1897 年，王炳耀《拼音字谱》订立了中国最早的"句义表"（即新式标点符号）；1904 年，最早使用西方标点的汉语著作——严复《英文汉诂》出版；1907 年，《申报》开始"采用改良圈点法断句"①；1916 年，《新青年》第 2 卷开始用"、"号和"。"号；1918 年，陈望道发表《标点之革新》；1918 年《新青年》从第四期起开始在直行汉文中插用新式标点符号，并于 1918～1919 年，《新青年》发表《句读符号》《论句读符号》和《本志所用标点符号和行款的说明》；1919 年，马裕藻、朱希祖、钱玄同、刘复、周作人、胡适联名向教育部提出《请颁行新式标点符号议案（修正案）》；1920 年，教育部颁布《通令采用新式标点符号文》；1929 年小学国语课程标准在作业要项"读书"中提出了"简易标点符号的认识"和"普通标点符号的熟习"两项要求，新式标点符号从此进入小学语文课纲并牢牢扎根；1933 年国民政府行政院规定所属机关应在公文中采用简单标点。当然，由于不断复古，文言文的势力一直很大，书写也大多依然是竖排，所以关于新式标点符号的规定大多形同虚设，这种状况一直到新中国成立之后才得到根本改变。

第三节　学校母语教育：开始关注生活用语与母语规律

当社会上所倡导的母语形式已经发生翻天覆地的变化之时，学校母语教育自然地跟着进入了一个崭新的天地。最明显的变化，是随着白话文地位的提升，小学改"国文"为"国语"，初、高中教材中也不同比例地出现了白话写

---

① 李焱胜.中国报刊图史［M］.武汉：湖北人民出版社，2005：43.

作的文章。其次，听说教学破天荒进入语义课纲和语文课堂，至少在理论上成为与书面语言同样重要的语文教学内容。此外，在西方语言研究理论的影响下，汉语知识的本体研究成果渐渐增多，并开始以迅猛的方式进入中学和中等师范学校。同时，在欧美教育家及以欧美留学生为主流的中国学者与一线教师的共同努力下，心理学和统计学在母语学习中受到重视，科学化的母语教学实验开始展开。

一、儿童本位下的"国语"取代"国文"

在1914、1915年间，虽然熊崇煦、陈润霖、李步青、黎锦熙等人曾多次主张"国文"宜改为"国语"，但效果不大。1916年，国语统一会召开第一次会议时，刘半农、黎锦熙等人又一次集体提出改国民学校"国文"课本为"国语"课本的主张，这与1916年10月教育部颁布的《教育部修正国民学校令施行细则》第三条"国文要旨，在使儿童学习普通语言文字，养成发表思想之能力"的思想完全一致。一年后，第三届全国教育会联合会议议决了主张"改国民学校之国文科为国语科"的《推行国语以期言文一致案》，再过两年，国语统一筹备会成立，刘复、周作人、胡适、朱希祖、钱玄同、马裕藻等在第一次大会上就提出，《国语统一进行方法》"第三件事"，是"改编小学课本"以使之成为"传布国语的大本营"，而国文读本也必须相应地改为国语读本。国语统一会和国语统一筹备会的两个决议案整理后均呈交了教育部，全国教育联合会的议案也是如此。教育部综合这几个提案之后，认为"提倡国语教育难再缓"，于是，1920年1月训令全国各国民学校："自本年秋季起，凡国民学校一、二年级，先改国文为语体文，以期收言文一致之效"，然后，又分别以教育部令修正《国民学校令》和《国民学校令施行细则》，将有关条文中的"国文"改为"国语"。

（一）白话文进入课程

兴学校以前，学校母语教育是科举式教育，科举式教育先是用八股文，废八股之后就改用经义策论，策论虽然需要一点儿历史知识，但仍然是以熟读四书五经为基本方法。然后，从废除科举到五四运动前，语文教学的科目名称发生了几次大的变化，独立设科时是"词章"、"读经"，然后是"中国文学"，1915年又改为"国文"，但内容上却没有发生多大变化，要求学生读的、写的，仍然都是文言文。也就是说，学生们所学习的语言和生活中的语言，仍然是分离的、脱节的。

当此世纪交替之际，虽然全国的语文教材用语没有发生变化，但先行者们已经在做一些新的尝试。就像绪论部分界定"现代"概念时已讨论过的那样，可以确定的最早的白话性质教科书出现在 1897 年，即由南洋公学师范生陈懋治、杜嗣程、沈庆鸿等编撰的《蒙学课本》，甚至可能在此前一两年中，上海滬南三等公学就已经编出了同样性质的蒙学课本，不过教育史对该教材的描述非常简单，时间也不统一，所以暂且不能予以采信。然后，1898 年，"俞复等所办无锡三等公学堂自编《蒙学课本》，……较南洋公学所编的《蒙学课本》为进步"①。1899 年，澳门蒙学书塾陈子褒发表《论训蒙宜用浅白读本》，并试编白话教科书。并且，此时的社会思想也在悄悄地发生着一些改变，像影响遍于全国的《教育杂志》所连续发表的《言文教授论》（瘐冰）和《论教授国文当以语言为标准》（潘树声）等当选征文，不仅提出了逐步推行国语的必要，而且还在国文教授中强调了说话和听话训练的重要，把国文教授的实用性提高到前所未有的重要地位。

课纲方面，1902 年《钦定小学堂章程》规定寻常小学堂作文，一年级"教以口语四五句使联属之"，二年级"授以口语七八句使联属之"，已经可以看出日常白话在教学中的地位较改革之前有所提高。然后，经过一系列的努力，终于在 1912 年《小学校教则及课程表》中，切近生活的"普通语言文字"成为小学国文教育总目标中的首要任务，小学"读经"科同时被一律废止；同年发布的《中学校令施行规则》虽然也要求"并使略解高深文字，涵养文学之兴趣"，但"通解普通语言文字，能自由发表思想"已经成为国文的第一件任务。

但此之后，在 1914 年到 1915 年之间，由于上有袁世凯、汤化龙等"领袖"的要求，下有康有为、叶德辉等人的呼应，"读经"又重新回到了小学当中，白话文又一次遭到文言文的排挤。表 2-4 是民元前后"读经"科在我国中小学的地位嬗变情况。

---

① 陈翊林. 最近三十年中国教育史［M］. 上海：上海太平洋书店，1930：46.

表 2-4　1902~1916 年间读经讲经课的设置及内容

阶段	出处	课程名称	主要内容
小学	1902 年《钦定蒙学堂章程》	读经	《孝经》《论语》《孟子》《大学》《中庸》
	1902 年《钦定小学堂章程》	读经	寻常小学堂：《诗经》《礼记》 高等小学堂：《尔雅》《左传》《公羊传》《谷梁传》
	1904 年《奏定初等小学堂章程》	读经讲经	《孝经》、四书、《礼记》（提出要"易记""易解"）；五年共十万零一千八百字
	1904 年《奏定高等小学堂章程》	读经讲经	《诗经》《书经》《易经》《礼仪》；四年共十一万五千二百字
	1912 年 1 月 19 日，教育部公布《普通教育暂行办法》，规定"小学读经科一律废止"；同年 5 月，教育部通电申明废止读经。		
	1915 年"特定学务纲要"（即"整理教育纲要"）	读经	初等小学：《孟子》 高等小学：《论语》
	1916 年，《整理教育纲要》被撤销，"读经"被废止。		
中学	1902 年《钦定中学堂章程》		每周 3 课时
	1904 年《奏定中学堂章程》		每周 9 课时
	1909 年《变通中学堂课程分为文科实科折》	读经讲经	文科每周 10 课时，为主课；实科每周 3 课时，为通习课
	1911 年改订中学堂课程表	读经讲经	文科一到五年级开设，课时数依次为：5、5、10、6、5；实科一到三年级开，课时数依次为：5、5、3
	1915 年"特定学务纲要"	读经	《礼记》《左氏春秋》

　　袁世凯复古读经风潮过后，白话在小学中的地位才终于逐渐稳定下来，1916 年《国民学校令施行细则》规定"国文"科的总目标是，"使儿童学习普通语言文字……首宜正其发音，使知简单文字之读法、书法、作法，渐授以日用文章，并使练习语言。"受巴黎外交失败影响，五四运动起，全国人心激

昂，白话文运动也借此东风，于 1920 年取得了令人吃惊的胜利——教育部宣布小学"国文"科改"国语"。此后，小学语文教材两三年中渐渐全部改成了白话作品，紧接其后公布的 1923 年新学制课程标准又继承了这种对于日常语言文字的重视态度，使得白话文在学校教学中的地位进一步得到了巩固。

中学方面，白话文进入课程发生在 1923 年，按该年颁布的《初级中学国语课程纲要》的规定，初中国语课的内容由"读书、作文、习字"三部分构成，其中，"读书"部分，初一、初二、初三精读语体的份额分别是 3/4、2/4、1/4；"作文"部分，初一、初二"以语体为主，兼习文言文"，初三"语体文体并重"。这一虽没被正式公布却产生了重大影响的课纲对于语体文的重视，标志着白话文教学从此在初中也取得了合法地位。而与中小学教育密切相关的师范学校与高等师范，也在 1921 年 3 月接到教育部训令，要求均应酌减国文钟点以加授"国语"一科。

白话文教材建设，也配合"国语"科的推行加快了进程。小学方面，本来科目名称变换之前，就已经有过一些使用白话课本的尝试，1920 年教育部规定到 1922 年底小学各科教材一律改为语体文，旧日所用文言教材也分期被废止，政府的强行约束几乎像风卷残云，很快就完成了小学教材用语的转换。中学方面的改变较此要困难一些。改"国语"之前的教科书，像 1913 年《共和国教科书国文读本（中学校适用）》（商务印书馆）、1914 年谢蒙《新制国文教本（中学校适用）》（中华书局）、1915 年刘法曾、姚汉章评辑，陆费逵、戴克敦阅《中华中学国文教科书》（中华书局）等等，选的全都是文言文。不过，此期出现了一本另类的教科书，那就是何仲英的《白话文范》，该书 1920 年由商务印书馆出版，是第一部采用白话的中学教科书，虽然依然是竖行排列，但内容却与书名一致，所采用的全是白话文，用的也是新式标点符号。和一般教材不同的还有，这本教材是纯文选，没有题解、注释之类的附属部分。在"选白话文取材很不容易"[①] 的那个时代，商务印书馆的这一举措，确实是开了中学白话教材的先河。此后，比较出名的纯白话读本还有沈星一编、黎锦熙与沈颐校的《新中学教科书初级国语读本》（中华书局，1923），穆济波《新中学教科书高级国语读本》（中华书局，1925）等。

但这种纯白话的中学课本很少，更多的还是像当时颇有代表性的国语教科

---

① 何仲英. 白话文范［M］. 上海：商务印书馆，1920：编辑大意/1.

书——顾颉刚、叶绍钧等《新学制初中国语教科书》（商务印书馆，1922）一样，杂取了文言和白话两种语体。而且，即使是这种杂取性质的文白混编，即使是到了1923年以后，白话在中学教材中所占的比例也仍然比较低。初中部分，罗根泽、高远公编，黎锦熙校订《初中国文选本》（立达书局，1933）一二、三四、五六册中的"语体文与文言文之分量约为七与三、六与四、五与五"①。1944年世界书局专供已通语体文的青年进一步专修国文用的"国文必读第一辑"丛书，遵循了"第一册语、文各半，第二册语一文二，第三册语一文三"②的比例。高中部分，江恒源《新学制高级中学教科书国文读本》"编著例言"称，"所选各文，以古文为主体，故文言文居多数，语体文居少数"③。但以第一册为例，虽然前两篇分别是《中国文学改良刍议》和《国文之将来》，似乎表现出对于白话文的倡导，但细数一下，92篇选文当中，仅仅只有蔡元培《国文之将来》算得上是一篇白话。杜天縻、韩楚原《杜韩两氏高中国文》（世界书局，1933）则"文言与语体并选，文言文依年级递增，语体文依年级递减。其百分比：第一学年为七五与二五，第二学年为八五与一五，第三学年为九五与五"④。由此可见，高中白话文是非常之少的，而赵景深在其《高中混合国文》（北新书局，1935）"编辑大意"中解释之所以在命名中要突出"混合国文"时，说是因为"对于语体文亦极注重，与一般纯用文言者不同"⑤。可见，一直到这时，"一般"的高中教材还是都"纯用文言"的。

不能忘记的是，就在白话文进入中小学课程大势已定的情况下，1924年左右，学界又发生了一次要不要读经的争议。此次争议的导火索是杨贤江《国故毒》一文的发表，该文认为当时的国文教育在走复辟路径。文章发表后，引起了当时一批学阀的大肆攻击，沈雁冰、陈望道、邵力子、恽代英等人又对此予以了还击，整个论战大约持续三个月才基本结束。可第二年，也就是1925年的10月，北京临时政府教育总长章士钊又提倡小学读经、禁用国语。

①　罗根泽，高远公编．黎锦熙校订．初中国文选本（第一册）［M］．上海：立达书局，1933：编辑大意/1.
②　谭正璧．国文阶梯·国文必读（第一辑）［M］．上海：世界书局，1944：凡例/1.
③　江恒源．新学制高级中学教科书国文读本［M］．上海：商务印书馆，1928：编著例言/2.
④　杜天縻，韩楚原．杜韩两氏高中国文（第一册）［M］．上海：世界书局，1933：编辑大纲/1.
⑤　赵景深．高中混合国文（第一册）［M］．上海：北新书局，1935：编辑大意/1.

这个意见不仅遭到黎锦熙的当场反对，而且引发了又一轮社会关注度更高的集中批判。鲁迅为此发表了《十四年的读经》一文加以批判讽刺，孟宪承《小学读经也成问题吗?》也从教育原理、儿童心理与教育思潮等方面论述小学不应读经。俞子夷 1926 年在调查了小学五、六年级学生的作文情况后，发现与文言时代高小学生最怕作文不同，"缀法也有四分之一人爱"，而他们爱作文的重要理由是"发表意思，记载事情"、"写信，交通"、"做文章"、"写字进步"和"好玩，好看"，并由此做出结论，说"这是改了白话文后的结果"。①

教材是否选用白话文，对于语言教育来说，是一场根本性的论争，是教学要不要切近生活、要不要为实用服务的论争。它涉及教育思想、教育目的、教育内容、教学方法等各个方面。如果用现代的眼光，根据儿童、知识、时代三个视角来评判，虽然在能力可及时完全可以学一点儿文言，但就整体而言，中小学选用跟学生生活语言一致的白话教材，已经是一个毋庸置疑的定论。

（二）教材注重儿童化

癸卯学制颁布之后，1905 年清政府也曾成立学部，审查干预教科书的编纂出版，但仅存几年之后，就随封建帝制的被推翻而倒台，从此以后一直到民国结束，教材选用一直比较自由。孟宪承 1925 年所说"江苏各中等学校精读教材，有的用现成课本，有的自编课本。总计 46 校中，用书的 16 校，自编教材的 30 校"②，是对这种情况的一个很好诠释。自编教材只能各扫门前雪，影响力不广，市场上活跃着的是各大书局所编的教材。当时，商务印书馆和中华书局是教材市场毫无疑义的领导者，这两家书局之间你争我赶，基本上可以平分秋色，到 1925 年世界书局开始发行国语教科书，竞争就变得更为激烈。为了夺取更大份额，各大书局都纷纷聘请专家和知名学者，如庄俞、黎锦熙、高凤谦、张元济、庄适、沈颐等，在教材编订上费尽了心思。加上欧美教育心理学的逐渐传入，此期语文教材的语言，不仅开始考虑语言本身的呈现规律，也开始考虑学生的接受心理，出现了一种教材儿童化的倾向。这种倾向在教材形式和教材内容上都有所反映。

从教材形式来看，文言改白话当然是最大的改变，这一点前面已经讨论

① 俞子夷. 儿童对于各科好恶的调查 [A]. 董远骞，施毓英. 俞子夷教育论著选 [M]. 北京：人民教育出版社，1991：171 – 172.
② 孟宪承. 初中读书教学法之客观研究 [A]. 周谷平，赵卫平. 孟宪承教育论著选 [M]. 北京：人民教育出版社，1997：65.

过，就不再赘述。

除此而外，为了激发学生兴趣，帮助学生理解课文内容，不少教材开始配备插图。陈学恂曾经做过这么一段介绍："1901 年 3 月，叶成忠在上海创办的澄衷学堂……初设蒙学五级。是年出版《字课图说》课本。"[①] 可见到此时为止，教材中有插图还是希罕事儿，否则不会被当作教育大事记入史册。但从民国开始，小学语文教科书配插图就开始普及起来了，像《最新初小国文教科书》、《共和国教科书新国文》等都配有不少插图。以《共和国教科书新国文》第六册为例，这册共 50 课、正文仅 52 页的薄薄教材配有 19 幅插图，插图内容涉及植物、动物、人物、地形图等等。这些插图绘制得都十分精美，尤其是第六课《鸟》所配的插图，以天空、小河、河岸及河岸上的一棵大树作为背景，描绘了燕、雁、鹭、鹅、鸳鸯、鸭、鸡、雀、鹤、鹌鹑、雉、孔雀、翡翠、鸽、鹰、鸥、鹦鹉、乌、鹊共计 19 种鸟类动物，所占面积仅仅为小小的一页纸，而且还是彩绘的，颜色层次感很强，效果逼真，编者匠心由此可见一斑！

另外，虽然此期教材基本上还是采用竖排，但标点符号已经有所更新，除了点号和圈号，引号也开始大量使用了。这一标号的使用，极大地有益于学生理解课文内容。

最后，此期英美的教育心理学已经开始对我国产生影响，外国教材的编写方式也对国人颇有启发，而 1898 年 2 月创刊的《求我报》半月刊，又"由浅入深，为初小教科书内容树立循序渐进范例"[②]，所以，学生接受程度和语言规律本身的要求逐渐成为确定教材编排顺序的重要因素。以我国最早的现代意义教科书《（新订）蒙学课本》为例（该书原稿诞生于 1897 年，是南洋公学师范生陈懋治、沈庆鸿等的自编教材，后经朱树人改订并于 1901 年由商务印书馆代印发行），这本为初小教育而写的教科书，不仅"所选内容，贴近社会与生活"[③]，编排形式也已经比较注意学习英美做法，注意了语言文字的呈现规律和儿童接受心理。

当然，从教材内容来看，此期最大的变化是"从天到人"。"从天到人"

---

① 陈学恂. 中国近代教育大事记［M］. 上海教育出版社，1981：109.

② 陈学恂. 中国近代教育大事记［M］. 上海教育出版社，1981：85.

③ 石鸥. 中国最早的现代意义的教科书——南洋公学的《（新订）蒙学课本》［J］. 书屋，2008（1）：1.

使用的是一种借代手法，把 1903 年《最新国文教科书》和 1912 年《共和国教科书新国文》这两种最有影响的小学语文教材第一册第一课的第一个字进行了对比。其实，这两种教材都由商务印书馆出版，后者以前者为编撰基础，而且前者的第一册还有"采用之字，限于通常日用者，不取生僻字；第五课之前，每课不得超过十字；前课之字，必于以后各课中再见两次以上"之类的规定，可见对儿童接受心理也考虑得很仔细。但人们却仍然普遍认为，《最新国文教科书》第一册第一课是"天地日月"，《共和国教科书新国文》第一册第一课是"人"，虽然两个字的笔画数、字形难易度及使用频度都基本相当，但却反映了一种课本取材的观念变化，展现了此期编撰者的思想开始由传统以伦常教育为纲转向了以学生为本。

为了更明确地呈现庄俞、沈颐编纂，高凤谦、张元济校订《共和国教科书新国文》（国民学校用）的以人为本思想，我们把《共和国教科书新国文》（第一册）一部分内容罗列于下：

> 第一课"人"，第二课"手、足"，第三课"尺、刀"，第四课"田、水、山"，第五课"狗、牛、羊"，第六课开始组词，是"一身、二手"，第七课"大山、小石"，第八课"天、地、日、月"，第九课"父、母、男、女"，第十课"青天、白日、满地红"，第十一课"小猫、三只、四只"，第十二课"白布、五匹、六匹"，十三课"几、桌、椅、碗、桶、盆"，第十四课"鸟、虫、鱼、我、你、他"，第十五课"早起、月落、日出"，第十六课"哥哥、弟弟、上学去"，第十七课"书一本、图多、字少"……

此外，在 1912 年，这种教材就能从第三册起才用文言编写，并且第八册第五十课《毕业》后面所附的"演说稿"也是用白话撰写，不能不算是一种可贵的突破。

在教材内容儿童化的过程中，出现过一次"鸟言兽语之争"。所谓鸟言兽语，指的是此期国语教材中大量出现的童话、寓言和民间故事。"鸟言兽语"最强悍的反对者是湖南省政府主席何键，何键主张读经，他在 1931 年时通电全国并向教育部提出正式咨文，要求国语教材取消这种儿童化言语方式的作品，改为学习古代经书。紧接着，归国儿童教育专家尚仲衣在"儿童教育社"

年会上发言，表态反对"鸟言兽语"。不过，在吴研因的带领下，这股反对潮很快被击退，教材儿童化日渐取得主导小学语文课本的正统地位。

总之，教材语言儿童化到民国初年已经十分成熟，理论上，钱玄同1917年发表的《论应用文亟宜改良——改革大纲十三事》一文可以作为标志①；实践上，商务印书馆1912年的《共和国教科书新国文》可以作为代表②。

（三）教法的重要变化

此期以前的语言教学法研究，首屈一指的要算王筠19世纪中期撰写的《教童子法》，他提倡首先要集中识字，教师必须讲解，讲课必须要让学生听得懂。这种非常先进的理念在那个时代是凤毛麟角，直到民元前后，在欧风美雨不断吹洒之下，教学理念和教学方法才发生了重大改变。教学理念上，施力最大的是杜威的"儿童中心说"，杜威1919~1921年间一直住在中国，在11个省举行过演讲，在他的学说影响下，发扬教学民主，关注学生心理，让学生自主活泼地学习，成为全国从上到下的一股风尚。陶行知1919年提出将"教授法"改成"教学法"就是这一风尚的集中表现。教学方法的改变，应始自1913年孟禄来华之后，因为孟禄带来了系列实质性的教学方法改革，以至于1914年中华书局为研究小学教法改革特意刊登广告征集教案，结果到1915年6月就已收到各地稿件千余件，可见教法研究自此已引起较多关注。

平心而论，古代的语言教育其实也有些比较灵活的教法，如《朱子读书法》中提到的"贴壁熟读法"（把要学的东西贴在墙壁上，全部读熟后，又换一套新的贴上）、"比赛正误法"（三人同看强记，一人讲，两人辩证是非），以及在整个清代都比较流行的卡片帮助识字法等。如果说这些改革的最终目的还是为了背诵，那么，也有突破朗诵的，如王筠等便大力提倡要适当讲解。此外，还有明确提出讲解所用语言必须切合儿童特点的，如明朝"王日休主张给儿童讲说，只可说本句话的意思，并且要'分明直说，不可言语多'"③。

---

① 该文认为国文国语应该进行13项改革，包括：以国语为之、选取最常用之字、多义字取最常用之意、制订文法的排列规则等。

② 该教材"编辑大意"说明了"所选材料必求合乎儿童心理，不为好高骛远之论"，"所述花草景物，预算就学时期，按照阳历顺序排列，使儿童于随时实验"，"生字之多少，字句之长短，笔画之繁简，意义之深浅，按照程度循序渐进，以免躐等之弊"，"文字力求活泼，以引起儿童之兴趣"，"文法与语法期相吻合，力求浅显"等编选宗旨。

③ 池小芳.中国古代小学教育研究［M］.上海：上海教育出版社，1998：296.

吕坤也对讲书做过规定，"讲解只用俗浅，如闾阎市井说话一般"①。当然，这些灵活教法仅如大海之中一滴水，根本不影响人们对古代语言学习的总体印象。一说起古代的教学，人们头脑中浮现出的还是"摇头晃脑"、"死记硬背"、"皓首穷经"之类的负面词语。确实，一般说来，传统语言教育的基本做法是一开蒙就识字，先学《三字经》、《百家姓》、《千字文》，把这含生字2100多个的"三百千"完全熟背之后，就有了初级阅读所需的基本识字量，然后才开始"书读百遍，其义自见"，如此强调诵读，难免落得个"徒事朗诵"的恶名。

所以，当清朝末年国门一开，睁眼看世界的人们经过比较之后，立即就对这种"徒事朗诵"的教法大加鞭挞。梁启超著《论幼学》批判："未尝识字，而即授之以经；未尝辨训，未尝造句，而即强之为文。"② 相较于梁公的激越，胡适的批评要平静中肯得多，他在《如何可使吾国文言易于教授》一文中把"徒事朗诵"确定为历来文言文教授法四条弊端的第一条，认为必须对此加以改革，教师应该熟悉文法、标点、文字源流等知识并运用之于语文教学。类似的批评，不一而足。现在回头看，现代汉语母语教育开创期对于过分注重朗诵的批判，确实有其较为充分的时代理由：

第一，教材已经大部分改用白话，教法当然应该与文言文有所不同。以前重朗诵，是因为文字隔膜，首先要"书读百遍"，语感上不生疏了，然后才能"其义自见"地明白它的意思。当教材已由文言全部或部分地改为白话，对于即使只看一遍也能懂得大致意思的白话文，如果再按老办法强调一遍一遍地读，当然就不合适。所以，俞子夷1931年说："自从改了白话文，教科书的内容没有加多，教学的方法没有改变，仍旧把从前处置艰深的文言文的方法来处理极容易的白话文，不免把学生的光阴空费了。"③ 1947年黎锦熙在《中等学校国文讲读教学改革案述要》的导语中尖锐地批评历来语文教学的成绩不佳之时，也把不懂得将"白话文的教材与文言文的教材分别处理，而只知道笼

---

① 池小芳.中国古代小学教育研究［M］.上海：上海教育出版社，1998：309.

② 梁启超.论幼学［A］.田正平，肖朗.中国教育经典解读［M］.上海：上海教育出版社，2007：413.

③ 俞子夷.关于小学教科书的几点小小意见［A］.董远骞，施毓英.俞子夷教育论著选［C］.北京：人民教育出版社，1991：234－239.

统地用一种大概相同的教法"① 认定为教学效率低的根本症结。可以说，这些后来的批评，表明全力探索文言、白话两种不同语体的不同教法，确实已是当时刻不容缓的要求。

第二，学习门类增多，急需探求新的教法。对于母语获得而言，对于以习得远离口语的书面语的科举考试而言，强调多读不可谓不实用，但自废科举兴学校以后，语文从唯一的功课变成了多门功课中的一门，学习时间剧减，旧的方法就面临着新的变革。此时，不少人都为此进行了探索，如新体诗歌的开拓者刘半农先生，就在北大预科进行了语文教改试验，并把其"结果和经过情形"在1918年初发表的《应用文之教授》一文中作了总结。② 陈启天1920年发表著名的《中学的国文问题》，"中学国文要旨"、"中学读文"、"中学作文"、"中学演讲"就是全文重点讨论的四个问题。③ 1921年，陈望道发表了《作文法讲义》；1922年，叶圣陶在《小学国文教授的诸问题》中讨论了国文教学的相关问题。这些颇有影响的教改文章，都涉及了语言教学的改革。

第三，教材编写形式变化，导致教法变化。传统时期读书人学习的文选，上面都有选家详细的一一评点，但到此期，语文教材虽然主要也还是文选形式，但对于编者要不要评点却有了不同观点。支持评点者，主要依据是曾国藩《经史百家杂钞》、梅曾亮《古文词略》等众所公认的优秀评点之作；也有一些反对者，反对大意是点评束缚了读者的思想，抹杀了文本的召唤结构和空白之处。相应地，语文教材的编写也呈现了一种多样化态势。有的教材，如《中华中学国文教科书》（1915）、《重订中学国文教科书》（1913），仍然由正文和评点两部分组成；有的教材，如《中华女子国文教科书》只出现纯粹的文本，相关资料"另编教授书，载明每课要旨及教授方法，名物、训诂皆详细解释"④；还有一部分教材，则对原来的评点形式加以发展，以解题、作者传略、注释、参考书之类的形式出现。这第三种形式比较变通，后来成了中小学教材比较通用的编写方法。与文本相关的辅助资料直接影响学生对于文本的

---

① 黎锦熙．中等学校国文讲读教学改革案述要［A］．张鸿苓，李桐华．黎锦熙论语文教育［C］，郑州：河南教育出版社，1990：112－119．

② 刘半农．应用文之教授［A］．顾黄初，李杏保．二十世纪前期中国语文教育论集［C］．成都：四川教育出版社，1990：59－68．

③ 陈启天．中学的国文问题［A］．顾黄初，李杏保．二十世纪前期中国语文教育论集［C］．成都：四川教育出版社，1990：154－165．

④ 沈颐，范源廉，杨喆．中华女子国文教科书［M］．上海：中华书局，1914：编辑大意/2．

理解程度，辅助资料变了，教法当然也要随之发生改变。

二、听说训练走进课堂

在没有文字之前，人们表达思想、与人交流，几乎全靠一张嘴，听说能力十分重要。后来有了文字，情况就发生了变化。一方面，高超的口才仍然受到人们的崇拜或赏识，例如孔子曾胜赞"能专对"的使者，《世说新语》专辟"言语门"以记载名士们的雄才高辩；但是，另一方面，由于受到科举取士、谦逊文化及通讯设备落后等因素的影响，口语能力训练又一直有意无意地被漠视了，以至于能说会道常与巧言令色相提并论，"敏于事而讷于言"的处事风格受到推崇，"率尔而对"的粗放敢言总会被老师批评。到了 19 世纪末 20 世纪初，科举制度土崩瓦解，谦逊礼仪受到了欧美思潮的冲击，通讯设备水平也得到了一定程度的提高，加上先进教育理念的冲刷，听说教学终于被提上了日程。

（一）相关研究与课纲规定

研究方面，1903 年两广初级师范简易科馆编写的《国语科教授法》，比较早地把"听方""话方"与"读方""书方""缀方"并列讨论。1914 年徐特立《国文教授之研究》中，把"听法"与"话法"摆到了很重要的位置，认为这是语言能力的两个重要组成部分。此期还有一些专门研究口语的论述，较早的论文，有代表性的是庚冰 1912 年的《言文教授论》，该文认为口语学习是书面语学习的基础，并且认为口语教学应该包括"自语、听语、会话三种"，① 对今天的口语教学仍有指导意义。

而 1922 年，黎锦熙和张士一分别发表、出版的《国语科"话法"教学的新案》和《小学"国语话"教学法》，应该都算是对口语教学这一全新领域的较早较全面的研究。黎锦熙一文涉及的"话法"教学，包括了标准语的教学与口语能力的教学。对于方言区的标准语教学，他认为国民学校一年级应当纯粹只教学标准语的口耳之学，以后各年各级利用文字帮助记忆标准口语；具体教学之时，要让学生先多听再多说，要教完全的句子而不教单独的字，不要用方言来翻译标准语，学习时间安排上是每次略短而次数略多。对于使用标准语或与标准语差别不太大的方言区，黎锦熙主张用"正式的方法"，即：蒙园养

---

① 庚冰. 言文教授论［A］. 顾黄初，李杏保. 二十世纪前期中国语文教育论集［M］. 成都：四川教育出版社，1990：8－13.

和国民学校初年级未使用文字工具时是"读法前的话法"，要多注意随时随地利用实物来发展儿童语言，而到了国民学校已用读本作教学工具的"读法内的话法"教学阶段，则应该通过把口耳熟悉的材料尽量采作教材和读本教学时师生一起尽量多地"朗读"、"口讲"，以达到"话法"与"读法"的有机统一。① 从上述介绍可以看出，虽然发表时间较早，但黎锦熙这一"新案"事实上已经是一个比较成熟的口语教学方案了。此外，张士一的《小学"国语话"教学法》也受到了学界的普遍瞩目。

相较于研究者的论述，课纲更能够系统反映时代的整体观念。听说教学方面，1904 年《奏定高等小学堂章程》开始要求一、二、三、四各学年都"习官话"，要求每星期一次，主要"以读《圣谕广训》直解习之"。之所以如此，是因为"其文皆系京师语"。"习官话"作为语文教育的内容，这是首次见于教育法规，它既反映了清末要求言文一致、国语统一的时代精神，也标志着语言教学开始了对口头语言的重视，是"说话教学"的源头。这个要求的提出比注音字母的制定早 9 年，比注音字母的发布早 14 年。听的训练，最早发生在 1913 年 4 月，当时教育部训令中学和师范从第三学年起，都要选择一种科目，教学时由教员口授，使学生练习笔记，以便"日后升学听讲无扞格不通之弊"，认为即使那些不再准备升学者，经过这种训练之后，"将来疏写文字，自能敏捷，亦属裨益甚多。"② 这是对听的能力的专门训练。说话姿势受到关注，大约起自 1915 年 5 月，教育部认为各省小学教学的方法大多不好，所以对各科都做了规定，其中，国文科规定了要注意读法、话法和姿势。③ 从 1915 年 12 月教育部同意试办注音字母传习所后，注音字母慢慢开始推行。1920 年教育部在说明"国语要旨"时，提出了要"采用表演、问答、谈话"④ 来练习说话。1923 年小学新课纲规定"语言"与读文、作文、写字一起，成为国语科的教学内容，并且还对各年级的"语言"教学内容做了具体的规定，主

① 黎锦熙. 国语科话法教学的新案［A］. 张鸿苓，李桐华. 黎锦熙论语文教育［C］，郑州：河南教育出版社，1990：83－99.
② 陈学恂. 中国近代教育大事记［M］. 上海：上海教育出版社，1981：239.
③ 陈学恂. 中国近代教育大事记［M］. 上海：上海教育出版社，1981：267.
④ 黎锦熙. 改学校国文科为国语科［A］. 黎泽渝，马嘯风，李乐毅. 黎锦熙语文教育论著选［C］. 北京：人民教育出版社，1996：28.

要包括演进语①练习、简单会话、童话讲演、童话/史话/小说等的演讲、普通演说、辩论会设计等。

（二）教学界的反应

学习国音，当然从发音开始。20 世纪 20 年代提倡国语，因此"注音字母，全国风行，下至妇孺，莫不以讲求国语为急务。惟习国语而不慎于发音，则始也差之毫厘，终也谬以千里，以讹传讹，欲改革方言纳入正轨，谈何容易？"② 为了帮助正确发音，当时出了很多相关教材。如乐嗣炳《国语辨音》（中华书局，1916 年初版）致力于把方言与国语进行比较，发现其差异，从而帮助操方言者学成正确的国语；1918 年前后，中华书局出了一套"国语小丛书"和一套小学校适用的国语字典辞典，《国音小字典》《注音国语字典》《国音小检字》《国语普通词典》都是该套丛书中的出版物；1920 年易作霖《国音学讲义》（商务印书馆）是一本谈发音学的书；1921 年王璞《国音京音对照表》（商务印书馆）把国音和京音进行了对比；1922 年朱荩忱《国语发音学概论》（实进报刊社）出版，朱荩忱是福建筹备国语统一会会员，该书主要讲授发音部位和发音方法，目标是"使已习注音字母者，再明白解释发音的机关、部位、作势等，以期发音正确为主"③；1923 年方宝观、章寿栋《国音新教本》（商务印书馆），供中学校、师范学校或短期国语讲习会讲习国语用，特点是全部采用横排左起，而且图文并茂、练习适切，确实是同类教材中的佼佼者。

教法方面，蒋仲仁对 20 世纪 20 年代自己读师范时的一段回忆，生动地反映了当时城市学校国音教学的大致情况④：

> 教国音字母的先生，据说是到北京国语传习所学来的。不仅教，还放留声机。留声片是赵元任灌的。至今耳际犹有清晰的回响。ㄅ，北京的ㄅ，ㄆ，拍球的ㄆ；有趣的是，广，尼姑的广，凵迂夫子的

---

① 1950 年小学语文课程标准将"演进语"解释为："指用一个动作做题目，把语句一步进一步地挨次说明这个动作。"

② 何长祺. 国语发音学概论·序［A］. 朱荩忱. 国语发音学概论［M］. 福州：实进季刊社，1922：序/1.

③ 朱荩忱. 国语发音学概论［M］. 福州：实进季刊社.1922：编例/1.

④ 蒋仲仁. 思维·语言·语文教学［C］. 人民教育出版社，1988：281.

ㄐ，乙，阿弥陀佛的乙。还有显示声调的一些有趣的例子，"中华好大国"，"高亭可放鹤"，"荤油炒菜吃"，"偷尝两片肉"。那时候还是"老国音"，……声调还有入声，……还有《字母歌》，还有赵元任自己作词，自己谱曲，自己演唱的《中华，啊，中华》。——那些年代，留声机大都用来灌制"百代公司特请梅兰芳老板唱天女散花"，用于教学是很新鲜的，也算当时的"现代化教育手段"吧。

蒋仲仁先生回忆起来，字里行间都透露出当年学习时的欢愉与新鲜，多年后还记得如许多的细节，可见教学效果非同一般。当然，蒋先生是在省城上学，一般地方还不可能在教学时使用当时极其稀罕的留声机。不过，从天才般的语言学家赵元任亲自灌制留声片，留声片的内容除了字母发音及有趣的声调练习外，还有字母歌和发音标准、内容切合青年学生需求的歌曲来看，当时听说教学应当是比较注重教学方法的，这也与当时儿童本位主导的教育理念相契合。

在当时变革转型的社会里，为了宣讲自己的各类见解与主张，演说这一方式也被大大加以运用。但是，"演说在今日总算是成了一件很普遍的事情……但是我们在所听所见的当中，其间有几个人可以使我们得到一个极深刻的印象呢？我想恐怕是居极少数；这是甚么原故呢？这个不外乎缺少研究，把他看得太随便了！"[1] 余楠秋为此在1928出版了《演说ABC》一书，内容包括演说之定义、演说评判之标准、上台须知、范围听众之方法、姿势与动作、声调之锻炼、结论，共七章。从该书的章节安排来看，此时的演说术其实已经比较成熟了，只不过民众还没有引起充分的注意罢了。与演讲类似，针对各类职业所进行的专门性听说指导也已开始，以世界书局为例，此期出版的该类类书籍就有：采取交际场中流行的活语言编辑而成的《交际国语会话》（陆衣言），采集普通商业常识、商业性质并且每个词语都加了注音字母的《商人国语会话》（陆衣言）等。

三、母语本体规律开始受重视

"知识"是个有争议的概念，这里仅联系汉语实际，把汉语知识确定为汉

---

[1] 余楠秋. 演说ABC［M］. 上海：世界书局，1928：1.

语语音、词汇、语法、修辞、逻辑的理论常识与相关运用方法。

（一）汉语知识进入课纲

小学部分。1902年《钦定蒙学堂章程》规定第一到第四年的字课分别要学"实字""静字、动字""虚字"和"积字成句法"；1904年《奏定初等小学堂章程》规定第一年讲"动字、静字、虚字之区别，兼授以虚字与实字联缀之法"；第二年讲"积字成句之法"；第三、四年讲"积字成章之法"。此后就一直到1941年《小学国语科课程标准》才有汉语知识学习的规定，但内容已较成系统。

中学部分。1904年《奏定中学堂章程》在"中国文学"科中规定要学习"文法"，但文法的教学"必自讲读始"；1912年《中学校令施行规则》规定要学习"文字源流"和"文法要略"；1913年《中学校课程标准》同样规定要学"文法要略"；1923年《新学制课程标准纲要高级中学公共必修的国语课程纲要》规定要"注重语体文与古文文法的比较的研究。最好是用学生所习的外国文和本国文作文法的比较研究。修辞学不必独立教学，可于读书时随时提出讨论"；1923年相当于专为高中文科学生制定的《高级中学第一组必修的特设国文课程纲要》，规定开设文字学引论和中国文学史两门课程，其中文字学引论课中很多内容是汉语知识。1923年课纲对稍后国民政府时期的所有课纲都产生了巨大影响，汉语知识的学习规定方面也是如此。

（二）教材"文""知"分离

传统语文教育是不单独教学汉语知识的，学生的汉语知识只作为文章学习的副产品而获得，所以即使获得了，也是处在一种朦朦胧胧、似知非知的状态。同样，以前的教师批改学生作文，也全是凭感觉来判断对错。但是，人们运用文字，事实上有自觉和不自觉两种状态，在平日的生活当中不断积累，受外界触动之时就自然喷发而出的是一种不自觉状态，但这种不自觉的运用往往感性多而理性少，用民国初年俞明谦的话来说，"人之为文，基于两种作用，一机械作用，二论理作用。机械作用者，……偶或触之，则自然发动，……当时恒出于不自觉。欲裁度而矫正之，不能不取资于论理作用。而为论理作用之标准者，则文典是也。"① 也就是说，了解文句内部的法理，学习一些理性的

---

① 俞明谦编纂．陈宝泉，庄俞校订．新体国文典讲义［M］．上海：商务印书馆，1918：总略/1-2.

语言知识，可以帮助人们自觉地对语言的运用进行判断与修正。另外，跟语言知识相比，从经验和感觉出发的语言运用，往往知其然而不知其所以然，是一种只可意会不可言传的状态，不具备可推广性，语言知识却可以弥补这一缺憾。

但直到新式学堂兴办之前，"文"和"知"还是模糊天成的，没有专门的"知"的教学，文字、语音、句法、章法及文章流别等语文知识，都是在文章读写教学当中偶尔为之、无意为之、模糊为之的。自章炳麟提出应改"小学"为"语言文字之学"之后，对于语言知识的系统研究才有了较大的发展，一大批国语学、国音学、国语文法方面的研究成果纷纷面世。其中尤以国语语法研究最为活跃，我国第一部语法著作《马氏文通》（马建忠，1898），意味着中国理论语言学开始建立的《国语学草创》（胡以鲁，1912），我国第一部较系统的白话文法著作《新著国语文法》（黎锦熙，1924）都是这个时期出版的。受此影响，中学的国文教学中也相应地设置了"文字源流"、"文法要略"、"论理学"、"文字学"等教学汉语知识的分支课程。于是，"文"和"知"分离了。

因为"文"、"知"分离，所以专为学校编写的汉语知识教科书也就多起来了。如1911年，戴克敦就以师范讲习社的讲义为基础，编撰了《国文典》（商务印书馆，1911）一书。该书包括上下两编，上编是词性篇，对名词、代名词、形容词、动词、状词、介词、接续词、助词、叹词等九种词类进行了分类举例性的详细介绍，下编是修词篇，由句读、篇章、章法、篇法四大块组成。1916年为中学编写的《共和国教科书文法要略》出版，该书由庄庆祥编写，蒋维乔校订，商务印书馆出版。1918年俞明谦编纂，陈宝泉、庄俞校订的《新体国文典讲义》（师范学校适用）（商务印书馆）出版，主要内容包括：第一编"字"（包括名字、代字、动字、静字、状字、介字、联字、叹字）；第二编"词"（包括词之组织、词之种类）；第三编"短语"（包括短语之组织、短语之种类）；第四编"片句"（包括片句之组织、片句之种类）；第五编"读"（读之组织、读之种类）；第六编"句"（包括句之组织、句之种类、句之格式）；第七编"节"（包括节之格式、节之作用）；第八编"章"（章之格式、章之作用）；第九编"篇"（篇之体裁、篇之结构）。

要注意的是，开创期汉语知识的相关术语与现今的大不相同，以《新体国文典讲义》为例，该书称形容词为"静字"，称动词为"动字"，把汉语的语法单位划为字、词、短语、片句、读、句、节、章、篇 9 级，其中"片句"是"以字或词或兼附短语构成完全句而为他完全句之一部者"，"读"是"以字词短语片句等，或独立或参合构成完全句中主要部之一者"，① "节"大致相当于今天的复句，"章"大致相当于段落。而且，由于刚刚处于起始阶段，各本教材中所用术语间的差异也比较大。

四、母语教育测验、实验出现高潮

要用科学方法来研究教育的思想发轫于五四前后，太冲《实验教育与禀性问题》（1914）、任鸿隽《科学与教育》（1915）和《新教育与旧教育之歧点》（1918）等都表达了这一观点。与此同时，心理学和测验法也开始输入我国，商务印书馆 1915 年出版的樊炳清《心理学要领》是我国较早的心理学著作，而 1915 年克雷顿在派尔指导下在广东对 500 多人进行的心理与身体测试，则是测验法传入我国之始。此后，1917 年北京大学建立心理学实验室、开设心理学实验课程，1918 年华尔科特在清华用推孟修正量表和团体智力测验考试学生，1922 年美国麦柯尔教授应中国教育改进社之邀来华进行教育测验，……科学化教育思潮与上述事件互相影响、互相推进，母语教学也在此带动下出现了一个科学化的实验热潮，具体体现为通过大量实验，对常用字汇与词汇、汉字认读与书写、文章读法与作法、文言与国语语法等领域做出了卓有成效的统计、测验与实验研究。

研究汉语汉字的特点，研究如何根据汉语汉字特点来进行教学，真正的带有科学性质的研究与实验，按照李杏保、顾黄初的判断，"是从五四新文化运动以后才开始的。"② 而最早进行这方面研究的，则是一批在国外学习教育学和心理学的留学生，如刘廷芳对汉字形、音对字义的影响所做的研究，杜佐周、陈礼江、沈有乾对汉字横竖两种不同编排形式对阅读的影响研究，艾伟对汉字形、音、义关系的研究等，都开始于国外。其中，刘廷芳的研究结论是汉字字形对字义的影响大于字音对字义的影响；作为最早的汉字横竖排优劣比较研究，杜佐周的结论是横行优于竖行，但稍后几年对于同一问题进行研究的陈

---

① 俞明谦编纂，陈宝泉，庄俞校订. 新体国文典讲义 [M]. 上海：商务印书馆，1918：总略/ 2.

② 李杏保，顾黄初. 中国现代语文教育史 [M]. 成都：四川教育出版社，2004：219 - 220.

礼江和沈有乾，却认为横排竖排并没有很大差别，真正的影响因素是训练材料及强度；艾伟虽然在国外的研究已经取得了初步的成绩，但他厚积薄发，真正的研究成果是在回国后做了多年的坚持实验才最终以《国语问题》（1948）和《汉字问题》（1949）两本专著形式问世的。国内同期的研究者比较少，较早的应该是俞子夷，他在1918年即对小学生进行书法测验并编制出"小学缀法量表"，比留学生们普遍进行研究的时间还早。进入20年代以后，从事汉语教育科学化研究的留学生先后回国，并以北京高等师范学校、南京高等师范学校等师范院校为中心，继续开展关于汉语、汉字的实验研究。

据《第一次中国教育年鉴》（戊编）统计，这一时期全国共编制学科教育测验总数34种，国文科为13种。① 陈鹤琴《小学文法测验》，俞子夷《小学书法测验》《小学缀法测验量表》《正书小字量表》，廖世承《中学国文常识测验》，周学章1923年编制《作文测验衡》等，都是其中的佼佼者。其中，从哥伦比亚大学师范学院学成回国的陈鹤琴的后续研究影响较早较大，他1921年的《语体文应用字汇》是其对常用字研究的成果，该表的意义在于帮助解决了小学国语教材及平民识字教材中的选字问题，据此编成的平民扫盲课本《平民教育千字课》之所以能够风行一时，其中就有这个字汇的巨大功劳。而俞子夷的小学书法量表则直接进入了1929年的课程标准，该课纲规定，"依照俞子夷氏书法测验"，初级结束和高级毕业的写字最低限度分别要求"快慢能达到T分数48"，"优劣能达到T分数45"和"快慢能达T分数54"，"优劣能达T分数45"。

此后，王文新30年代发布了《小学分级字汇研究》，该研究以广泛采样的小学生作文和一些国语读本中出现的汉字为基础，根据字频数，确选出3364字作为小学生识字量，成为继陈鹤琴《语体文应用字汇》之后的小学国语教科书选字的主要依据。除此以外，1931年张耀翔旨在提高识字质量的识字测验研究，阮真指导研究生对当时通行的四种初中国文教科书的统计分析，袁哲《国语读法教学原论》（1936）对识字教学量化指标的探讨，姜建邦《识字心理》（1948）对汉字学习心理研究与调查统计的综合分析，艾伟持之以恒的包括汉字书写、汉字形音义关系、阅读实验等各类研究，都是此期科学化母语教育研究的后续成果。

---

① 转引自顾黄初.中国现代语文教育百年事典［M］.上海：上海教育出版社，2001：105.

如果从内容上加以考察，不难发现，这一时期归国留学生开展的汉语、汉字教育的实验研究，一个重要特点是，大多以解决教学中的实际问题为研究出发点。无论是教育测量，还是教育实验，所涉及的问题几乎全部是当时汉语、汉字教学中遇到的实际问题，而且大部分都比较具体，如困扰当时国文教学的文言和白话问题，平民教育中的推广简字问题，20 年代中期的教材单元组织问题，李廉方"小问题"实验，等等。所以，从 20 年代开始，除了基于实验室的教育测量之外，田野性质的汉语教育实验研究也开始丰富起来，实验学校也从民元时期的开始创建到变得更加流行。那么，什么是实验学校？按照孟宪承的解释，实验学校就是供师范生实习和为教育家提供试验其教育主张和理想的实验田。① 跟此期其他教育教学改革一样，这些教育实验也主要集中发生在江浙一带的各类学校里。

此期的这些具体的实证性研究，部分或阶段性地解决了不少问题，并被 1929 年的课程纲要广泛采纳。通过比对，我们发现，除了前面所讲的俞子夷的小学书法测验外，艾伟的语体文与文言文的教材比例研究也被吸纳进了 1929 年课纲。艾伟通过在江浙一带中小学实地调查和实验研究，得出了初中宜以语体文为主、高中须全用文言、初一到初三各年级语体与文言之比当为 7/3、6/4、5/5 这样一个结论。这一结论获得了当时教育界广泛的认同，1929 年《初级中学国文暂行课程标准》"语体文与文言文并选，语体文渐减，文言文渐增，各学年分量的比例递次为七与三，六与四，五与五"的要求与艾伟的研究结论一模一样。而 1929 年《小学课程暂行标准小学国语》对于作文的程度评价，也采用了 20 年代教育测验的成果，规定初级结束和高级毕业的最低限度分别是"分数在 4.5 以上"和"分数在 6.5 以上"。

上述母语教育科学化的研究与实验，不仅在一定程度上促进了当时的语言教学，对后来的汉语分科及 20 世纪八九十年代教学科学序列的追求也产生了深远的影响。虽然也许会有人认为，教育问题的解决就跟流行病的解决一样，都涉及人与环境，所以只要环境一恶化，流行病就又会改头换面、死灰复燃，耗费巨大人力物力对教育所进行的实验研究，只要时、地、人发生变化，实验结论就很难推广。这一观点虽然也有一定道理（1932 年课纲不再像 1929 课纲

---

① 孟宪承. 何谓实验学校 [A]. 周谷平，赵卫平. 孟宪承教育论著选 [M]. 北京：人民教育出版社，1997：142.

那样采用标准测验来评价作文和写字水平，可能也是出于这一考虑），但对于母语教育而言，汉字、汉语的内在规律是科学的，用科学的方法进行研究与实验，至少可以探寻出汉语本体规律与汉语教育规律之间恰当的链接方式，为汉语教育的可持续发展提供真正有用的养料。

第三章

现代汉语母语教育的探索期（1929～1950）

　　把 1929 年作为现代汉语母语教育第二阶段的起点，主要是因为这一年所新颁布的 3 个语文课程标准。这 3 个新课纲虽然明显吸纳了 1923 年制定的新学制《小学国语课程纲要》《初级中学国语课程纲要》《高级中学公共必修的国语课程纲要》的许多合理内容，但就汉语母语这一内容而言，却仍然发生了比较明显的变化。首先，就目标而言，1923 年小学课程目的中的"练习运用通常的语言文字"，到了 1929 年的暂行标准中变成了"练习运用本国的标准语"，同时还增加了"学习平易的语体文"和"运用平易的口语和语体文"这样的字眼，初中方面对表达训练目标也增加了"运用语体文"的限定。其次，从课程内容的划分来看，1929 年的初中课纲增加了"口语练习"这一板块（虽然下面标注的内容"演说"和"辩论"在 1923 年课纲中已有要求），小学课纲则把同样是培养口语能力的 1923 年的"语言"板块更名为"说话"。很显然，跟 1923 年制定的带有民间色彩的课纲比起来，国民政府经过一年多酝酿之后才颁布出台的 1929 年的官方文件，更加关注书面语的白话化和口头语音的标准化，进一步明确了口语能力与书面语言能力的区别，并且这种关注与强化在自此以后的课纲当中得到了巩固，因为，1932 年、1936 年、1940年、1941 年、1948 年、1950 年的各个语文课纲在这一点上都不再有新的变化。

　　另外，经过上一期的努力之后，现代汉语母语教育的局面已经基本打开，而且此期绝大部分时间处于分治状态下的政权又对语言这一征服精神的武器特别重视，可惜，由于战争给教育带来的事实上不可避免的灾难性影响，所以，从整体上看，之前的基础与政府对母语教育的重视，并没有带来母语教育成绩的突飞猛进，此期的母语教育仍然只是处在比较艰难的探索期。

第一节　政权分治与母语教育的分途探索

国民政府统治时期的"中华民国"，事实上处于一种政权分治的状态之下。1927 年 4 月南京国民政府成立，三个月后"宁汉合流"，1928 年 12 月东北易帜，国民党政权取得了形式上的全国统一。之所以说是形式上，是因为自它一成立起，中共领导的江西中央苏区和其他革命根据地就相继成立，1937年建成抗日民族统一战线后，还经国民政府认可，在中共中央所在地的西北地区成立了陕甘宁边区政府革命根据地。此外，1931 年"九一八"事变后东北三省沦入日本人之手，伪"满洲国"傀儡政权成立，"七七"事变后更有一大片土地曾被日本占领并蹂躏于日伪政权之下。所以整个看来，从 1927 年至新中国成立之前，国家政权四分五裂，各种势力时消时长，受此影响的教育指导思想也就各不相同，从而使得此期语言教育呈现出一种罕见的复杂情况。但又因为不管哪种政权主体都极为重视语言"臣化民众"的这一特殊功能，所以，总体来说，尽管教育基础各异，尽管战事纷繁，母语教育仍然获得了一些分途并进的发展。

1. 不同区域的教育探索

蒋介石统治下的国民政府比较重视教育。主要表现在：第一，国民政府成立之初，就接受了蔡元培的建议，反对学术行政化，准备教育独立，于是教育部改成大学院，作为全国最高学术研究机构和全国最高教育机关。可惜的是，大学院方式在当时的中国很难生存下去，它于 1927 年 6 月 23 日成立，到 1928年"宁汉合流"后国民党政府改组就又改回为教育部，只存在了不到两年的时间。第二，大力发展义务教育，颁行教育法规。自 1928 年 5 月大学院召开第一次全国教育会议，议决厉行国民义务教育开始，国民政府指导颁发了一系列促进国民义务教育的措施，据统计，"从 1927 年到 1949 年的 22 年间，国民政府公布的重要教育法规法令就多达 1200 余件"①。同时，在实际推广上也颇费工夫，甚至"'曾把推行教育算是县知事的考绩'，也着实很努力地来改良小

---

① 宋恩荣. 近代中国教育改革 [M]. 北京：教育科学出版社，1994：210.

学，师范教育也曾经花过很大的资本"①。当然，由于本来生产力水平就比较低下，加之兵荒马乱，土匪、官兵、军阀、赋税，一层层地搜刮掠夺，很多老百姓生活都十分困难，追求精神学习的人就相对较少了，所以，"义务教育虽经国民政府的大力提倡与推行，但除山西全省及其他省的个别县市成绩稍好外，全国多数地方成效并不理想"②。除此之外，蒋介石多次发表教育讲话甚至亲自兼任教育要职，都是国民政府重视教育的证明。为什么要如此重视？除了希冀通过教育发展经济之外，更重要的，是为了通过控制教育而控制学生思想，在战争频仍、鱼龙混杂的年代里，只有掌握青少年的思想，才能掌控未来的局势。

与国统区相抗衡的，主要是中共所领导的革命根据地。对于中共所领导的地区，不同时期有不同称呼，1927 年到 1937 年间一般统称为革命根据地，但自 1931 年成立中华苏维埃共和国以后又常被称为苏区，1937 年全面抗战后叫敌后抗日根据地，解放战争时期又把中共统治区称为解放区，而因为不断有新地区被解放就又相应地把此前的称为老解放区。为了称呼方便，我们把上述所有中国共产党所领导的地区统称为革命根据地。跟国统区一样，革命根据地也很重视文化教育工作，但是，革命根据地的基础要更差一些。无论是苏区、抗日根据地还是 1948 年以前的新解放区，基本上全由偏僻的山村组成，教育机构很少，在这很少的机构中，还有较大比例的传统私塾和教会学校，新兴的学校非常之少。经济条件也是极为艰苦，通常是把光滑一点的板子涂黑或刷一片黑墙就自制成了一块黑板，粉笔很多时候是由切割成条后晒干的滑黄泥来充当，而为了避免战乱，学生们还必须经常跟着老师四处躲藏，百姓家的地窖或外面的荒野草丛就是师生们流动的教室。不过，即使在这样艰难的环境里，中共还是力所能及地组织了实用的、因地制宜的各种教育活动，劳动小学、红色小学、列宁小学等常规化的学校教育，夜校、冬学、民众教育馆等非常规化的社会教育，新华书店、韬奋书店、《解放军报》报社以及其他出版机构，徐特立、辛安亭、蒋仲仁等教育家，各种力量汇合在一起，为革命战争的胜利铺平了思想道路，为革命根据地工农群众提供了比之前要好得多的文化教育。

---

① 俞子夷. 一笔教育上的旧账 [A]. 董远骞，施毓英. 俞子夷教育论著选 [C]. 北京：人民教育出版社，1991：230 - 232.

② 宋恩荣. 近代中国教育改革 [M]. 北京：教育科学出版社，1994：215.

如果说国统区和革命根据地的母语教育存在较大差异的话，那么，东北、台湾就更完全是另一种境况了。台湾自"马关条约"之后，东北自"九一八"之后，都先后陷入了日本人的铁蹄之下。为使人们真正"臣服"，日军在这两个地区推行了殖民主义教育，尤其是在母语教育方面，这种奴役更加明显。在台湾，他们开设了许多日语传习所，制定政策迫使台胞在公共场合不得不说日语，结果"到1939年，……台籍人能操日语者约有2568000多人，已达到全部人口的48.76%"①；在东北，日语取代汉语成为"国语"，汉语则被称为"支那语"，为了让中国人"自然"地接受日语，统治者还倡导在汉语中渗入日语语法，使汉语成为一种所谓的"协和语文"。直到日本战败投降，这种情况才得以改变，但在1945年到新中国成立前的几年当中，这两个地区的母语教育还都只是在进行修复工作。由于此期直到抗战结束前，东北、台湾的"母语教育"都是日语或满语、蒙语教育而不是汉语教育，为了叙述方便，接下来讨论此期的母语教育史时就不再包括这两个地区。

2. 母语教育的总体进步

"教育事象与其他无量事象交互错综，而织成社会之全体事象；彼此互为因果，其得失亦交相影响。"② 此期母语教育的进步也是如此，它受到了母语本体研究、政府普及教育、战乱形成政治真空及优秀母语师资的综合影响。

母语本体研究方面，到30年代初期，不仅语法学得到了比较充分的发展，修辞、音韵、词汇各方面也都取得了一些可喜的成就。语法方面，许多对当前语法研究仍然起着指导作用的语法著作，如杨树达《高等国文法》（1930）、陈望道等《中国文法革新论丛》（30年代末关于汉语词类问题的讨论文稿汇编）、何容《中国文法论》（1942）、吕叔湘《中国文法要略》（1942—1944）、王力《中国现代语法》（1944）、王力《中国语法理论》（1945）、高名凯《汉语语法论》（1948）、赵元任《国语入门》（1948）等，都出现在此期。《国文法草创》在"研究法大纲"部分开篇即说："研究中国文法，有数事宜注意焉：其一、说明的非创造的，其二、独立的非模仿的，其三、实用的非装饰的。"③ 陈承泽说这句话时，是在1922年，当时还只是表达自己的一种理想，

---

① 庄明水，等. 台湾教育简史［M］. 福州：福建教育出版社，1994：150－151.
② 教育部. 第一次中国教育年鉴［M］. 上海：开明书店，1934：汪兆铭·序1/1.
③ 陈承泽. 国文法草创［M］. 北京：商务印书馆，1983：9.

但从 30 年代开始，陈先生的这种理想已经得以实现，语法方面的研究，不仅像上述所列那样丰富，而且有了较大的突破，尤其是开始将结构主义理论运用于汉语语法分析，开始采用层次分析法，根据句法位置确认句子成分，基本上已达到了与当时国际接轨的程度。

此期对于语音的研究也又有所进步。刘复译著《比较语音学概要》（1930），赵元任、罗常培、李方桂合译《中国音韵学研究》（1937），张世禄《语音学概要》（1934），岑麒祥《语音学概论》（1939），赵元任《音位标音法的多样性》（1934）都纷纷出版发行。而方言的研究，也由赵元任《现代吴语研究》（1928）宣布开始，并且此后一发不可遏止，不仅王力《博白方音实验录》（1931）、白涤州《关中声调实验录》（1934）、赵元任、丁声树等的《湖北方言调查报告》（1948）等理论性较强的著作不断亮相，而且还出现了一些实用的帮助方言区人学习国音的教材。同时，陈望道对于汉语修辞的系统研究，也在此期结出了硕果。我们知道，陈望道在赴日留学期间，就已认识到建立修辞学的重大意义，其潜心写作的《修辞学发凡》一书初稿在 20 年代中期就已开始流传，后来经过好几年的修订，终于于 1932 年出版。与其差不多同时成稿或出版的还有唐钺《修辞格》（1923）和曹冕《修辞学》（1934），但它们仍然只是继续古代的修辞传统，与《修辞学发凡》的创新精神情况迥异。其他方面也有一些值得铭记的事件，比如黎锦熙、钱玄同 1943 年出版《国语辞典》之类。总之，此时现代汉语本体研究，一方面受到了欧美分析精神的影响，另一方面也秉持一种服务国家语言教育的精神，所以除词汇研究主要偏向实用以外，语法、音韵、修辞等方面都是既有先进理论，又扎根母语推广实际，体现出了民国时期学界先进分子的迷人风范。

与母语本体研究发展可以媲美的是政府对于普及民众教育的重视。20 年代后期，黄炎培、晏阳初、陶行知、梁漱溟等就已开始实践民众教育，并在30 年代产生了较大影响，而自国民政府成立以后，政府层面也开始重视初等教育和义务教育。抗战时期，初等教育制度的主要改革是实施国民教育制度，把义务教育和失学民众补习教育融合在一起，并从 1940 年开始推行第一次普及义务教育五年计划。1944 年 5 月和 12 月，国民政府教育部分别制订颁发了"机关团体办理民众学校办法"和"普及失学民众识字计划"，前者是为了推行失学民众的补习教育，后者则要求从 1945 年开始分区分期扫除文盲，并规定三年内一律完成扫盲任务。虽然最终效果渺渺，但倡导者的热情却可见一斑。

此期因战乱而形成的政治真空对于教育发展也起了意外的促进作用。一般来说，在各种势力林立的战争年代，为了避开政治以求自保，世俗化的东西就成为不少人的首选，这样，也就有了此期光怪陆离的旧上海滩生活：充斥靡靡之音的夜上海，鸳鸯蝴蝶派的通俗小说，被用"先生"称呼的妓女等等。也有一些人，他们原本就不热爱政治，现在出现的一些权力真空，刚好为他们潜心事业提供了良好的外部条件。母语教育方面，叶圣陶、朱自清、夏丏尊等开明同人就是这样一批不太热爱政治的人，他们把主要心思都用在对青年人的母语教育事业上，不仅在当时造成了不小的影响，而且还泽被后世，筑就了汉语母语教育永远也无法绕开的一块高地。

与此同时，战争还造成了一种激情的言语方式。苦难出诗人，战乱出精神，有些知识分子为了鼓舞民族精神，编著出版了不少带有激励色彩的教材和报刊。就教材编写者而言，孙俍工就是其中颇为出彩的一位，他1933年编纂了《中学国文特种读本》，1935年又校订了郑业建的《高中国文补充读本》，前一本教材的选材主要集中在"对于我民族发展上有关系的"，"含有抵抗外侮不屈不挠的精神的"，"革命先辈"所著的，"国外富于爱国思想"的四类作品，[①] 后一本也以"足资青年范式""有益青年修养""堪资青年玩味"的历史故事、先哲嘉言懿行、慷慨激昂富于情感之诗词为主要材料[②]，二者宗旨大同小异。

最后，此期还出现了一大批优秀的母语师资。民国时期的城市学校教育，尤其是民国初年的城市学校教育，其学术氛围与学术实力，可以颠覆今天人们对于中等教育的想象。如钱穆1913年到1930年间一直在苏州做中小学语文教师，他名震一时的论文《刘向歆父子年谱》和煌煌巨著《先秦诸子系年》都是在苏州做语文老师时写的。当时中等学校的雄厚师资主要有三大来源：第一是名牌大学毕业生。清末民初开始大量办大学，大学的专业比较集中，一般都有文史哲、法律专业，而国家混乱、就业不易，不少名牌大学学生毕业后只好到中等学校教书，如毕业于北大哲学系的朱自清就是这样。第二个来源是留学归国或曾在教会大学就学的青年才俊。如陈望道就是从日本留学回国后去的浙

---

① 孙俍工. 中学国文特种读本［M］. 北京：国立编译馆，1933：编辑例言/1.

② 郑业建编. 孙俍工校订. 高中国文补充读本［M］. 上海：商务印书馆，1935：凡例/1.

江一师，而夏丏尊虽然中学都没毕业，但在上海教会学校上过学，也有过短暂的东京留学生活，回国后也是去的浙江一师。第三个来源是旧学底子厚实且又经过新式教育陶冶的青年，如叶圣陶就是这样。

第二节　社会母语教育：扫除民众文字障碍的理念与实践

一、大众语运动与新文字运动

（一）大众语运动

大众语运动是一场笔墨大战，它主要发生在 1934 年，以上海为主战场，后来波及全国，是语言教育史上的一次较大论战。

1. 起因

大众语运动的起因有两点，一是"新文言"与"欧化"现象较为严重的文学界现状需要变革，二是社会上又出现了一股读经思潮。

五四运动以后，白话文在文学和中小学国语教材中的势力，得到了很大拓展，但其他社会文化领域，如新闻报纸、政府公文、法律条文、社交信札、应酬帖柬、高中国文等，却仍是文言文残存的地盘。在这种双重书面语的制约下，社会写作和学生习作都在很大程度上出现一种半文半白的情况，胡适和林语堂把这种不文不白的表达方式称为"语录体"，又叫"新文言"。

"欧化"则是指一种虽然用的是白话词汇，但语法结构深受欧美语法影响的不良表达方式。为什么会出现这种欧化现象？主要是因为新文化运动在反对文言之时，观念上就深受欧美语法的影响，加之此期翻译作品特别多、留洋学生也比较多，于是报刊杂志上出现的白话文章就出现了很多的欧化现象。欧化的主要特点是：喜欢用长长的复杂的句子，喜欢添加修饰成分，说话不直截了当而喜拐弯抹角。而汉语口语却习惯于由短句组成，不喜欢用规整的句式，偏爱生动活泼的表达。可以说，欧化与汉语口语的特点刚好背道而驰，陶行知所感叹的"新学办了三十年，依然换汤不换药，卖尽气力，不过把'老八股'变成'洋八股'罢了"[①]，说的就是这种情况。

所以，无论是"新文言"还是"欧化白话"，都不是普通百姓喜闻乐见的

---

① 陶行知.生活工具主义之教育［A］.中国教育改造［C］.上海：东方出版社，1996：98.

形式，白话文"白"的程度，还远远达不到人们的理想，所以仍然需要改革。

再说复古读经的问题。在北伐成功、国民政府成立之后，随着国家渐渐稳定，思想界的活跃程度逐渐减弱，教育界也不再像前段时间那样激进，甚至连学校里的文言也开始重新受到重视。于是，梅光迪、吴宓等主持的《学衡》一如既往地提倡国学、反对白话，教育部 1926 年特地召开部务会议"讨论小学读经问题"①，1929 年所公布的教育宗旨提倡"本位文化"和"固有道德"，陈立夫 1934 年竭力主张至少高等小学教科书要改用文言，国民政府报刊 1934 年接连发表不少主张恢复文言甚至提倡小学读经的文章，江亢虎 1935 年发动了以保存汉字、保存文言为目的的存文会，湖南省主席何键 1935 年通令全省各校一律读经……前前后后的文言复兴运动，使得郭沫若不无讽刺地把 1934 年归纳为"历史年"。

白话文自身要么半今半古，要么半洋半土，外部又闹腾腾地复古声浪高涨，内忧外患双重叠加，直接导致了"大众语"运动的发生。

2. 过程与成就

大众语运动最初是为保护白话文、反对读经而发起的，但由于读经毕竟不合民意，所以在鲁迅支持、陈望道组织以及陈子展、胡愈之、叶圣陶、曹聚仁等社会知名人士的大力参与下，反对复古、反对读经的战斗在声势上很快压倒了论争对手。鸣金收兵之后，大众语运动开始把视角转移到什么才是真正的白话上来。在陈望道看来，真正的白话必须要能让普通大众"说得出、听得懂、看得明白、写得顺手"，而为了与五四时期的白话概念相区别，陈望道还和陈子展一起提出了"大众语"概念。为了实践大众语，陈望道于 1934 年 8 月创办了《太白》杂志。"太白"的刊名一语双关，一方面是说要提倡非常白的语言，另一方面则取其为启明星之意，表达了一种对大众语最终获胜的美好祝愿。

人们通常认为，大众语运动取得了击退复古潮流、明确了白话应该成为大众工具、推动了汉字改革等三个方面的成绩。从前面的分析来看，这前两种成绩是一目了然的，那么，为什么说大众语运动还推动了汉字改革呢？

从深层次上说，大众语要真正能够为普通百姓看得懂、写得出，首先必须

---

① 孟宪承. 小学读经也成问题么？［A］. 周谷平，赵卫平. 孟宪承教育论著选［C］. 北京：人民教育出版社，1997：87－90.

得解决他们识字太少的问题。在当时动荡的社会与衰弱的经济条件下，实现大众语的关键，还是要从文字的书面形式开始改革。因此，大众语运动之后出现了该运动的两个副运动：手头字运动和别字文运动。手头字指的是百姓日常生活中的简写字，如叠字符号"々"就是当时出现的一个手头字。而把写手头字作为一种运动加以倡导，则发生在 1935 年 2 月，发起者是当时上海文化教育界的 200 位知名人士和 15 家杂志社。发起者们的决心很大，不仅发表了300 个常用手头字作为《手头字第一期字汇》，还铸造了手头字铜模用来排印出版物。同期发生的别字文运动，是根据识字不多的老百姓易写别字的实际情况提出来的，该运动赞成写别字，主要成员胡愈之还曾写了一篇名为《怎羊打到 方块字》的文章发表，署名胡芋之，现身说法，提倡识字不多的人尽可以大胆用别字来表达自己的意思。别字文运动的支持者们主张"同音字只选一个做代表，当作一种音符。学会了四百左右文字，任凭别字连篇，什么话都可以记录"①。鲁迅、胡乔木等很多人都是赞成这两项运动的，而且都认为它们最终的导向是拼音文字。这层意思，用鲁迅的话来说，就是手头字和别字文是给"将死"的汉字"吃点人参"，虽然可以苟延一点儿寿命，但却不能从根本上挽救汉字的命运。

3. 反思

从理念上说，大众语运动与当时注重平民教育的进步精神是完全吻合的，所以它肯定可以取得成功。但这一种成功，却不是大众语倡导者当初所希望的成功，因为他们当初所希望的是实现一种大众"说得出、听得懂、看得明白、写得顺手"的文学，而这样的文学在现实中却永远不可能批量出现。

首先，经常写作的人是知识分子，要实现真正的大众语文学，就必须让知识分子了解大众语、说大众语。要知识分子改变自己习惯的话语模式，去说农民工人老妈子的语言，即使内心很愿意，但也并不是想说就会说的，因为他自己的话语习惯已经根深蒂固，无法轻易改变了。而要想写出真正的大众语，也只有把脑海中已有的知识分子词典全部抛却，把自己变成一个只是粗通文墨的劳动者，很明显，这不是一件能够轻易做到的事情。

其次，作家语言风格与个人的经历和性格有很大关系。以徐志摩和老舍

---

① 俞子夷. 教学注音符号的先决问题——小学实际问题［A］. 董远骞，施毓英. 俞子夷教育论著选［C］. 北京：人民教育出版社，1991：386.

（徐志摩有过几次欧洲游历经验，老舍也在英国做过不短一段时间的对外汉语教师）同样发表于 1925 年的两个作品为例。徐志摩《翡冷翠山居闲话》第一段的第一句话是："在这里出门散步去，上山或是下山，在一个晴好的五月的向晚，正像是去赴一个美的约会，……"。老舍《老张的哲学》第一节的第一段是："老张的哲学是'钱本位而三位一体'的。他的宗教是三种：回、耶、佛；职业是三种：兵、学、商。……甚至于洗澡平生也只有三次。洗澡固然是件小事，可是为了解老张的行为与思想，倒有说明的必要。"对比之下，老舍的语言非常口语化，读起来很上口，徐志摩的却欧化痕迹明显，初读之下不仅拗口还有点儿不知所云。不过，现在看来，20 世纪二三十年代之所以能够造就众多文学大家，留下大量脍炙人口的作品，除了风云变幻的时代主题之外，另一个主要原因可能恰恰在于，杂处文言、白话和外语间的作家们，能够各取所需、各展所长以形成鲜明的个人表达风格。

最后，写作和说话终究是不同的，因为说话时说者与听者可以不断地进行即时的补充修正，因此东拉西扯、没有中心都是允许的，但写出来的东西只是一个人的倾诉，不做一些修饰整饬，读者就很可能不乐意读也难以读下去，所以，即便是上一段文章提到的口语化色彩浓厚的《老张的哲学》，也可以从其规整的形式里看出老舍写作之时的匠心。冯胜利等（2008）通过测量所证明的汉语书面语体有一定庄雅度、"现代汉语书面语体需要而且必须'脱离'口语而独立"[①] 的观点，进一步证明，"大众语运动"中所定义的"大众语"，仅仅是基于当时社会需要而设定的一种美好愿望而已。

综上所述，可以认为，整体层面上来看，书面写作可以口语化，但不可能做到完全意义上的大众化；个人角度上来看，作家可以让自己的某个作品实现大众化，但如果所有作品都大众化，那么，他就不再能被称为作家。

（二）新文字运动

新文字的全名叫北方拉丁化新文字，"拉丁化"表明采用的是拉丁字母，"北方"二字则主要是为了表明与其他方言拉丁化新文字的区别（北方拉丁化新文字最初诞生的目的是为了减少极东华工中的文盲，极东华工主要来源地是东北三省，东北三省居民又多是山东移民，所以北拉较多地考虑了山东方音）。提起新文字，就必然会提到 1931 年在海参崴举行的中国新文字第一次代

---

① 冯胜利等. 汉语书面语体庄雅度的自动测量 [J]. 语言科学，2008（2）：113 - 126.

表大会，新文字就是在这次大会上产生的。不过，它的研制时间可以再往前推进三年，一般的资料都认为，瞿秋白、吴玉章等自 1928 年开始就已在苏联研制新文字。

新文字在苏联诞生之后，1933 年经过世界语协会的帮助传入上海，1934年乘着大众语运动的春风开始在国内推广。新文字推广过程中的重大事件主要有：1934 年 8 月，上海成立了中文拉丁化研究会；1935 年，全国许多大城市都已成立了新文字研究会，出版了不少新文字刊物；1935 年 12 月，鲁迅、郭沫若等 600 多位文化名人为了支持新文字，联名发表了《我们对于推行新文字的意见》；1937 年，陕甘宁边区中央教育部规定 9 月为识字运动月，识字课本用汉字编写，生字旁用新文字注音；1938 年 4 月召开的陕甘宁边区国防教育会，提出了要普遍成立新文字促进会；1940 年 11 月，陕甘宁边区新文字协会成立，选举出来的名誉理事、理事长和理事，把毛泽东、朱德、郭沫若、吴玉章、林伯渠、徐特立、董必武、谢觉哉等中共重要领导人几乎全部囊括在内，会议还通过了《边区新文字协会简章》，议决把 11 月 7 日作为"中国文字革命节"；1940 年 12 月，陕甘宁边区政府在《关于推行新文字的决定》中确立了新文字的法律地位；…… 1950 年 7 月，新颁布的《小学课程暂行标准初稿》在"阅读教材的编选注意点"第 5 点有"生字注音，除以熟字互注外，尽可能采用拉丁化新文字"的规定。

1. 为什么要推行新文字

当时推行新文字的原因有两个，一是要将文字交给普通百姓，二是受到苏联的影响。

为了将文字交给普通百姓，先进的中国人自切音字运动开始就在做种种努力，但切音字的结果最后是折中产生了注音符号，而由于带注音符号的字模铸造得很迟，所以没有达到最初的目的。然后是国语罗马字被创制出来，国语罗马字的创制者赵元任等先生不同于注音字母的领军人物吴稚晖，他们的目的是要用新方案来取代汉字，但由于国家层面只赞赏把拼音文字作为慈善性质的初级文字，所以，国语罗马字根本就没有走出读书人的书斋，更别说让老百姓学会与使用了。与此相关的还有白话文运动和大众语运动，它们都试图让书面语往百姓的生活靠拢，但最终都是隔靴搔痒，起不了实质的作用。有了前面这些运动的经验教训，新文字的创制者创制了非常简单的北拉新文字，希望用它来完全取代汉字，并真正实现中国几十年来一直想让百姓掌握文字的宏愿。此外，苏联对于新文字的产生也有不小影响。十月革命胜利以后，列宁为了提高俄国各少数民族的文化，用拉丁字母改革除俄罗斯民族以外的境内各民族的文字，取得了丰硕成果。新文字的创制者瞿秋白和吴玉章，都是"中共五老"之一，而当时的中国共产党和苏联的关系，更进一步促进了苏联文字对于中国共产党人的影响。也正因如此，新文字才诞生于苏联。

2. 为何最终没有成功

没有成功的原因，首先是由于新文字本身有着三个为人诟病的缺点。

一是发音可以用方言。新文字方案中有《方案方音对照表》，在教文盲学习新文字时，如果学生所操方言与方案发音不一致，就先教他们按照方音拼写，学会之后，再告诉他们方音和新文字方案之间的差异，以便于除了自己写字表意外，也能够看懂按照方案所写的出版物。这项原本意在降低民众学习难度的举措，结果却成了一把双刃剑，因为每个方言区内的语音不统一，如果发音可以用方言，那么，甲地人写的东西乙地人就可能看不懂，能够拼写方言的人在拿到用标准音写的教材时还是不会读，还是无法交流。虽然新文字方案也考虑到了由方音向标准音的转化，但毕竟步骤还是多了些，同时也违反了当时国语统一的民族心理，所以曹伯韩才说："我赞同小学语文课直接用北京音系的普通话教学，不必经过方言教学的过程。"①

第二个缺点是没有四声。新文字为什么要废除四声？之光《新文字入门》陈述了以下几条理由，分别是：促成文字统一、使同音字减少、使复词加多、使新词加多、促成语音进步、使成为一种极简易合理的文字、使一区文字流通地域扩大。② 这几条理由细细分析起来并不完全符合情理。真正说起来，废除四声的根本原因还是不想走国语罗马字的覆辙，想把这个方案的学习与推广变得更容易一些。况且，新文字是拉丁化文字，而拉丁化文字最终必将要废除孤立语才具有的字调这一特征。

第三个缺点是分词连写。对于掌握了汉字的人来说，分词连写比较别扭，而对于没有掌握汉字的人来说，区分是不是词则是一个很复杂的任务，况且汉语当中还有不少结构难以辨别清楚究竟是语素、词还是短语。此外，分词连写虽然确实可以减少同音字，但即使用了分词连写，汉语中还是存在不少同

① 曹伯韩. 论新语文运动 [M]. 上海：东方书店，1952：前记/2.
② 之光. 新文字入门 [M]. 北京：新文字研究会，1936：22-24.

音词。

没有成功的第二个原因是由于国民政府的遏制。国民政府对于文字拼音化历来是比较抵制的：国语罗马字拖了两年才由于蔡元培主持大学院工作得以公布，地位还是排在注音字母之后的"第二式"；1930 年又因怕人们把"注音字母"当拼音字母使用，于是大张旗鼓地将"注音字母"改称为"注音符号"；对于用拉丁化新文字来扫除全国文盲，虽然陶行知和首席参政员张一麐等都曾强烈地提过请求，但教育部却认为难以证明拉丁化新文字的功效会胜过注音符号而不予采纳。除此之外，新文字主要由共产党人发起和推行，这恐怕也是国民政府无法开解的一个芥蒂。

没有成功的第三个原因是推行过程当中的几种错误思想。吴玉章[1]曾经对此有过深刻的阐述，他认为，关门主义、宗派主义、主观主义是新文字推行过程中的几个重大教训。其中，关门主义是指新文字推广一开始就"与共产党捆绑在一起"，所提的一些口号过于"左倾"，导致不少国民党人把新文字推广看成是"赤化"运动；宗派主义是指不愿意跟国语罗马字联合起来，只看到二者差异，看不到二者根本目的相同这种内在的一致；主观主义则是指推行者身上存在的急于求成和悲观失望两种情绪，急于求成者只看到新文字的优点，自以为是地不愿意接受改进意见，悲观失望者则在遇到一点儿挫折时就大发感慨，认为新文字行不通。

二、平民母语教育与扫盲运动

国统区的平民运动，其实基础内容还是母语教育中的文字扫盲，但其名称倾向于平民运动。革命根据地则直接以扫盲运动为口号。由于二者名称不同，推行措施也不太相同，所以分成两部分阐述。

（一）平民母语教育

按照平民教育领袖人物晏阳初 1927 年所下的定义，平民教育是指针对"一般已过学龄时期而不识字的男女，或一般已识字而缺乏常识的男女"的教育，它的内容包括了三步，分别是识字教育、公民教育和生计教育。[2]

---

[1] 吴玉章. 新文字在切实推行中的经验和教训——在新文字协会第一届年会上的报告 [A]. 文字改革文集 [C]. 北京：中国人民大学出版社，1978：16.

[2] 晏阳初. 平民教育的真义 [A]. 马秋帆，熊明安. 晏阳初教育论著选 [C]. 北京：人民教育出版社，1993：28.

1. 为什么推行平民教育

在当时的人们看来，着力推行平民教育主要基于以下两个理由。

第一，平民文化水平太低不符合三民主义中的"民主"要求，需要设法帮助他们提高。因此，早在1919年，李大钊等就提出应该按照民主精神，在实现了劳工们的政治选举权之后，还要广泛开展劳工补习教育，以实现文化教育等精神上的平等。

第二，中国之所以在世界上没有地位，最重要的原因之一就是教育落后，要想在国际上不受欺侮，就必须提高民众教育水平，对普通民众进行补习性质的教育。为了说明这一点，晏阳初曾详细介绍过1923年世界教育会议情况，说会议过程中有一个各国代表报告本国文盲人数的环节，结果每百人中，英国、法国、美国、日本的文盲数分别只有3人、4人、6人和4人，而当"我国代表报告每百人中有80人时，各国无不惊讶"①。晏阳初先生介绍上述内容，目的就在于呼吁各界推行平民教育，并通过推行平民教育达到"新民"目的，从而提高中国的国际地位。

不过，虽然当时平民教育的基础特别薄弱，但几乎所有推行者都看到了中国尊重读书、尊重读书人的这一古朴传统，所以他们对于平民教育的推广依然充满希望，不少人都为此事业奉献了毕生的精力。

2. 平民教育的基础与核心是母语教育

既然平民教育的终极目的是通过提高平民精神文化水平以造就一个真正民主的国家，那么，理论上说起来，接触文化知识也就成了平民教育的第一步工作，而历史事实也告诉我们，当时的平民教育确实是从识字开始的。在此期之前，孟昭常曾于1907年提倡设立公民学堂，学部也曾于1909年预备此后分年筹设一些识字学塾、半日学堂，目的都是通过教识字来使公民在阅读中获取相应的知识。到了此期，晏阳初的"三步走"是从识字开始的，参加平民教育毕业的学员领到的证书是"识字国民"证，平民教育的第一本书就是识字课本……这些事实告诉我们，当时推行的平民教育，基础性的第一步工作其实就是识字教育。

识得字以后干什么？当然是用以阅读。只有阅读，才能使人们的视野从日

---

① 晏阳初. 平民教育概论［A］. 马秋帆，熊明安. 晏阳初教育论著选［C］. 北京：人民教育出版社，1993：38.

常的生活起居拓展到社会人生，才能了解外面的世界，才能获得周遭经验以外的其他经验与知识。而阅读过程本身，实际上就是一个提高母语能力的过程。另一方面，从当时平民教育的推行情况看，除了最基础的计算和乡村教育曾经同时传授一些卫生健康知识及劳作技术之外，其他所有的平民教育，不管推行之时如何雄心勃勃，事实上推广过程中的中心工作却都只是一些识字、写字和基础应用文写作教学。据此，应当说，平民教育的基础与核心就是平民母语教育。

3. 大致发展线索

民国的平民教育，虽然到了此期才形成一股风尚，但其开端却发生在上一时期。

清末维新时提出的"新民德""开民智"应该算是平民教育思想的滥觞。接下来，教育部在1912年设立社会教育司，1915年设立通俗教育研究会并公布《通俗教育研究会章程》，要求各省、市、县及有条件的乡、村设立通俗教育讲演所等，是国家对平民教育所做的较早的努力。社会人士发起的平民教育，基本上都在20年代初即已拉开序幕，如陶行知1920年暑假组织暑期班学员到附近推行平民识字运动，晏阳初也于这一年8月从美国回到上海开始了他的平民教育之路。不过，20年代初的几年，平民教育的主要阵地都在城市，1925年之后，随着共产党四大通过《对于青年运动之议决案》、国民党二大通过《青年运动决议案》，平民教育才开始扩大范围至乡村，有的组织甚至把主要精力全部放在乡村，并由此刮起了一股"乡村建设"的风潮。晏阳初中华平民教育促进会、黄炎培中华职业教育社、陶行知山海工学团、梁漱溟乡村建设研究院、江苏省立教育学院、卢作孚民众教育办事处等，都是这次风潮的主要推进机构。

4. 主要推行方法

平民教育的第一步工作是编写识字课本。

当时使用面比较广的识字课本主要有：晏阳初、傅若愚《平民千字课》，朱经农、陶行知《平民千字课》，平民教育促进会的《市民千字课》《农民千字课》《士兵千字课》和《平民字典》《平民词典》，陶行知山海工学团《老少通千字课》。根据晏阳初《平民学校教材问题》①和孟宪承《民众学校的三难》②两篇文章，除了上述几种比较通行的之外，此期可见的识字课本主要还有：魏冰心、董文、戴渭清、曹芝清《千字课本》（世界书局），卓恺泽《青年平民读本》（上海书局），黎锦晖、刘传厚、陆费逵、戴克敦《平民课本》（中华书局），李六如《平民读本》（长沙广文书局），曹典琦《成人读本》（长沙文化书局），曹典琦《新千字课》（长沙贡院西街野村印刷局），张思明、戴联荫、高元泽《平民识字读本》（奉天教科书编审处），《识字课本》（商务印书馆）、《民众教育读本》（商务印书馆），《平民千字课本》（中华书局），《民众千字课本》（世界书局），《民众读本》（江苏省立教育学院），《三民主义千字课》（新时代教育社），《平民千字课》（青年协会）等等。这些课本有些编于 20 年代，但因为编写质量较好，基本上都沿用到了 30 年代甚至 40 年代。

在编写识字课本的实践当中，就会碰到选字用字的问题。为了使编出的识字课本更科学，更符合民众需求，更尽早达到平民教育的目的，选字的重要性被提了出来，相关的字汇研制工作也相继展开。据孟宪承 1930 年的介绍，陈鹤琴《语体文应用字汇》发表之前的字汇研制情况是：最初是在前清之时，当时学部讨论编写《简易识字课本》，想挑选出 1600 个常用字，用一年时间学完，不过这一计划没有实现；此后，民国初年，董景安选了 600 个常用字编成了课本，毕来思也用常用字编成了名叫《由浅入深》的识字课本；1924 年晏阳初在法国编书报教华工，主要内容是 1000 个常用字。③我们知道，除此之外，此期进行字汇研究的，还有庄泽宣、傅葆琛、马祖武等人，以庄泽宣的成果较有影响，庄泽宣在陈鹤琴及其他相关研究基础之上，编成了一部《基本字汇》，该字汇按字频高低把基本汉字分为常用、备用、罕用三种类型，其中常用字是 2800 多个，与现在的 3000 个或 3500 个常用字的数量比较接近，应该算是比较科学的一个研究成果。陈鹤琴等人的字汇研制出来之后，30 年

① 晏阳初．平民学校教材问题［A］．马秋帆，熊明安．晏阳初教育论著选［C］．北京：人民教育出版社，1993：19.

② 孟宪承．民众学校的三难［A］．周谷平，赵卫平．孟宪承教育论著选［C］．北京：人民教育出版社，1997：225.

③ 孟宪承．识字教学的两个问题［A］．周谷平，赵卫平．孟宪承教育论著选［C］．北京：人民教育出版社，1997：204.

代以后的识字课本，基本上就都依据字汇来编写了。

发动民众参与教育的方法，通常包括政令和运动两种形式。政令方面，1929 年 2 月，教育部颁布《识字运动宣传计划大纲》，规定在省、县两级设立"识字运动宣传委员会"，筹划和领导识字工作。1936 年，教育部颁订《实施失学民众补习教育方案》，计划到 1942 年肃清所有文盲。1936 年 9 月，教育部颁发《实施失学民众补习教育办法大纲》和实施细则，具体规定了各县市每年应该设置多少民众学校、应该安排多少人接受补习教育。此外，教育部1932 年公布、1935 年修订的《民众教育馆暂行规程》，1939 年颁布的《民众教育馆规程》《民众教育馆工作大纲》《民众教育馆辅导各地社会教育办法大纲》，1943 年在原有规则基础上简化而来的《民众教育馆实施办法》，以及1944 年《补习学校法》、1945 年《普及失学民众识字教育计划大纲》和 1946年《补习学校规则》，民众识字教育都是其中的重要内容。在这些政令的影响下，通俗教育馆、民众教育馆、民众图书室、补习学校、夜校、识字班、读书会等纷纷成立，为民国时期普及民众教育提供了较好的社会教育资源。

为了推行识字，也同时开展了不少专门的运动。比较著名的有：1923 年晏阳初与基督教青年会在山东烟台开展的推广平民教育运动，1930 年浙江全省盛大的识字运动宣传周，1935 年上海市举行的识字教育运动，1944 年教育部举办的全国国语运动宣传周等。每次运动开始之前，往往到处贴满标语，然后再组织群众进行大规模的游行宣传，目的在于为紧接而来的扫盲教育教学行为造成浩大声势。

总体来看，这些年的平民母语教育基本上达到了妇孺皆知的程度，氛围营造得比较好，但教学效果却应该不是特别明显，否则就不会出现发展了二三十年平民教育，结果到 1949 年新中国成立之时文盲数仍然占据总人口 80% 的局面。也许正如叶圣陶 1936 年就曾指出的那样，推行识字教育之所以不是进行不下去，就是学了之后又把识得的字忘记得干干净净，原因之一是识字者本人并不积极，原因之二是所识的字不够用，以致阅读的热心往往碰壁，原因之三在于编辑课本的人忽视了汉语的特点，以字而不是以词为教学单元，也不教授句式，致使学过的字无法方便地在阅读当中使用。[①]

----

① 叶圣陶．谈识字的编课本辑［A］．叶圣陶语文教育论集［C］．北京：教育科学出版社，1980：173 - 176．

（二）扫盲运动

革命根据地群众教育的中心任务是扫除广大成人和儿童间的文盲。与国统区的识字教育相比，革命根据地扫盲运动的基础和条件都差得多，但是其扫盲的热度却一点儿也不比国统区逊色。作为一个要在反围剿斗争中生存与发展的还没有被承认的政权（1937 年统一战线形成后曾经被承认过一段时间），战争任务已经特别繁重，为什么还要花大力气来开展扫盲工作呢？主要的原因还是为了政治。在中共的相关文件中，可以多次看到对列宁"不识字的人是同政治隔离的"和"在不识字的国家内要建设共产主义社会是不可能的"这两句话的引用，也就是说，扫盲客观上对工农识字写字能力的提高有所帮助，主观上却还是为了提高工农觉悟，使之能自觉支持革命，并最终同工农红军一起走向共产主义社会。1933 年，主管教育的代部长徐特立解释为什么要普遍创立夜校时所说"目前在国内战争环境中，一般的青年和成年男女，必须普遍的能做报告，能看各种文件，最低限度也要能看标语和路条"①，1934 年 3 月重订颁布的《消灭文盲协会章程》所说"革命战争的剧烈斗争，使得我们更加急迫的要识字和需要知识，这也是我们粉碎敌人的武器"② 等，表达的都是这一层意思。

1. 扫盲基础与目标

在当时中国社会整体上存在百分之八九十文盲的情况下，受客观的地理、文化原因制约，革命根据地文盲数量更多，当时的资料一般说是百分之九十或百分之九十几，工农妇女更基本上都是大字不识一个的全文盲。

针对这种情况，毛泽东提出了每个人识 1000 字的目标。这个目标在当时的政府工作报告和《解放日报》相关文章中不止一次被提到过。除了识基本的字，扫盲还对写字也提出了一定的要求，规定最低限度也要学到写标语口号，最好是能够写墙报、做开会记录等。至于这个目标什么时候达到，对不同人群的规定不太一样。如，罗迈1944 年在《开展大规模的群众文教运动》中提出的是在"五年至十年内，……扫除四十岁以下的男子与三十五岁以下的

---

① 陈元晖，璩鑫圭，邹光威. 老解放区教育资料（一）·土地革命战争时期［C］. 北京：教育科学出版社，1981：254.

② 陈元晖，璩鑫圭，邹光威. 老解放区教育资料（一）·土地革命战争时期［C］. 北京：教育科学出版社，1981：250.

女子中的文盲"①，1944 年 12 月李鼎铭《文教工作的方向》提出的要求与此相同，②1944 年 11 月陕甘宁边区文教大会则要求现任干部"在两年至三年内一律扫除文盲，达到至少能看懂'群众报'的程度。……在若干年后，做到10—40 岁的人口之绝大多数都能识一千字以上"③。

2. 多样化的扫盲措施

革命根据地为了扫盲而采取的主要措施，常规的主要有夜校（半日校、星期学校、巡回学校）、冬学、识字组（班）、民众教育馆（俱乐部）、图书馆、书报阅览处、文化岗、识字牌、墙报、黑板报等，基本上都按把教育送到群众集中的场所去的原则实施。集中扫盲的时间则根据不同对象不同季节不断变更，尽量利用农民的空闲时间，概括起来说，是：白天忙，上夜校；中午闲，办午学；冬季闲，开冬学；雨天不能干活，进行雨天教育。

领导识字运动的机关是乡村识字运动委员会和各级消除文盲协会组织。消灭文盲协会是在 1933 年苏区中央文化教育建设大会上提出要建立的，这次大会还通过了"消灭文盲决议案"。次年，《消灭文盲协会章程》发布，用自愿的方式招集会员、募捐会费，会员的任务是负责宣传、教育、学习文字和常识。消灭文盲协会的任务是集中力量开展消灭文盲运动，由中央到省、县、区、乡、村都设有它的干事会，垂直管理，村干事会下设识字班、夜校、半日校三个小组，如果是城市，则在县干事会下设城市协会干事会，主管街道和企业工厂的干事会，街道和企业工厂干事会下也都有识字班和补习学校。

其中，夜校的主要任务是快速扫盲并提高工农政治水平，当然前提是不妨碍生产与其他工作。夜校有固定的地点，往往设在人口相对集中的墟场上，如果村落过于分散，就每村设立一个甚至几个夜校，也有把夜校附设在列宁小学下面的情况。

冬学这一个补习教育的方式，推行最早的是陕甘宁边区，抗日战争初期，革命根据地历年都开展大规模的冬学运动。冬学的教育对象很广泛，有男女老少都参加的一揽子冬学，也有区分不同对象进行编班的民兵冬学、妇女冬学等，口号是"男女老少上冬学"。冬学教员又叫"冬师"，通常由区乡干部、

---

① 罗迈.开展大规模的群众文教运动［N］.解放日报，1944 - 11 - 20（4）.
② 李鼎铭.文教工作的方向［N］.解放日报，1944 - 12 - 10（1 - 2）.
③ 关于培养知识分子与普及群众教育的决议［N］.解放日报，1945 - 01 - 10（4）.

小学教师或识字较多的学生兼任，也吸收政治觉悟较高的当地知识分子及识字较多的农民担任。对于兼任冬师，可以由群众商量给予一定补助或减免一些战勤负担。冬学通常从秋收之后起办到春节前十几天，春节过后又重新复课。开学之前，会将教员们聚集起来进行三五天的培训，叫做冬学研究会，主要学习和讨论当时的主要政治形势与任务和当年冬学的教材教法，而以教材教法的研讨为核心。冬学对广大劳动人民进行政治教育和识字教育，可为业余学校或夜校打下基础，所以这一民众教育形式一直到新中国成立后还推行了好几年。识字组比冬学更加方便，一般设在群众的家里，按当时的规定，每个团体的下层组织及每个机关都至少要成立一个识字班。

民众教育馆是此期的一个特殊事物，国统区和革命根据地都有。据刘英杰《中国教育大事典》所载，陕甘宁边区 1937 年建立起 7 个民众教育馆，到 1938 年就发展到 15 个，接着，1939 年 8 月陕甘宁边区教育厅修订了《民众教育馆简则》，1940 年 11 月公布了《陕甘宁边区民众教育馆组织规程》。[①] 俱乐部（列宁室）则主要是存在于 1927～1937 年间革命根据地的一种社会教育组织，俱乐部设置于每一级政府机关或较大的工厂企业和地方工会内部，乡苏维埃俱乐部下面则按伙食单位（或村）成立列宁室，每个列宁室至少要有识字班、图书室、墙报及一些游艺、运动设备。俱乐部分讲演股（演讲政治、风俗改良、卫生习惯、研究生产等）、游艺股（体育、游戏、表演等，当地民歌、说书等表演）、文化股（首先是墙报，识字）三股，分工明确。

与民众教育馆性质相同但设备较为简陋的是图书馆和书报阅览处，一般设在通衢大道中心点。识字牌和文化岗要更普及一些，设在过往行人较多的道路旁边，作用与墙报和黑板报差不多，有时还兼具督促检查人们识字情况的功能。此外，人口较密集的乡村和街道上，条件好的还设有问字所，通常是乡村中每隔二十户设一间，街道上每隔十铺设一间。

运动也是扫盲不可缺少的一项措施。土地革命战争时期举行的大型扫盲运动就有：1930 年 8 月，闽西苏维埃政府文教会通过《目前文化工作总计划》，其中第九条规定"学校中应定一周为减少文盲运动周，在此周内应张贴标语、

---

① 刘英杰. 中国教育大事典（1840－1949）［M］. 杭州：浙江教育出版社，2001：716.

演讲、组织十人识字团及用其他一切方法，以减少文盲。"① 1932 年 1 月 16 日，鄂豫皖省文化委员会和省总工会决定从 1 月 21 日至 28 日举行 "识字运动周" 并发表《识字运动宣言》，要求各地在该周内大力宣传工农群众识字的好处。1934 年《江西省第一次教育会议的决议案》第四部分 "社会教育问题的决议案" 提到要在 5 月 15 日到 30 日之间举行一个消灭文盲运动周的活动。② 抗战时期，1939 年 3 月 3 日，陕甘宁边区政府教育厅发布《关于消灭文盲及实行办法的通令》，规定该年度要自上而下造成一个扫除文盲的运动，计划年底各县均要举行一次识字大检阅，以达到一年中消灭 3 万左右文盲的目的，而到 12 月时，果然颁布了以区为参赛单位的《陕甘宁边区各县识字检阅暂行办法》，确定识 1000 字、500 字以上者分别颁予一、二等奖。

此外，由于把报纸当作最主要的宣传武器，革命根据地十分看重刊发报纸的工作，《解放日报》《新华日报》《群众报》都是很出名的大报，各分区还有自己的分区报，遍及每个区乡的工农通讯员除了为统一印刷的报纸供稿外，还在所在区乡自办一些油印小报，以保证整个革命根据地基本能做到几十人就有一份定期报纸可读。

3. 切合农民生活的教材教法

解放区所使用的扫盲教材包括两种，一种是较为常规的冬学文化课本、新三字经、日用杂字、识字课本、农村应用文，另一种是非常规的自编教材或自选内容。

根据《中国近代现代出版通史》③ 所收集的，从 1937 年 7 月到 1945 年 8 月间，延安出版的常规课本就有：《看图识字》（1944 年 12 月）、《日用杂字》(1944 等，有多个版本)、《庄稼杂字》（1944）、《边区民众课》（1940）、《识字课本》（1944）、《党员课本》（李华生、刘伟文，1938）、《抗日战士政治课本》（上中下）等。其中，辛安亭 1944 年所编的《日用杂字》和《识字课本》出版之后供不应求，年年再版。上述没有提到但流行很广的还有辛安亭 1940 年编的《边区民众读本》，该书包括了抗日三字经、实用四言常识、新五

① 陈元晖，璩鑫圭，邹光威. 老解放区教育资料（一）·土地革命战争时期［M］. 北京：教育科学出版社，1981：126.

② 陈元晖，璩鑫圭，邹光威. 老解放区教育资料（一）·土地革命战争时期［M］. 北京：教育科学出版社，1981：88.

③ 叶再生. 中国近代现代出版通史（第三卷）［M］. 北京：华文出版社，2002：806 - 807.

言杂字和民众应用文四部分，借用农村百姓熟习的"三百千"的形式，旧瓶装新酒，编出来之后群众非常喜欢。当然，除了这些由教育厅统一供应的课本外，有的分区还编印了"放羊杂字"、"新百句文"等。

识字课本的内容和形式都力求切近日常生活。以《湘赣省苏文化部关于识字运动的又一指示》中拟定统一生字及进度表为例①，该指示中统一生字量为 300 个，要求在三个月内学会，除了最基本的"一个人""（人）有两手""口耳目""我你他"之类的内容外，其他大部分都跟农民生活有关，比如："犬守门""牛大羊小""火木水""（一）斗白米""田中禾""织布""猪吃草""洋油灯""算盘秤""煮饭劈柴""姊妹做鞋""木板铁钉""斧头镰（刀）""肩挑背负""种豆割稻""锯凿刨锤"等是农村生活方面的，"开大会""工农士兵""打土豪""分配（土）地""帝国主义""写字看报""荷枪（打）仗""苏维埃""列宁同志""杀劣绅""赤少队""（一）把国际旗""谁得飞机""阶级敌人""肃清反动派""高呼口号""慰劳欢迎""前面贴了墙报""劳苦群众们""武装拥护苏联"等是斗争生活的，而又因为所限定的三个月是正值夏季的四、五、六三个月，所以还有很多反映夏季生活的内容，如"天气很热""到此处喝茶""新伞旧笠""蚊子吃血下毒""苍蝇传疾病""扇凳桌椅""树下乘凉""暑去寒来"等。

如果说识字课本的形式比较固定的话，那么冬学文化课本的形式就各不相同了。有的冬学课本编得很好，像其中有一种叫《万事通》的冬学教材，从头到尾都是使用的短文和诗歌形式来介绍生产斗争及文化常识，很为百姓喜闻乐见。如开始的一个单元，总共有 3 课，第一课是"人牛要太平"，第二课是"人不是牛，人不是马，做人不做牛马"，第三课是"今年做牛马，明年平天下"；再如另一个讲武装斗争的单元，也是 3 课，第一课是"龙有头，树有根，打敌人要骨头硬。那个顶硬？新四军"，第二课是"千把锄头万把叉，三个两个一把抓，十个八个四面打，来得太多吓跑它"，第三课是"攻城要攻心，君子不杀俘虏兵"。这些课文，除了在课堂上讲，还写在墙壁上，被作为歌词传唱，甚至到了家喻户晓的程度，对后来的冬学教材影响很大。②

---

① 陈元晖，璩鑫圭，邹光威. 老解放区教育资料（一）土地革命战争时期 [M]. 北京：教育科学出版社. 1981：276 – 279.

② 张正岭. 苏中抗日根据地冬学回忆 [A]. 老解放区教育工作回忆录 [C]. 上海：上海教育出版社，1979：97 – 103.

　　此外，因为扫盲特别注重实用，广泛提倡"做什么事，识什么字"，所以识字分组的时候，往往把生产组与学习组结合，放牛娃先教放牛，卖面粉的先教斤两，驮盐的教驮盐歌，做到行行业务不同，教材形式也就不同。这样，扫盲运动中就因不同学习对象而自创出许多非常规的教学内容。《陕甘宁边区冬学教学经验介绍》中，就记载了把学员自编的"四季歌"歌词，某妇女学员曾经说过的"今天下雪了，娃娃哭起来，你啥时回娘家？"之类的口水话，民间韵语"你姓张，我姓王，你卖烧鸡我杀羊，他做豆腐开面坊"等，都一一记下来作为教材的情况。①

　　值得注意的是，自从 1937 年成立新文字协会以后，有些地方的识字课本开始完全采用拉丁化新文字，或者在汉字的边上标注新文字。胡乔木 1941 年批评陕甘宁边区，认为其冬学效果与投入的人力物力远不相称，同时表扬延安市和延安县改用拉丁化新文字办理冬学，说这两个地方经过 40 天学习，"一千五百六十三名毕业学生中就有五百六十一人学会了日常用语的自由读写，……许多冬学学生做了《新文字报》的通讯员。"② 因为新文字教学的这种骄人成绩，从 1941 年开始，绝大部分地区就开始在冬学中教学新文字了。

　　至于教学识字的方法，大概也跟今天小学生识字大同小异，比较注意新旧联系、直观教学和韵语教学，比如教姓名地名等联系熟悉的人名和地名，教识字尽量采用拆字法、加减笔画法，出示实物识字，用树枝摆字，讲故事识字，唱秧歌识字等。方法可以千变，但精神是一致的，那就是一定要联系扫盲群众的生活经验与学习条件进行教学。记得《陕甘宁边区冬学教学经验介绍》里曾介绍过一种教学多音多义字的方法，举的例子是一个"长"字，方法是先解释"长"的两种意思，然后再造一个如"狗娃长高了，狗娃拿的绳子可长了"这样同时能把两个意思都用上的例句，质朴而管用。

　　总之，革命根据地各级政府在扫盲运动上确实费了很大力气，从扫盲的效益上看，一方面群众感激使自己开了眼，另一方面又由于汉字所负载的信息而使得革命因此扩大了思想阵地。所以，其扫盲工作虽然最终没有按照当初预计的那样，使相当多的工农群众脱盲，但是却实实在在达到了政治教育的效果，对当时百姓支持反蒋抗日产生了深远的正面影响。

---

① 教育科学研究所筹备处. 老解放区教育资料选编 [C]. 北京：人民教育出版社，1959：286，289.

② 胡乔木. 开展冬学运动 [N]. 解放日报，1941－10－24（1）.

第三节　学校母语教育：国统区的追求综合与革命根据地的简单实用

此期教育的状况十分不平衡，学校母语教育尤其如此。偏远农村几乎没有随着时代前行，依然是私塾教育般的识字习字和咿咿呀呀地读，大城市则与时俱进，不仅按课纲修订趋势向欧美语言教育看齐，还涌现了前所未有，甚至在某种角度上令今天的学子也艳羡不已的优秀教材与师资；发达地区学校已用标准语授课，偏僻乡村学校则仍在冬烘教师的带领下方言伊嘎；革命根据地还在艰苦的环境下力求培养必需的一点儿实用语言能力，国统区已在科学的课纲引领下追求说读作写全面发展。当然，不平衡归不平衡，从总体面上来说，此期的学校母语教育在开创期的基础之上，还是有了较为长足的发展。

一、追求综合素养的课程纲要

此期的课纲受到了 1923 年新学制语文课程标准的影响，但更进一步明确了说、读、作、写四个方面的内容，同时，又在说、读、作、写中较以前更关注"说"的能力，表现了此期课纲对于母语素养的一种综合性追求。

（一）说读作写并重

小学部分，虽然可以从 1923 年新学制课程标准"方法"的规定中，归纳出它把语言、读文、文字和作文四部分作为小学语文的主体教学内容，但只有从 1929 年开始，课纲才明确规定小学语文教学包括了说话、读书、作文、写字四个部分。此后，1932 年《小学课程标准国语》、1936 年《小学国语课程标准》、1941 年《小学国语科课程标准》、1948 年《国语课程标准》、1950 年《小学语文课程暂行标准》，所规定的小学语文科教学内容都是说话、读书（1950 年的叫"阅读"）、作文（1950 年的叫"写作"）和写字四个板块。

初中部分，1929 年《初级中学国文暂行课程标准》分成阅读和习作，习作包括了"作文练习""口语练习"和"书法练习"；1932 年《初级中学国文课程标准》也是分成阅读和习作，习作由四个部分组成，其中三个部分就是"作文练习""口语练习"和"书法练习"；1936 年《初级中学国文课程标准》、1940 年《修正初级中学国文课程标准》的都与此相同；1941 年《六年制中学国文课程标准草案》初高中合在一起，有"阅读"也有"习作"，"习作"中虽没有书法，但突出了作文练习，保留了辩论术的地位。

高中部分的课纲比较复杂，但除了 1948 年大纲外，1929 年《高级中学普通科国文暂行课程标准》、1932 年《高级中学国文课程标准》、1936 年《高级中学国文课程标准》、1940 年《修正高级中学国文课程标准》及 1941 的初高中合并的《六年制中学国文课程标准草案》，都明确包括有阅读、作文及辩论（1929 年的还有演讲）。其中，辩论术的内容包括"辩论之方式，证据之搜集，判断之正确，敌论之反驳，以及音调、姿态之运用等"，但"说"却是最重要的载体。值得一提的是，此期中学阶段的"说"的教学都放在作文部分。

所以，综合起来看，说、读、作、写的口头与书面语言能力在此期都受到了重视。

（二）发展口耳听说

此期小学课纲的特色之一是"听说"得到了持续重视，为了得到一个比较综合的印象，我们把 1923～1950 年间小学各课纲对口语教学内容的规定归纳了一下。

其中，1929 年、1932 年、1936 年、1941 年小学课纲都对说话部分的教学要点（方法）做了规定。以 1932 年的为例，主要包括以下五点：第一，刚开始进行说话教学时，应该先用完整的句子，等到了一定阶段之后，才改用以段为单位进行说话教学。第二，说话教学的材料应由教师事先准备，常用语料有演进语料、会话语料、故事语料三种，都以富有趣味为选材宗旨。其中演进语因为是一年级一入学就开始要学的，所以还做了更仔细的规定，比如每套定一个题目、每句话只说该套动作当中的一步、每套句子数不宜过多等。第三，强调要注意儿童语与成人语的不同，要自然，不能受文字的束缚而过多地修饰。第四，说话教学最好做到有情景、多表演。第五，容易发错的音和说错的话要特别指导和多加练习，可用实物、图形、动作等辅助表明意义不明显的句子。其他各个课纲的说话教学要点与此大同小异。

初中部分，1929 年课纲跟 1923 年课纲规定了初一到初三都要学习演说和辩论，1929 年的还给演说和辩论定出了"口语练习"这一上位概念，1932 年、1936 年、1940 年也都在"习作"中规定了"口语练习"，不过具体练习时间安排在课外。另外，1940 年初中课纲增加了"由教员演讲一事一题，令学生听后写成文字"的听写训练，1941 年、1948 年的也都有同样的要求。

高中部分，1929 年课纲在"作文练习"部分规定"教员应于课外指导学生继续练习演说和辩论"，1932 年课纲在"习作"的第一部分内容"文章作法"中规定辩论术"应注重辩论之方式，证据之搜集，判断之正确，敌论之反驳"，1936 年、1940 年、1941 年课纲在"习作"的第一部分内容"文章法则"中不仅规定了辩论术应注意辩论方式、证据搜集和判断与反驳的方法，还对辩论时的音调以及辩论时的姿态运用都做了规定，比 1932 年课纲更注重辩论时的现场感。

上述课纲在对口耳听说训练做出要求的同时，也对标准音提出了希望，认为最好要用充分接近标准音的语音作为教授用语。这种希望，与 1931 年创制拉丁化新文字，1930 年改注音字母为注音符号，1935 年铸造注音汉字字模，以及 1941 年教育部要求各校采用《注音符号发音表》、《国音字母拼音练习表》辅导识字等交相辉映，是对上一期国语统一运动的坚持与继续。

在这些优秀的课纲引领之下，此期出现了许多优秀的语文教材。闫苹、张雯《民国时期小学语文课文选粹》中有"特色练习设计篇目"一部分，笔者初步做了一个归纳，发现该部分所选"特色练习"全部出自 1931～1948 年间的语文教材，共涉及教材 14 种，具体情况见表 3－1。

表 3－1　《民国时期小学语文课文选粹》"特色练习"所出教材列表

教材名称	编者	出版时间	习题所涉课文数
民智新课程高级小学国语教科书	薛天汉	1931	1
复兴国语教科书（初小）	沈百英、沈秉廉	1933～1935	1
国语新读本	吴研因	1933	15
新生活教科书国语	沈百英	1933	5
复兴国语教科书	赵欲仁、丁叔音	1933	14
高小国语读本	赵景深、李小峰	1933	18
复兴说话教本	黎锦熙、白涤洲、何容	1933	1
开明国语课本（初小）	叶绍钧、丰子恺	1934	3
国语读本（高小）	朱翊新、魏冰心、苏兆骧	1934	2
分部互用儿童教科书南部国语（初小）	陈鹤琴	1934	11
实验国语教科书（高小）	国立编译馆	1936	2

续表

教材名称	编者	出版时间	习题所涉课文数
高小国语读本	朱翊新编，范祥善校订	1937	15
新编初小国语读本	吕伯攸编，朱文叔校	1937	3
高小国语	东北政委会编审委员会	1947	13

那么，为什么会在此期出现这么优秀的课纲？除了总的时代背景与教育理念之外，更重要的是因为有优秀的课纲制定者。根据不完全整理，此期小学国语课程标准起草人或修订者分别有：1929 年吴研因，1932 年吴研因、施仁夫、孙世庆、陈飞霞、赵欲仁，1936 年吴研因、李步寄、盛振声、赵欲仁、潘仁，1942 年魏冰心。中学国文各科课程标准起草人或审查专家有：1929 年初中刘大白、孟宪承、刘寄、孙学辉，1929 年高中胡适、孟宪承，1932 年孙俍工、夏丏尊、周予同、马涯民、伍俶，1936 年夏丏尊、杨振声、伍俶、周邦道，1942 年阮真、杨振声、喻传鑑、吴研因等，1948 年阮真、孟承宪、朱自清、伍叔傥、许寿裳等。这些课纲制定者大部分不仅有丰富的教学和教材编写经验，而且还是大学者和著名作家，他们一方面能够不断吸纳新的教育研究成果和语言本体研究成果，另一方面又可以让课纲理念在教材中得到最大范围的发扬与践行。

二、汉语知识系统化的尝试

正如本章第一节所说，本期母语本体研究发展态势良好。而我们又知道，语言学家一般比较关注学校母语教育，很多语言学家，如王力、张志公、吕叔湘、陈望道等，本身就是语文教育家，像钱玄同、魏建功、罗常培、张中行等一样关心母语教育的语言学家就更是数不胜数。更有一些语言学著作，干脆原本就是为学校语言教学而作，如黎锦熙《新著国语文法》就曾用作师范大学国文系和初中一年级的讲义，章士钊的《中等国文典》一书，根据他自己的叙述，是因为他在日本留学时参考"西文规律"教一些同乡女子学习国文，结果这些"固能行通常之文"的女子们学了之后，"益能触类旁通。未数月遣词造句皆循定律，而为言语益斐然可观矣"①。受此鼓舞，他才动了要写作此

---

① 章士钊. 中等国文典［M］. 上海：商务印书馆，1925：序例/3.

书的念头。在这样一些语言学家的带领之下，以语法修辞为龙头的汉语知识开始成批量地进入语文课程。不过，正如叶圣陶 1943 年所说，当时学校里的国文教学，"按照课程标准的规定说，要带教一点文法和修辞学，实际上带教的还很少见"①。所以，此期的汉语知识系统化教学只能谈得上是一种尝试。

（一）课纲对汉语知识的规定

本期几乎所有中小学的语文课纲，都对汉语知识做了明确规定，下面用一个表格来进行具体展示。不过，由于课纲的表述比较精细，有的还比较零散，限于版面，表格中的话语是对课纲原文的浓缩。

表 3 – 2　1929～1950 年各级语文课纲对汉语知识的规定与要求

阶段	课纲年份	一年级	二年级	三年级	四年级	五年级	六年级
小学	1929	用归纳的方法学习文法和语法；用听写法与仿作法对容易出错的文法和句法作充分练习；在实际需要的时候，利用熟悉的语料进行指点					
	1932	用归纳的方法、熟悉的语料，通过对比学习文法和语法；用听写法与仿作法对容易出错的文法和句法作充分练习					
	1936	同 1932					
	1941	简易的叙述、疑问、惊叹、祈使等单句。	在第一年基础上加简易的复主语、复宾语、复述语、复附加语等各式单句。	在第一年基础上加略省组织的对话、祈使、自叙等的单句；简易的等列、主从等复句	继续学习各式单句，等列、主从等复句。	各册重要词句的修辞、语法	同五年级
	1948	语法矫正和字词运用	字词运用；认识使用主要标点符号	字词运用；单句构造；标点符号的使用	字词运用；单句与复句的构造；标点符号的使用	简易语法和修辞	同五年级

① 叶圣陶．语言与文字［A］．叶圣陶语文教育论集［C］．北京：教育科学出版社，1980：606．

续表

阶段	课纲年份	一年级	二年级	三年级	四年级	五年级	六年级
小学	1950	500个常用字构成的基本语汇；7字以内的短句；重章叠唱式的短文；重要的句读符号	常用字增加到1000字；短句增加到10字以内；短文增加到150字内；全部点号和部分标号	常用字增加到1600个；形容词很少的语句；全部标点符号	常用字增加到2200个；完整复杂的语句；500字长的文章；段落行款	常用字增加到3000个；精炼的语句；800字长的文章	
初中	1929	文法的词性、词位、句式；修辞的组织法、藻饰法；文体的分类等					
	1932	语法文法（句式、词位、词性）					
	1936	同1932					
	1940	同1932					
	1941	第一二学年讲授语体文法（词性，词位，句式等）					
	1948	无明确规定					
高中	1923公共	注重语体文与古文文法的比较，并最好能把熟悉的外国文和本国文的文法作比较；修辞学不必独立教学，可于读书时随时提出讨论					
	1923第一组必修	《文字学引论》的内容：甲骨文字述略；金文述略；从诗经到楚辞；书同文以后的言文分歧；六书、辞书与韵书、反切；发音学要旨；语音的转变；字义的转变；文法的演化；今日之古文、国语、方言；比较文字学					
	1929	文法：注重语体文与文言文的异同，并参考方言与外语文法 修辞：注重文章的组织法和体制，遣辞的各种方式，辞格的类例					
	1932	文法：注重语体文与文言文的异同 修辞：注重文章的组织与体制，遣词方式，词格类例					
	1936	同1932					
	1940	同1932					
	1941	二、三学年讲授修辞学（文章的组织与体制，遣词方式，词格类例）和辩论术					
	1948	古今词义和古今文法的对比					

（二）教材中的呈现方式

本期初高中的汉语知识，有的单独编订成册作为教材，有的以知识短文的方式附在单元或全册之后，还有的没有成篇章的知识，只是以散点的形式在文章注释中注出。

1. 单独教材

此期规律化的语言知识教学还是新事物，所以较早的教学者便以现成的语言著作作为教材。据汪震《中等国文法（中等国文典之改造）》之《再版自序》① 所言推算，北京师大附中在 20 世纪 20 年代初就开设了"文法"一科，并一直以章士钊《中等国文典》作为课本。后来慢慢有了专为中学（师范）或高小编写的语言知识教材，传世较广的有郭步陶《文法解剖 ABC》（1929）和薛祥绥编著、陆翔校订《中学师范教本修辞学》（1931）等，下面加以简要介绍。

《文法解剖 ABC》由世界书局出版，作者郭步陶喜欢用图解法，书中用了很多图来解说句子。全书共分四章，前两章是单句，后两章是复句，按该书"例言"所说，"大致可供四十小时之用，每周一小时，可敷一学年授课。在旧制高小三年级，或新制初中一年级，以此授之，国文清通必较容易。"② 该书虽然自称"简要"，但例句仍然全都是古文。

《中学师范教本修辞学》也是由世界书局出版。本书名为修辞学，实际上主要是语法。全书包括了五编十四章，具体是：第一编"字法"，包括 3 章：论义字、论词品、论用字；第二编"句法"，包括 4 章：论句读，论造句，论句类，论用句；第三编"章法"，包括 2 章：论章名、论章法；第四编"篇法"，包括 2 章：论篇名、论篇法；第五编"总术"，包括 3 章：论撰文、论修辞、结论。其中概念的涵义，从"盖集数字而显一意者谓之句，集数意以显一意者谓之章"③，"古者裁竹为简，数简合编为册，古文作簎，假借作策，凡著述于册，起讫具备者，谓之一篇"④ 来看，"句""章""篇"与今天的理解差不多，但是，一些小范畴的概念名称则与现在有很多不同，比如今天通称"借代"辞格在这本书中被称为"代替"，等等。另外，作者认为，我国历来

---

① 汪震. 中等国文法（中等国文典之改造）［M］. 北京：北平文化社，1931：再版自序/1.
② 郭步陶. 文法解剖 ABC［M］. 上海：世界书局，1929：例言/1.
③ 薛祥绥编著. 陆翔校订. 中学师范教本修辞学［M］. 上海：世界书局，1931：216.
④ 薛祥绥编著. 陆翔校订. 中学师范教本修辞学［M］. 上海：世界书局，1931：225.

就很少文法专书，讨论词品（即词类）的书尤其少，近代以来随着西方文法的传入，有些学者就把欧美的分法挪到中文当中，虽然时有牵强附会，但聊胜于无，比起没有还是好多了。在这样一种比较客观的认知前提下，他把我国历来将词区分为实词和虚词的两分法加以改进，细分为名词、代名词（即"代词"）、形容词、动词、状词（即"副词"）、介词、接继词、感叹词、助词。这种分法与黎锦熙《新著国语文法》的名词、代名词、动词、形容词、副词、介词、连词、助词、叹词分法一样，仅名称上稍有不同。

2. 知识短文

自从 1929 年尤其是 1932 年课纲颁布之后，汉语知识便慢慢更多地以知识短文的方式和课文混编在一起，从此真正进入了语文教材。

一般认为，赵景深 1930 年编成的《初级中学混合国语教科书》（北新书局）是这种形式的早期代表作①，接着，这种形式就繁荣起来了，不少著名的教科书都是以这种形式编排汉语知识的，而汉语知识系统也就因此成为了语文教学的一个重要组成部分。下面略举几种此类的教科书。

杜天縻、韩楚原《杜韩两氏高中国文》（世界书局，1933）的一、二册后附有文法，并且注重语体文与文言文的异同及古文文法特例。第三、四册后附有修辞法，注重如何遣词，如何使用修辞格。第五、六册后附有辩论术，注重辨析方式、证据搜集、判断正确、如何反驳。

傅东华《复兴高级中学教科书国文》（商务印书馆，1934）的知识系统在"编辑大意"中即以言明，"本书于每单数周备文章作法一课……供作讲授文法、修辞学、及辩论术之教材"。

夏丏尊、叶圣陶、宋云彬、陈望道《开明国文讲义》（开明书店，1934）是开明中学讲义丛书之一，共 3 册，第一、二册中，每隔开四篇选文就有一篇文法讲话，文法讲完了以后就继以修辞。以第一册为例，文法部分的内容包括：一、词性的辨认；二、短语；三、句的种类与构造；四、名词代名词在句中的位置；五、诸格的变式；六、有特性的文言代名词；七、动词的自与他及其完全与不完全；八、不完全动词的补足语；九、主要动词与散动词；十、授动与被动；十一、助动词；十二、形容词的性质种类及其在句中的用途；十三、形容词的比较法；十四、关于数字；十五、副词的用途及其种类；十六、

---

① 李杏保，顾黄初. 中国现代语文教育史［M］. 成都：四川教育出版社，2004：140.

副词的位置；十七、副词与助词的呼应；十八、前介词与名词的关系。

何炳松、孙俍工编《复兴高级中学国文课本》（商务印书馆，1935）在每一学程（相当于一个单元）后都附有"教学举要"，提到了一些语言知识，内容非常概括、简要。如第一册"第二学程教学举要"的全文如下：

一、目的：本学程以授予传状之内容及形式为主旨。第五六两篇为一般的传记，第七八两篇为家传。

二、作法——文法名词（一）

（1）名词之种类：

（A）独有名词与公共名词

（B）物质名词与抽象名词

（C）集合名词

（2）名词之位置：

（A）主位（主次）

（B）宾位（宾次）

（C）领位（偏次）

简单到了连例子都没有。不过在以上内容后面，说明了"参《马氏文通》卷二，二之一；三，三之一。章士钊《中等国文典》第二章。杨树达《高等国文法》第二章子丑二节"，也就是说，列出了参考书目，这种编排方式，根据书前"编辑例言"的说法，是旨在培养学生"自由研究的精神"。

宋文翰、张文治《新编高中国文》（中华书局，1937）是使用量非常大的教材之一，到1946年就已出到了第十版。这套教材共六册，依文学史发展的顺序，由古代以至现代（第六册是清及现代）。每篇课文的后面，有题解（说明内容、解释题语、叙述文体源流及介绍课文出处等）、作者略历（简单介绍作者生平、著作、文章特征和派别与流变）、注释（解释深奥词语、典故、人名、地名、年号及其他必须要说明的）。各册之后，有介绍文章法则的知识短文，其中，第一年讲文法，第二年讲文章的组织与体裁，第三年是修辞和辩论术。

教育总署编审会编《高中国文》（新民印书馆，1939）共六册，书后备有讲授文章法则的教材，第一、二册后面附有系统的文法知识，第三、四册讲文章的组织与体式，第五、六册后附修辞与辩论术。

汉语知识除了上述两种集中呈现的方式之外，还有一些零星渗透的教材形式。比如，把汉语知识编在每篇课文的后面，如1931年傅东华、陈望道合编的初中《国文》，就在每篇文选后面附了"文法与修辞"，1942年孙起孟、顾诗灵、蒋仲仁合编《写作进修读本》的每一课后面也附有"语法和修辞"这一部分，这样的编排法，可能是为了把汉语知识与选文内容结合在一起，以便于把熟悉的具体例子与陌生的抽象规律结合起来。还有的教材，如1937年蒋伯潜《蒋氏高中新国文》（世界书局）则只在每篇课文后面附了作者、题解和注释，"凡关于修辞文法之探讨，文学学术之流变，及讲授补充之材料等"①在另编的配套教授书（教学参考书）中详细加以阐述。采用这种编法，大概是由于编者认为语法修辞等汉语知识教师必须详加掌握，而对于学生来说，需要的只是教师对规律的渗透教学而非知识本身的教学。

三、"国文程度"的讨论与写作语体化

写作语体化，不仅指应该用白话进行作文练习与参加考试作文，而且指写作内容应该生活化，写作教学应该注重抒写而不是模仿。关于写作语体化的思考，缘起于三四十年代对"国文程度低落"与"抢救国文"的两次讨论。

（一）"国文程度"的讨论

蒋伯潜1940年根据自己在浙江所主持的几年毕业会考情况，认为中学生的国文成绩"一届不如一届"②，并进而肯定中学生国文程度普遍降低已经成为一种毋庸讳言、人所公认的事实。叶圣陶也在1942年《认识国文教学——〈国文杂志〉发刊辞》一文中提到，"现在的感叹家早也一声'国文程度低落'，晚也一声'国文程度低落'，好象从前读书人的国文程度普遍的'高升'似的。"③ 虽然蒋先生和叶先生所持态度截然相反，但却刚好说明了三四十年代中学生"国文程度"确实不太好的事实。

其实这里的国文程度，主要是指写作水平，指文言写作水平。对于当时的写作情况，王力1935年做过一个评价，"作文最通的是许多政论家和科学家；

---

① 蒋伯潜. 蒋氏高中新国文 [M]. 上海：世界书局，1937：编辑大意/2.
② 蒋伯潜. 中学国文教学法 [M]. 上海：中华书局，1940：自序/2.
③ 叶圣陶. 认识国文教学——《国文杂志》发刊辞 [A]. 叶圣陶语文教育论集 [C]，北京：教育科学出版社，1980：88.

而大学里的国文教授有时候倒反不通起来"①，之所以除了中西文都特别精通者、纯用古文者和纯用白话者之外别人都文章写不通顺，王力的解释是，因为人们常常把古、今、洋三者混在一起，而国文教授就是极易把古与今相混的人。王力先生的这段评价源于当时的社会语言背景，我们知道，当时离提倡白话文已有一二十年，报刊杂志上也经常发表白话作品，但是，正如在本期社会母语教育部分已经提到的那样，此时的白话文经常是一种半白半文的状况，加上欧化的影响，人们的书面语往往文言、白话、欧化语法随意杂合，读起来很不通畅，青年学生难免会受到这种文风的影响。换个角度来说，当时中学生学的科目很多，文言根柢自然没有以前纯读经典时代那么扎实，即使是语文科，他们在小学阶段学的是语体文，初中才开始学文言，虽然高中国文基本以文言为主，但所受熏陶毕竟有限，所以要他们写作文言文，恐怕不得不时时把现代的词汇和语法渗在古文里，只剩一些"之乎者也矣焉哉"之类的虚词可以看得出他是在写文言了。

针对中学生乃至全社会的文言写作水平低下的情况，当时社会上的态度有两种：一种忧心忡忡，从30年代中期开始批评"国文程度低落"，到40年代中期希望"抢救国文"，到处呼吁以梦想文言还有能够复兴的一天；另外有一批人却看得非常清楚，他们清醒地意识到文言写作水平确实是低落了，但是，这是历史趋势，与其徒劳无功地去担心，还不如顺应时代潮流，从此倡导语体化的写作。

（二）写作语体化

倡导写作语体化，刚开始仅仅是从形式上的写白话开始的，因为这一层面的讨论与大众语运动同时发生，几乎是一个不证自明的道理，所以对于"国文"的讨论很快就深化到写作内容方面，认为写作内容应该生活化，以便让学生能够真正有话可写。

提出写作内容生活化，针对的是此期的论说文写作。当时还留有科举时代后期考策论的风气，"勤能补拙说""士穷乃见节义说""论中学为体、西学为用""论拿破仑滑铁卢之败"等是常见的作文命题。郑逸梅80年代翻检出自己1910～1911年间读高小时的作文本，说主要是一些"弭边患议""卜式输财助边论""汲黯矫制发粟论""读柳宗元捕蛇者说书后"等论说作文，少量

① 王力.论"不通"[A].王力文集（第20卷）[C]，济南：山东教育出版社，1991：19-20.

应用性质的文题也是"拟劝学所开办夜学简章""归自虞册与友人书""约友泛舟石湖玩月书"等①。1921 年教育部开了个十六省区小学成绩展览会，国文题目中，初小的有"孔子世家赞书店""西北和战之利害论""政在养民论""戒色论"，高小的有"向友人借银完婚书""中国现在财政万分困难宜如何设法办理以图救济策""五柳先生宅记""不敬何以别乎义曰古之贤人也论"。② 虽然当时学生入学年龄较大，但对于小学生来说，除了一些有家学渊源、饱读诗书者外，这些题目明显脱离了学生实际，学生们只好言之无物地东拼西凑。

从之后的母语教育史来看，这种脱离学生生活实际的命题方式并没有彻底消失。《语文学习》曾经罗列过 1954 年到 1984 年间台湾大学联考的作文题目，这些命题作文的内容基本上跟科举策论的传统内容差不多，都是些"论己所不欲勿施于人""荀子云：'吾尝终日而思，不如须臾之所学。'试申其义""迁善改过说""仁与恕互相为用说""人性的光辉"之类的题目。③ 而大陆"文革"时期流行的"帮八股"也是这种遗留，当时的文章政治要求高，学生们只好言不由衷地喊口号，喊到后来，就慢慢退化到离开了毛主席语录和报刊社论就无法写文章的水平。以致"文革"结束之后，"怎样引导学生写真情实感"就成了一个迫不及待要解决的问题，《语文学习》还从 1979 年第 4 期至1980 年第 1 期间辟专栏对此进行了集中讨论。

当然，也有真知灼见者很早就提出了相反意见，比如，叶圣陶 1924 年在《作文论》中所表达的"作文是生活的一部分"的观点就是如此。"作文是生活的一部分"是叶老根据自己的创作体验和小学教学经验提出的一个看法，可惜在当时没有产生什么反响，后来，1936 年，叶老在《文章例话》中又一次表达了同样一种作文态度，他说："写文章也不是什么神秘的事儿，艰难的事儿。文章的材料是经验和意思，文章的依据是语言。……写文章不是生活的点缀和装饰，而就是生活本身。……能写文章算不得什么可以夸耀的事儿，不能写文章却是一种缺陷。"④ 这种观点无疑是正确的，此期辛安亭对边区小学

---

① 郑逸梅 . 七十年前的一本作文簿［J］. 语文学习，1985（1）：39 - 40.

② 黎锦熙 . 国语的作文教学法［A］. 张鸿苓，李桐华 . 黎锦熙论语文教育［C］. 郑州：河南教育出版社，1990：190.

③ 三十一年来我国台湾省大学联考作文题选登［J］. 语文学习，1985（12）：19 - 20.

④ 叶圣陶 .《文章例话》序［A］. 语文随笔［C］. 北京：中华书局，2007：64 - 65.

作文提出的"想说什么，就写什么；话怎么说，就怎么写"① 的十六字方针，与此真是不谋而合。解放之初，山东省中等学校语文教学会议讨论通过的《中等学校语文教学纲要（修正草案）》把中学写作分成三个阶段，规定第一阶段"怎样想就怎样说，怎样说就怎样写"，第二阶段在"仍应继续'写说一致'的原则，但要进一步要求"，第三阶段才对结构紧凑、言语修饰、表达简洁等做出要求，② 表达的也是一种写作内容生活化的主张。这一主张对新中国成立后的十七年高考作文命题产生了较好的导向作用，根据严育开、关恂所收集的高考作文题来看，从 1952 年一直到 1964 年间所给的题目都比较容易让考生有话可说，1965 年的命题"给越南人民一封信"（或"谈革命与学习"）才打断了这一优良风气。③ 不过，90 年代初开始流行创设情景作文与话题作文，似乎写作内容生活化的观念又占据了主导地位。

当然，谈到生活化写作，就必然会想到教学时是应该看重抒写还是看重模仿的问题。从古到今，模仿都是一种被经常使用的作文训练方式，张隆华、曾仲珊两先生在谈及写作教学时，说汉代"经常采用的训练方法就是模仿前人的作品"④，到南北朝时，写作训练的方法多起来了，但拟作仍然是最"盛行"的一种⑤。随着科举考试的开始，上古汉语成为评价写作的用语标准，但学子们的生活用语事实上已经离上古汉语越来越远，所以，从此时一直到清末，模仿先秦文言的用词、语气与章法来写文章，成为读书人必须练就的一门功夫。

虽然 1902 年《钦定小学堂章程》就已经分别对一、二年级的作文做了"教以口语四五句使联属之"和"教以口语七八句使联属之"的要求，但文言化的写作风气却一直延伸到了民国早期。当时，受科举"策论"遗风的影响，不仅题目多半大而无当，而且内容基本上仍是仿作，没有观察、调查之类，学校作文仍然全用文言而不是白话，标点符号虽然社会上已有人在提倡，但学校作文基本上仍旧不予采纳。此时社会的各种尺牍书也比较有市场，所谓尺牍

---

① 林治金.中国小学语文教学史［M］.济南：山东教育出版社，1996：523.
② 教育资料丛刊社.中学语文教学的改进［C］.北京：人民教育出版社，1951：20.
③ 严育开，关恂.历届高考优秀作文选评（1952－1991）［M］.武汉：湖北教育出版社，1992：297－298.
④ 张隆华，曾仲珊.中国古代语文教育史［M］.成都：四川教育出版社，2000：119.
⑤ 张隆华，曾仲珊.中国古代语文教育史［M］.成都：四川教育出版社，2000：173.

书，就是书信范本。以 1913 年商务印书馆出版的《通俗新尺牍》为例，该书的目的是"供社会通俗之用，且为初高两等小学生，藉作书信范本。"① 全书分为父子、母子、祖孙、伯叔姪、姑姪、兄弟、姊妹、夫妇、妯娌、外祖孙、舅甥、表伯叔、表兄弟、翁婿、僚婿、师弟、朋友共 18 编，其中每一编又罗列了种种可能的情形，以"父子编"为例，就包括了：子禀报沿途平安、禀报旅次遇戚好、在外禀祝父母寿（通用）、禀祝父母寿、禀报到学校情形、禀报在校成绩、禀报校假归期……禀寄呈食物、禀告生弟妹、……谕告营业情形、谕子汇寄旅费、谕子稽查店业、谕子严守家法，等等，非常细致具体。有了这样一本尺牍书，写信时不动任何脑筋，只要把称呼、署名一换就可以应付，但却造成了一种极其公式化的倾向。无独有偶，这种千篇一律的情形在革命根据地也同样存在，以至于胡乔木（1942）不得不引用旁人开玩笑的"如果印好现成文章，各处把人名地名填上去，岂不更省事吗"来强调写作必须"打破一切固定的格式"②。

当然，这种重视固定格式的仿写也有它的优点，比如钱梦龙"模仿—改写—借鉴—博采—评析"这种经过实验获得较大成功的写作训练程式，其中第一步就是"模仿"，不过，必须看到，钱老师的这一程式的成功离不了后续四个步骤的主要功劳。目前，各种"优秀作文选"、"高分作文的开头与结尾"之类的教辅书，仍然颇受中小学生甚至家长的青睐，教师应该对其使用作出正确而适时的引导，以免学生在一味的仿写甚至抄袭挪用中思维僵化。

四、实用型的革命根据地母语教学

大革命失败后，中共确立了土地革命和武装反抗国民党统治的总方针。此后，各地党组织纷纷发动群众举行起义，建立革命武装，创建革命根据地，实行政治割据，虽然 1931 年 11 月在江西瑞金选举成立了中华苏维埃临时中央政府，抗日战争和解放战争时期陕甘宁边区是中共中央所在地，但因为事实上的割据情况而基本上没有统一的课纲与教材，不过各根据地或县、分区等都比较重视教育，与学校母语教育有关的重要的法规条例就有《小学课程与教则草案》）（1933）、《小学校制度暂行条例》（1934）、《小学课程教则大纲》（1934）、《小学教育制度暂行条例草案》（1937）、《小学实施纲要》（1938）、

---

① 商务印书馆编译所. 通俗新尺牍 ［M］. 上海：商务印书馆，1913：编辑大意/1.
② 胡乔木. 报纸和新的文风 ［N］. 解放日报，1942 - 08 - 04 （1）.

《陕甘宁边区抗战时期小学应该注意的几个工作的通知》（1938）、《边区国防教育的方针与实施办法》（1938）、《陕甘宁边区小学法》（1938）、《陕甘宁边区小学规程》（1939）、《陕甘宁边区国防教育的实施原则》（1941）、《晋冀鲁豫边区小学暂行规程》（1942）、《苏皖边区政府教育工作方案（草案）》（1946）、《苏皖边区国民教育办理规则（草案）》（1946）、陕甘宁边区《战时教育方案》（1946）、冀鲁豫《关于教育方针的指示信》（1946）、陕甘宁《初中国文课程标准草案》（1949）、华北人民政府《华北区小学教育暂行实施办法》（1949）等。就时间上看，除了1939～1943年间的旧型正规化教育和1948年后的新型正规化教育之外，革命根据地实施的都是一种紧密联系农村和战争实际的教育方针。

（一）联系实际的教学目的

革命根据地办学校教育，核心任务就是要为战争提供所需要的人才，所以在新中国成立之前的二十余年中，中共所办教育的比例，干部教育重于国民教育，国民教育中社会教育重于学校教育，成人教育重于儿童教育。这种急用先教的办学原则，体现的就是要为实际服务。那么，学校母语教育方面，怎样为实际服务呢？很简单，就是要培养实用的读写能力。

"过去的中学生往往学了五六年，不能胜任一个壁报的记者或一个合作社的会计。"① 显然，这种情况不适应革命根据地的需要。革命根据地经济条件极端落后，还要挤出物力来供应兵马粮草，投在教育上的资源当然十分有限，哪里能够优哉游哉地去慢慢熏陶学生整体素质呢。"教育而不与今天的实际情况、实际需要和实际动向相结合，岂不是不仅无益并且有害地浪费学生的时间健康与精力，岂不是不能满足现在国际国内斗争形势的要求，而抗战胜利和新民主主义的理想即将无达到之可能吗？"② 所以，只能集中力量主攻最急用最实用的一点，就是培养学生读写算的能力。

"算"是数学课的任务，"读写"就归到国语课。但"读写"也不能像平时的语文课程所规定的那样，把主要目的定在运用祖国的语言文字自由熟练地发表自己的意见、感受祖国传统文化的博大精深，此时的教学只能围绕战争的实际和生活水平低下的实际来培养最基本的识字写字及演讲宣传能力。读的要

---

① 论普通教育中的学制与课程［N］. 解放日报. 1944 - 05 - 27（1 - 2）.
② 打碎旧的一套［N］. 解放日报，1941 - 09 - 11（1）.

求，战争方面是能够看懂《解放日报》和一般宣传资料，群众需要方面是能够明白中共印发的各种生产生活常识；写的要求，战争方面是能够出壁报、写传单以让更多人明白应该反蒋抗日和如何反蒋抗日，群众方面是要会写对联、开路条、写信和办红白喜事所需的一般应用文；说的要求，战争方面是要能够根据中共精神做最基本的演讲，群众方面是要学会表演最简单的戏剧及其他民间节目。当然，战争的需要与群众的需要很多情况下是合二为一的，因为战争本身在为群众谋取最终的幸福，而群众的需要得不到满足则会影响军队的战斗力。所以，总之一句话，"国文以养成日常工作中各种实用文字的正确读写能力为主旨。"①

不过，在推行实用主义教育的过程当中遇到了一次波折。这次波折发生在抗战刚开始时，由于边区相对安定，大批知识分子离开国统区来到了边区。针对这种情况，中共中央审时度势，分别于 1939 年 12 月 1 日和 1940 年 12 月 25 日发出毛泽东起草的《大量吸收知识分子的决定》和《论政策》的党内指示，自此，放手吸收、利用和提拔资产阶级自由知识分子就成为了解放区的一条政策，大批教育家、记者、学者参与到边区的文教工作当中，从而也把国统区的正规化教育的思想带到了革命根据地。在这种正规化教育逐渐占据主导之后，提倡教育质量而不太考虑教育数量，所以没考虑到农村地广人稀的特点而撤并了不少学校，教学也注重系统文化知识而不再像之前那样注重与战争和生产的实际相结合。这种情况发展了约两年时间之后才受到遏制，这种遏制以陕甘宁边区政府教育厅 1943 年 1 月底到 5 月底之间的整整开了四个月的中等学校整风学习会为标志，这次长会解决了教育"为谁服务"的问题，推动了学校教育重新走向正确的道路。

（二）服务战争生产的教学内容

苏区创建之初，苏维埃政府就宣布禁用基督教、国民党所编教材及传统的四书五经作为教材，并着手组织编写教材。当时教材编审与出版的专门机构，苏区的是教材编审委员会，边区的叫作编审室。教材编审委员会主任一般是教育人民委员部部长兼任，徐特立部长就曾经审过不少教材。

对于革命根据地的课程安排，石鸥先生有过精彩的点评，他认为，革命根

---

① 中共中央西北局宣传部、陕甘宁边区政府教育厅拟定中等学校新课程［A］. 教育科学研究所筹备处编. 老解放区教育资料选编［C］. 人民教育出版社，1959：23.

据地是"以战争的需要为尺子对学校课程进行裁剪"①。这与李杏保、顾黄初所说的"苏区的国语教材是根据教育的'社会化、政治化、劳动化、实际化'的指导原则编写的"②精神主旨一致。因为，"社会化""政治化"就是为战争服务，"劳动化"是为生产服务，而"实际化"就是根据战争与劳动的情形变化而相应地调整教学内容。从这一点来说，教材是经常要修订的。根据辛安亭的回忆，陕甘宁边区教育厅所编的教材，在抗战初期，"关于猫儿狗儿的童话，也都装上抗日的内容"，进入相持阶段后环境相对安定，1940 年就开始在抗日化基础之上进行"注意科学化与儿童化，长期性与全国性"的改编工作，1942 年新课本出版后不到一年，整风开始，洋教条受到批判，于是又进行了新一轮的结合边区实际的教材改编。③ 除了陕甘宁边区《初级小学国语课本》在 1938～1944 年间做过两次修订外，我们根据相关资料做了个初步统计，发现 1938～1948 这 11 年间，晋察冀边区的小学国语课本做过 5 次修订。

当然，不管怎样变化，核心还是为革命战争及其相关的中心事件服务。以《边区国语课本（第六册）》（缺版本信息页，教材内容提示当为解放战争初期出版）为例，40 篇课文中，除了《自然飞机》《称象》《我们的老祖宗》3 课讲科学知识，《打飞蝗》（一）、《打飞蝗》（二）、《张葱妮》《谁也不能包办》4 课讲打蝗虫、讲卫生和不包办婚姻，《写报告》《启事和广告》《借帖》《写对联》4 课报告有飞蝗、寻猪、来了新货、借钱等为内容之外，其他的全部围绕军事战争、跟雇主东家斗争和"边区群英会""延安坦白大会""统一累进税"等中心事件选材，占到了总课文数的 72.5%。中学教师陈明西在回忆当年自编教材时说，"编选教材，十分重视结合实际……为了配合当时开展的'保田、保家乡'运动，就先后选教了《伤亡登记簿上的第一名》《强渡黄河》《丹娘》等课文……轰轰烈烈的土改复查运动开始了，我们又选教了《祝福》《小二黑结婚》《二烧震东市》等课文。"④ 这样的教材，较多考虑内容的导向性，对知识的系统性关注较少。

---

① 石鸥，曾艳华．小课本大宣传——根据地教科书研究之一［J］．湖南师范大学教育科学学报，2010（5）：5－11.

② 李杏保，顾黄初．中国现代语文教育史［M］．成都：四川教育出版社，2004：237.

③ 辛安亭．回顾在延安十一年的教材编写生活［A］．辛安亭论教育［C］．长沙：湖南教育出版社，1983：129－141.

④ 陈明西．语文教学工作二三事［A］．老解放区教育工作回忆录［C］．上海：上海教育出版社，1979：174－175.

但是，这并不是说就完全不注意基础知识的训练。根据所读到的资料，此期教材和教师还是比较注重归纳一些规律性知识，从而引导学生怎样从"类"的角度去做作文、写应用报告乃至用词造句等。小学因为是起始阶段，对基础就抓得更多一些，有的国语教材隔几课就会编一个练习，而革命根据地教育工作者在回忆当年之时，也会较多地提到萦绕在学校周围的琅琅书声。不过，要注意的是，有些回忆，比如裴竹君的介绍，"对低班学生，特别强调基础训练，读书要求四会，即：'会读'、'会讲'、'会认'、'会写'，经常背书、默写。学生的语文水平一般达到：一年级学生识字三四百个，二年级学生识字六七百个，三、四、五、六年级学生，能熟读几十篇范文，能写几百字通顺的文章。"① 这就不是一种普遍情况，因为作者所说的事情发生在1941年，是旧型正规化影响最深的一年。

农民农村生活也是教材的一个主体内容，辛安亭曾经统计过，"初小国语教材中，有百分之三十的课文是对学生进行劳动教育的"②，其他，倡导不吃生毛杏、不吃烂香瓜之类讲卫生的课文，解梦、揭露鬼神之类的反迷信的课文等，都占有较大份额。有的教材，比如陕甘宁边区三边分区在1944年改造国民教育时编的国语常识教材，"以百分之八十以上的分量讲儿童切身的卫生、农业、家庭事业等自然常识，以及边区的社会问题，敌后抗日根据地与大后方及世界大势的讲解占百分之二十"③。虽然这是份额较大的一种，但总的来说，农民的要求肯定是要考虑到的，因为当时革命主要依靠的就是农民，而农民所要求的教学内容无非就是认钱、看信、写信以及革命形势下的看路条、认宣传标语等，只有教给孩子这些东西，家长才能看到孩子上学的实在好处，才会高高兴兴地送孩子上学堂读书。

（三）因陋就简的教学手段

苏区时期的蒋介石的多次围剿，抗争中后期的日寇大扫荡，以及解放战争时期的遍地战火，革命根据地各级学校的设备很难保全和维护，加上时不时的

---

① 裴竹君．沙淤小学办学种种［A］．老解放区教育工作回忆录［C］．上海：上海教育出版社，1979：208．

② 辛安亭．编写教材必须注意联系实际——延安时期编写教材的经验之二［A］．辛安亭论教育［C］．长沙：湖南教育出版社，1983：175．

③ 陕甘宁边区三边分区改造国民教育［A］．教育科学研究所筹备处．老解放区教育资料选编［C］．北京：人民教育出版社，1959：54．

自然灾荒，教育条件非常艰苦。但是，广大师生却能够以革命的乐观主义精神，想出许多因陋就简的办法，使教学仍然能够培养出当时社会生活所必需的人才。

这些被逼出来的教学方法数不胜数。比如，战火之下学校很不安全，就进行游击式教学，轮流在学生的家里、老百姓的地窖里或山沟与高粱地里上课；没有黑板，就用门板、墙壁、大石块自制黑板；没有粉笔，就用黄粘土、白粘土、木炭来代替；没有纸张练习写字，就用木棍在自制的沙盘、土盘上写，还风趣地说比写《千字文》的智永和尚在芭蕉叶上练字更方便；有了一点儿纸，也是节省着用，第一遍写小字，第二遍写大字，反复使用，叫做"叠罗汉"；没有字典，就去出过读书人的地主家搜寻，幸运地找到了，一定会全校公用，决不徇私藏宝；就连考试的办法，也是因时而异，很多情况下并不举行统一的笔试，而是用游戏或竞赛的方法组织口头考试，具体方法则有师问生答、节目表演、时事演讲、自动的写作等等。另外，"在做中学"的思想也得到了很多的运用，许多村落都成立过"群众代笔处"，让小学生们用学到的文化为村里人服务，开路条、写敌情报告与工作报告、做集市宣传、作记录、写文契、对对联儿、办黑板报、算公粮账、代写选举票等等，凡是要用笔用嘴的都在服务范围之内，既等于做了练习，还可在实际运用中发现不足，从而进一步为后续学习明确目的、增加动力。应该说，边区小学"按具体情形施教"，确实产生了许多成功的典型事例，是当时条件下的一种可行之策。①

当然，从另一个角度来看，革命根据地的实用型母语教学也实属无奈，正如 1949 年《华北小学教育会议总结报告》所说，由于此前二十余年一直处于战争的、分散的偏僻农村环境之中，"我们的方向虽然是正确的，我们所走的道路则是崎岖的。工作也就不可避免的形成一些弱点和缺点"②。在学校母语教育方面，这些弱点与缺点主要表现为过于注重政治化而忽视了儿童特点与文化内容的学习。所以，自 1948 年下半年三大战役结束，全国统一胜利在望之时起，人们就开始对战争时期重实用轻文化的教育导向进行了重新审视，新型正规化的问题提了出来，延续近三十年的实用型母语教育也从而逐渐成为历史。

---

① 刘漠冰.边区文教工作的阵容——从文教陈列室里看到的 [N].解放日报，1944－11－16 (2).
② 华北小学教育会议总结报告 [A].教育科学研究所筹备处.老解放区教育资料选编 [C].北京：人民教育出版社，1959：104.

第四章

现代汉语母语教育的突进期（1951～1965）[①]

首先要说明的，仍然是起点问题。我们把 1951 年而不是新中国成立的 1949 年作为起点，主要是基于两个原因：第一，1951 年 6 月 6 日发生了两件对于其后社会语言教育和学校语言教育都影响深刻的大事，即这一天《人民日报》发表了社论《正确地使用祖国的语言，为语言的纯洁和健康而斗争》，同时还开始以每周 2 次、每次 1/3 版强的篇幅连载《语法修辞讲话》，时间长达半年之久，规格之高、规模之大，在汉语母语教育史上绝无仅有，直接带动母语教育进入了一个突飞猛进的发展时期。第二，从课纲对于汉语教学的规定上来看，1950 年《小学语文课程暂行标准（草案）》的内容更接近于国民政府时期各个课纲。比如，包括的仍然是说、读、作、写四个板块；虽然已经有了识字量的要求，但总量只有 3000 字，没有 1955、1956、1963 年课纲的要求高（1955、1956 年是 3000～3500 字，1963 年是 3500 字）；比此后几个课纲更重视"说"的能力，不仅单列了"说话练习"一项，而且分别对一到五年级的口语教学内容做了循序渐进的规定；不像从 1954 年《改进小学语文教学的初步意见》开始的几个课纲那样，把"汉语"教学单独排列出来，对词汇、语法、修辞知识提出较高较系统的学习要求，等等。综合两项因素，我们决定把 1950 年归入到前一个时期，而把 1951 年作为汉语母语教育史此期的开端。

从风格上说，此期的多数人都完全相信，中国人可以凭借自己的力量解决中国问题，中国人传统的勤劳之花在政治理想的催化下璀璨开放，各行各业都涌现出一种蓬勃的乐观精神。毛主席的革命浪漫主义精神是这种精神的催化剂。在这样一种革命的向上的氛围中，母语教育也开始了高歌猛进。社会教育

[①] 本章所引用的 1949～1952、1956～1963 年间的教育法规都源自中华人民共和国教育部办公厅《教育文献法令汇编》，有原文直引的标注文献出处，间接引用的不再一一作注。

方面，人们大刀阔斧地改革汉字、简化汉字、推广普通话、改变竖排左起的书写方式；学校教育方面也大力进行改革，不仅进行了今天看来颇带神秘色彩的汉语独立设科实验，进行了拼音教学和识字写字教学的集中改革，还配合"纯洁祖国语言"的理想大力推进学校语法教育。上述突进，基本上发生在1958年之前，此后几年由于突出跃进、思想偏左，母语教育工作几乎一直原地踏步甚至还有所退步，但经过1961年开始的整顿之后，1963年语文教育的"工具观"被广泛接纳，学校母语教育就又出现了"文革"前短暂的柳暗花明。

第一节　民族振奋与母语教育的突进

共和国初建之时，刚刚翻身做了主人的工农群众对共产党充满了感恩之心，立志要以勤奋回报祖国，知识分子也对新政权充满了期待，热情洋溢地愿意以知识报效祖国。这种全国大地处处可见的乐观喜庆可以用"民族振奋"四个字作为归纳。振奋的民族创造出了令人振奋的成绩，到1956年，社会主义改造就已经基本完成，各类不良因素都得到了整肃，社会上出现了夜不闭户的优良风气，群众对党和领袖的相信与崇拜达到一个新的高度。于是，一些人开始臆想着共产主义很快就将到来，这种不切实际的臆想导致了疯狂的大跃进和罕见的经济困难，不过，中华民族振奋的情绪却并未从此完全打破，因为，在大跃进中被鼓舞得晕头转向的人们很快就开始重拾理性，各行各业都进行调整、巩固、充实、提高。遗憾的是，跃进思想却并没有消失殆尽，以至于给新政策实施造成了不断的干扰。

1. 民族振奋下的社会概况

新中国的成立结束了几十年的分割状况，实现了大陆的统一，取得了政治上的团结。1956年社会主义过渡完成，经济建设上也取得了初步成就，人们过上了从未有过的好日子。另外，虽然在刚刚解放之时，外国人在一些大城市还拥有较大的特权与影响，但很快，这种特权就受到了卓有成效的打击与清除，大街上的英文标志和曾经用英文印刷的那些官方文书，全都被规定必须用中文书写。加之1953年朝鲜战争的胜利和1958年毛泽东炮击金门决策成功，中国人感受到了自鸦片战争以来前所未有的民族自豪，明白了"美帝国主义是纸老虎"的道理，对共产党和社会主义制度充满了信心。此期，"中国人民站起来了""挺起胸膛做主人""自力更生"的标语口号,"喝令三山五岳开道""使黄河澄清、高山低头""一万年太久,只争朝夕"的豪言壮语,"倡议书""挑战书""保证书"等充满革命干劲的文体,都成了最流行的话语方式,生动地描述当时中国人井喷般的民族自信。

但同时,毛泽东"神"一般的地位也树立起来了。人们崇拜和迷信毛主席,首先是因为他们感觉到,今天来之不易的幸福生活,全靠共产党和毛主席的领导。当时有许多把党比作母亲、把毛主席比作照到哪里哪里亮的红太阳的流行歌曲,真切而恰如其分地描述了普通百姓的内心感受。另一方面,作为个体而言,毛泽东的浪漫主义气质、通俗亲切的语言和大无畏的革命精神确实也很有领袖魅力。毛泽东的许多诗词都充分反映了他十足的革命浪漫气质,如1959年庐山会议前回韶山所写的《到韶山》就是如此,此时大跃进已颇受微词,实际情况毛泽东也已有所了解,却依然能写出"为有牺牲多壮志,敢教日月换新天。喜看稻菽千重浪,遍地英雄下夕烟"这种充满斗志和霸气的诗句,不能不让人惊叹。作为一代开国领袖,他的语言又在机智中经常透出亲切随和,极富乡土气息,十分符合广大工农群众的心理需求。而他在青年时期赶走校长、战争年代打蒋抗日、解放之后反美斗苏的许多传奇故事,更是增添了这位伟人带给人的神秘之感。种种内因外因相加,毛主席就取代了孔子像,被许多普通人家奉上了神坛。

就这样,内心充满自信的人们,在他们奉若神明的领袖带领之下,以一种振奋乃至亢奋的心情,开始了新中国的建设工作。

在国家新立和社会主义改造的过程当中,这种精神带来了工作的高效。教育方面,这几年完成了教会学校的改造和高校的院系调整,学校教育把从1948年即已正式提出的新型正规化落到了实处,文化科学知识教育成为学校教育的主要内容。但是这种好景维持的时间不长,自毛泽东1957年参加庆祝十月革命胜利40周年大会,在赫鲁晓夫提出15年内超美的目标带动下做出了要15年超英的表态之后,中国人在胜利和迷信里失去了理性,大跃进的锣鼓也从此敲响。大跃进是先从农业开始的,大兴水利、提出粮食亩产指标、消灭四害、消灭文盲,中央每提出一项工作就兴起一项运动。毛主席强调主观能动性,提出"破除迷信,解放思想",于是各项离谱的发明创造纷纷现身,"放卫星"成为最时髦的词语,亩产几千上万斤的报导不时登上了《人民日报》,到最后甚至还滑稽地产生了"粮食多了怎么办"的普遍焦虑。与农业大跃进同步的是全民炼钢的钢铁大跃进，类似"昨晚场上空荡荡，今朝土炉布满场。要知土炉何时建，去问织女与牛郎"的说法，对于当时的实际来说，艺术夸张的成分没有我们想象的那么大。教育方面，也失去了1956年时还仍然保留的谨慎，全然把百年树人的特性抛于脑后，全国各级各类学校的教材都从1958年开始改为自编，教师可以编，学生也可以编，大学生可以编，中学生也可以编，一哄而上产生了不少废纸。扫盲分配了硬性指标，不少地区推广普通话也以革命竞赛的形式展开。结果，由于大炼钢铁抽不出时间，1958年原本丰产的粮食全烂在地，加上接下来三年特大自然灾害以及1960年苏联的翻脸，中国遭受了最严峻的挑战。教育方面，也出现了1959年开始的教学用书供应紧张和公办学校撤点，去黑山学习识字教学改革经验也因怕增加食品供应负担而被教育部一再劝阻等寒伧景象。

好在三年特困给了人们一声当头棒喝，于是，以1961年为界限，国家开始了全面的政策调整，因速度过快而脱轨的列车重新回归正轨，经济、文化、教育等各个方面得到了全面的恢复与继续发展。

2. 严格规范与快速提升的母语教育期待

要进行社会主义建设，顺利完成生产和斗争任务，就必须提高大众的文化水平。而母语教育又是文化建设最明显的一个方面，为了让有着百分之八九十文盲的中华民族早日成为高度文明的民族，此期的社会母语教育除了要规范社会语言表达之外，最大的任务就是实现汉字拼音化，按照当时的普遍说法，是所有群众都应当为了自己、国家和子孙万代，"大力宣传文字改革的重要意义，积极参加普通话和拼音的学习，争取中国文字拼音化的早日实现"①。与此相配套，学校母语教育也着力于强调学习语法和实施"双推"。

语言规范引起全国的注意，应当始自1950年5月《人民日报》的社论《请大家注意文法》。一个月后，中国科学院语言研究所成立，主要任务是对汉语及有关的语言问题进行基础理论研究，以为加强现代汉语规范化服务。然后，就是作为本期开端标志的发生在1951年6月6日的两个重大事件，即著名社论《正确地使用祖国的语言，为语言的纯洁和健康而斗争》的发表和《语法修辞讲话》的开始长篇幅长时间连载。而且，就在这段时间里，胡乔木

---

① 林汉达. 文字改革是怎么回事［M］. 北京：工人出版社，1956：53.

多次批评了《人民日报》的语言文字工作不够细致的问题①，并曾生气地责问"有什么权利硬要给党中央的报纸丢脸呢?""我希望你们给我一个答复，不但说明为什么，而且说明怎么办?"② 语气超乎寻常地严厉。可见，当时规范语言文字已经被提到了事关民族荣誉的高度。

经过领导层的各方宣传与示范，当时越来越多的人意识到了自我语言修养不够，开始进行各种形式的补习，于是职工业余文化补习学校大量出现，《新文字周刊》(1949，1952 年改名《语文知识》)、《语文学习》(1951)、《文字改革》(1956) 等语言学习刊物也纷纷创刊。勘误表、刊正表、更正启事成了当时报刊杂志最常见的一个附属品，此期的《语文学习》曾经常性地设有"文章保健院"专栏，连人民教育出版社中学语文编辑室也曾根据读者来信中的建议与意见，几次发布过对于教材的"更正启事"。而且，不仅政府公文、公开文章经常在人们审视的眼光下被挑出毛病，就连语法学家黎锦熙、刘世儒的《中国语法教材》也曾遭到过表述不严密的批评。③

推普也是语言规范的一个重要方面。因为本章第二节将有较长篇幅的评述，这里不细加讨论。

在严格规范的同时，人们还在"社会主义是天堂，没有文化不能上"的认识之下，希望"多快好省"扫除文盲，从而实现整个社会母语能力的快速提升。毛泽东认为大量文盲和社会主义建设是一个尖锐的矛盾，这个矛盾必须要在农业合作化的过程当中加以解决，所以 1955 年下半年中央提出要开展扫除文盲运动。然后，1956 年 3 月成立了全国扫除文盲协会，通过了《全国扫除文盲协会章程》，按照该章程，在全国扫除文盲协会之下，设有省、自治区、直辖市、县、省辖市、市辖区扫除文盲协会以及基层的乡（村）、街道扫除文盲协会，并且县及县以上的各级扫盲协会都有固定的人员编制（最少 1 人，最多 10 人）专门从事该项工作。同时，1956 年 3 月 29 日发布的《关于扫除文盲的决定》又对扫盲工作做出了好几个细致的规定：时间与比例上，

① 这些批评见《胡乔木谈语言文字》(1999，人民出版社) 第 27 - 28 页《致范长江》、第 28 - 30 页《致〈人民日报〉编辑部》、第 38 - 39 页《致范长江、邓拓、安岗》、第 39 - 40 页《致陈浚、白夜，校对组并印刷厂》。范长江时任人民日报社社长，邓拓时任《人民日报》总编辑，安岗时任《人民日报》副总编辑，陈浚时任《人民日报》编辑，白夜时任《新闻战线》编辑。

② 胡乔木. 致陈浚、白夜，校对组并印刷厂 [A]. 《胡乔木传》编写组. 胡乔木谈语言文字 [C]. 北京：人民出版社，1999：40.

③ 王宗炎. 评《中国语法教材》[J]. 语文学习. 1955 (6)：52 - 57.

从 1956 开始，要求在 5 年或者 7 年内基本扫除文盲，其中，机关干部中的文盲要在 2~3 年内扫除，工矿企业要在 3~5 年内扫除职工文盲中的 95% 左右，农村和城市居民要在 5~7 年内扫除文盲中的 70% 以上；对象上，以 14~50 岁的人为主要对象（后来 1957 年 3 月的《关于扫除文盲工作的通知》又把扫盲年龄降低到 40 岁以下）；教育原则上，必须联系实际，学以致用，以民教民；内容选择上，要切合农民生活需求，由近及远；参加方法上，坚持自愿，但也要大力宣传鼓动，等等。

从接下来的资料可以看到，虽然此期发布的跟扫盲有关的文件非常之多，但这个文件统计已有多少人参加了扫盲、有多少人已经脱盲，那个文件又说回生情况严重、复盲者多、扫盲工作降温，反反复复，很难从中归纳出这个时期的扫盲究竟产生了多大的效用。民间俗语也多，批评扫盲无效果的，说"年年上冬学，年年从头学；一日三个字，哪有时间磨"，"冬满堂，春一半；入春秋，就不见"，"年年扫盲，年年是文盲"；表扬扫盲工作热火朝天的，说"冬闲变冬忙，田间变课堂"，"书本随身带，有空学起来"，"学习别放松，一气学成功"，真真假假，很难对群众的态度作出准确判断。不过，从总体感觉上看，工农的扫盲积极性与政府的预期还是有差异的，总是上面一压，下面就学，上面不压，下面就跟着松懈，以至于 1956 年、1957 年、1958 年里，每年都出现了下半年扫盲工作懈怠消退而不得不于次年上半年重新大量发布扫盲文件的情况。

扫盲理念确实不错，但为什么效果不是太佳呢？可能有以下几个方面的原因：第一，缺少课本、教师和校舍。如有个资料在解释为什么报名者踊跃而真正入学与正常上课的却不到半数时说，因为缺乏课本、没有房子、缺乏民校教师及其他困难不能开学的学校分别有 53、92、109、32 所，结果，"这一个区就有近万人应该入学而没有入学。"[1] 第二，其他运动多，精力分散，劳动力紧张。1955 年冬天，群众学习积极性高涨，说明农业合作化运动高潮的到来对 1956 年的扫盲工作开展产生了重要作用，政府也要求保证群众的大部分业余时间用来扫盲，要"做到每月不少于 20 个晚上"[2]。但这种情况只维持了一

---

[1] 中华人民共和国教育部办公厅. 教育文献法令汇编（1956）[M]. 北京：人民教育出版社，1957：368.

[2] 中华人民共和国教育部办公厅. 教育文献法令汇编（1956）[M]. 北京：人民教育出版社，1957：368.

年，1957 年确定了大生产运动和社会主义教育两个中心任务，1958 年又开始开展全民炼钢铁、秋收秋翻秋种、兴修水利等运动，此时就连不少中小学生也退学休学去参加生产，农民就更没有什么时间去识字扫盲了。第三，方法冒进。虽然文件倡导的是要鼓动农民自愿参加，但从 1958 年 1 月 14 日教育部特意发布了一个《关于基本上完成扫盲任务和扫盲年龄计算年限两问题的解释》来看，当时的扫盲工作应该是有硬性指标的。扫盲被看成是一项政治运动，为了充分调动群众的识字积极性，中央提倡"书记挂帅，全党动员，全民动手，大家办学"的方法，以为只要主观上重视，扫盲就能够马上见效，而类似"现在十四岁到四十岁的青壮年文盲单在农村中就还有一亿五千万，如果照以往八年的平均速度来扫，即使一年扫三百万，也得五十年才能扫完"① 这样焦虑的表达在当时的文件中也并不少见。所以，造高潮、搞跃进、头脑发热、好大喜功的方式就出现了，中央要求七年，部分省市就缩减为四年、五年，越往基层越缩短年限，有的甚至提出两年或两年半扫除文盲，相应地，用"识字岗"设卡，用"识字站"拦路等方式强迫识字的现象也大量出现。

事实上，对于农民这个很讲究实用的扫盲主体对象而言，识字虽然可以满足他们精神上的一些需要，但在农村生产力相对低下的情况下，大部分农民更关注的首先还是每天必需的柴米油盐。如果只是头痛医头、脚痛医脚，那么即使药汁熬得再浓再精细，也还是无法药到病除，母语突进期的扫盲工作正是与此类似，所以最后只好不了了之。

第二节　社会母语教育：汉字改革与语音统一的全面突围

"语言的创造不是为了满足某一个阶级的需要，而是为了满足全社会的需要，满足社会所有各个阶级的需要。"② 斯大林这句广为流传的名言，正可以表明此期社会母语教育的宗旨。当时经过一番讨论之后，社会上层普遍认为，走世界文字共同的拼音方向，可以使扫盲更容易，使中小学教育的年限缩短，使社会主义文化建设提早取得丰硕成果。所以，此期的所有社会母语教育，包括促进汉语规范化、推行简体字、学习普通话、推广《汉语拼音方案》、实行

---

① 用革命精神扫除文盲. 人民日报 [N]. 1958 – 05 – 20 (1).
② 斯大林. 马克思主义与语言学问题 [M]. 北京：人民出版社，1953：4.

左起横排等，都跟这种文字改革的导向有着密切联系。

一、汉字拼音化的折中之路

汉字拼音化的种子早在切音字运动中已经播下，但在其后的半个世纪里没有得到多少实质性的发育。切音字运动最后结出的果子是1913年的注音字母，但怕导人误解其为文字，在吴稚晖的请示之下，名称改为注音符号。而"北拉新文字"虽然曾经在革命根据地产生了良好的推广势头，可最后也在内因外因交相迫压下中途夭折。现在，人民共和国成立，毛泽东的平民思想，解放区的经验尝试，加上吴玉章、胡乔木这些肱股之臣的着力推动，新一轮的汉字拼音化运动终于形成。

（一）拼音化的两重困惑

当然，在推行拼音化的过程中，对于中国文字改革的方向、路线、方针、任务，不论在党内和党外，都还存在一些分歧和争论。

第一个讨论的焦点是到底要不要拼音化的问题。当时不同意拼音化的理由主要有两点：一是认为拼音化会使中华传统文化失传，拼音没有汉字有底蕴；二是中国方言多，语言不统一就没有办法搞拼音化。1951年，毛主席通过吴玉章及以后召开的全国文字改革会议，指出文字改革"要走世界各国共同的拼音方向"之后，文字改革工作才第一次有了战略性的方针和准则。此后，1952年《中国语文》杂志创刊，宣传和研究的重点是文字改革问题，1954年建立了由国务院直接领导、以吴玉章为首的中国文字改革委员会，1955年连续召开全国文字改革会议和现代汉语规范问题学术会议，1956年文字改革出版社（后更名为语文出版社）成立，这些重量级的举动，其最根本的共同任务就是要推动汉字拼音化思想，并为最终实现拼音化设计具体步骤、解决基本问题。

换句话说，在1952年中央明确表态要拼音化后，要不要拼音化的问题表面上已经解决，但是，1956年提出"双百"方针之后的一些讨论，却说明了私底下的思想其实并未完全统一。1956年初，自《汉语拼音文字（草案）》发表之后，吴玉章经常请社会各界人士到文改会座谈，不少人就在座谈会上发出了反对的声音，章士钊还因为反对拼音化而愤怒地对支持拼音化的人大拍桌子。1957年大鸣大放时期，大家畅所欲言，有过不少关于文字改革的讨论，此时对于文字改革的意见，散见于报纸和专门刊物，1958年新知识出版社辑选了其中23篇文章，编成《1957年文字改革辩论选辑》（1958）出版。观览该书，不难从中总结出辩论两派的基本情况。反对文字改革的是"右派"，由政协副主席章伯钧和民盟中央副主席罗隆基牵头，以陈梦家、林汉达、陶坤为主将，以《光明日报》（主编是"右派分子"储安平）为阵地，跟随者有翦伯赞、杨晦等人；支持文字改革的有倪海曙、黎锦熙、吕叔湘、高名凯、魏建功、梁东汉、王力、蒋善国、周祖谟、邵力子等，文章主要发表在《语文知识》、《文字改革》、《文汇报》、《中国语文》和《拼音》等刊物上。除了态度鲜明的上述两派，此次争论中还有一些人起先反对、后来赞成，文字学泰斗唐兰最为典型，古汉语学家张世禄也在《从不赞成到赞成》一文中表明了自己的态度转变。另外，此次辩论主要发生在高级知识分子和专家学者之间，对于文字改革的批评绝大部分也是从汉字知识或文字民族性的角度提出，像考古学家陈梦家"'笑'这个字的形体确实象个人在笑，……'哭'字就象有个人在哭"① 般过分痴迷的表达非常之少，像储安平那样要求拼音专家们将"施氏食狮史"译成拼音文字②的吹毛求疵之举也不多见。后来，周恩来在《当前文字改革的任务》（1958 年 1 月 10 日）中提到的"一些右派分子对文字改革进行了恶毒的攻击，……要国务院收回成命，把《汉字简化方案》收回"③，说的就是这次辩论中对文字改革所提出来的反对意见。

第二个争论焦点是采用拉丁字母还是采用民族化形式。在同意拼音化的群体内部，就拼音的形式又发生了较大争论，此时有不少人很热心地创制和推广自己的拼音文字方案，也构成了争论的一个部分，但最焦点的争论还在于是用拉丁字母还是用民族形式的字母。

民国时期的新文字就是用的拉丁字母，为什么会突然提出"民族形式"这个概念呢？原因有四个：首先是由于领袖的意向。据周有光回忆，1949 年毛泽东出访苏联时曾就中国文字改革问题咨询过斯大林，斯大林的回答是应该创造一套自己的字母；其次是由于拉丁化新文字在试行过程当中，暴露出了不少缺陷；第三是清末切音字方案中已有民族形式，注音字母采用的也是一种民族形式；第四是用民族形式可以照顾一部分人对于汉字的感情。于是，马叙伦在 1952 年中国文字改革研究委员会成立大会上传达毛泽东新指示时，就在

---

① 陈梦家. 关于汉字的前途 [A]. 1957 年文字改革辩论选辑 [C]. 上海：新知识出版社，1958：231.

② 倪海曙. 无聊的攻击 [A]. 1957 年文字改革辩论选辑 [C]. 上海：新知识出版社，1958：61.

③ 周恩来. 当前文字改革的任务（注音本）[M]. 北京：文字改革出版社，1958：6.

"要走世界文字共同的拼音方向"之后加上了"形式应该是民族的，字母和方案都要根据现有汉字来制订"等字样。然后，从1952年3月起，开始了制订民族形式拼音文字方案的研究工作。

这种民族形式拼音文字的理念得到了一些人理论上的拥护，如曹伯韩1952年在《论新语文运动》中说："我现在还是主张走纯粹拼音的道路，但关于拼音文字的字母形式，我同意重新考虑。"① 但操作起来却很有困难。我们知道，民族化形式当中最大的一股潮流是主张采用附加意符的拼音形声字，即依照汉字形声字的结构来设计出一种拼音文字，这种文字跟汉字的主要区别是把声旁换成了拼音字母，跟纯拼音文字的主要区别是多了一种只表示意义而不发音的意符。从中国文改会秘书处1953年11月发表的《各地寄来拼音方案整理报告》当中，可看出当时已经有人提出了拼音形声字的方案，此后一直到1955年，对于拼音形声字的讨论都比较多，文章主要发表在《中国语文》上，到1956年又择要结集出版。讨论的结果是拼音形声字行不通，主要原因可用殷焕先先生的话作为归纳："事物的'意'是纷繁复杂的，就事物的某一特征来制形符，所制出来的形符在方案里就是个随意事实……并且字的意思是会改变的，形符在实用中往往被这种改变所突破而丧失形符的效用，转而导人走进错误"②。所以，自1952年之后几年，虽然文改会先后送了五六套方案给毛泽东，毛泽东却都不满意，而在1955年召开全国文字改革会议时，提交会上讨论的六种汉语拼音方案草稿（4种汉字笔画式方案，一种斯拉夫字母式，一种拉丁字母式）也没有议定，而且发言者寥寥。

解铃还需系铃人，放弃民族形式的决定最后也是由毛泽东做出的，他在1956年1月20日召开的知识分子会议上表态赞成拉丁字母，结果，7天后，中共中央就发出《关于文字改革工作问题的指示》，明确汉语拼音文字采用拉丁字母比较合适，接下来，1956年2月20日文改会发布了《汉语拼音方案（草案）》（通称"原草案"）。后来，胡乔木（1958）又对为什么要采用拉丁字母而不另外设计一种更适合汉语特点的字母，在全国政协会议上做了较全面的解释，说："设计很容易，要使得大家都同意，那是很难的。……拉丁字母

---

① 曹伯韩．论新语文运动［M］．上海：东方书店，1952：前记/1.
② 殷焕先．谈新形声字［A］．中国语文杂志社．拼音形声字批判［C］．北京：中华书局，1956：56.

在世界上更加流行……利用拉丁字母设计一种拼音方案，在中国也有相当长的历史……在中国周围的国家里面，采用拉丁字母的也比较多。"①

（二）简化汉字迅速推行

1957年12月中央发出《关于宣传汉语拼音方案（草案）工作的通知》时，强调做相关宣传工作一定要着重说明六点，其中的第一点是"为什么制定汉语拼音方案？为什么采用拉丁字母？"第二点是"汉语拼音方案（草案）目前主要用途，是为汉字注音和推广普通话，还不是推行拼音文字。"着重说明第一点，是为了说服刚才我们已经提到的想用民族形式的那些人；着重说明第二点，是因为虽然拼音文字是文字改革的终极理想，但50年代推行文字改革工作的观点是："在拼音文字普遍使用之前，适当地简化现在的汉字，尽可能减少汉字在教学、阅读、书写和实用上的困难，……正像拖拉机普遍应用之前，改良现有的农具仍然是有必要的。"② 也就是说，是分成两步走，第一步是简化汉字，第二步才是采用拼音文字，此期是先走第一步。

虽然分两步走的提法大约在1955年开始才提得比较多。但此期的汉字简化工作，却早在几年前就已经开始展开：最早是1950年8月，教育部社教司召开的简体字研究与选定座谈会，该会确定把"已通行""以楷书为主""以最常用的汉字为限"作为简化字选字原则。1952年2月中国文字改革研究委员会成立，研究、整理简体字的工作也由社教司移交到该委员会。该委员会1952年下半年拟出了《常用汉字简化表草案》（收字700个）第一稿交毛泽东审阅，毛泽东提出了三个意见，即：多用草体、多找规律、简形的同时还要减量。文字改革研究委员会根据领袖及各方意见，最后于1954年2月拟出《常用汉字简化表草案》（收字1634个）第三稿向社会征求意见。

此后，1954年10月，中国文字改革委员会成立（简称"文改会"），汉字简化工作又转交给文改会。文改会在成立后的一年时间里，先后拟出《汉字简化方案（草案）》和《汉字简化方案（修正草案）》，前一个方案除主体性的简化方案外，还包括了拟废除的异体字、偏旁手写简化表，后一个方案则只留下了主体性的简化方案，异体字由单出的《第一批异体字整理表草案》

① 胡乔木.《汉语拼音方案（草案）》的几点说明［A］. 胡乔木谈语言文字［C］. 北京：人民出版社，1999：187–203.

② 中国文字改革委员会. 汉字简化方案草案说明——汉字简化的目的和方法［Z］. 1955–01–07.

统一解决，简化偏旁（56 个）增收在主体方案当中，简化字总量由 798 个减少到 512 个。1955 年全国文字改革会议正是以此为基础，讨论通过了《汉字简化方案》和《第一批异体字整理表草案》，从而实现了汉字历史上继"隶变"之后的又一次重大改革。

确实，远水解不了近渴，比起拼音化的终极理想来说，简化这种折中的方式，更能被绝大多数人所接受，所以，与拉丁化的艰难推行相比，汉字简化工作的进展要顺利得多。

当然，在我们今天感谢解放初期有效推进简化汉字之时，应该不要忘记这里边有汉字拼音化的很大一部分功劳。因为，虽然繁体汉字在自魏晋形成、唐朝成熟之后至《汉字简化方案》颁布之前的几千年中，几乎一直没有改变，但这并不意味着之前没有做过简化的努力，尤其是在崇尚民主精神和民众教育的现代汉母语教育的开创期与探索期，陆费逵、钱玄同、林语堂、杜定友、陈望道等许多人，都提出过要把简体字作为正体字使用的主张，并且国民政府教育部也曾于 1935 年公布过收字 324 个的《第一批简体字表》（在戴季陶下跪请命之类的影响下，一年半后国民政府作了"不必推行"的补充说明）。为什么国民政府推行不动的简化在解放初期得到了实现？众多原因当中，汉字拼音化的总体导向所起作用最大。因为文字的改革在任何时代任何国家都会遭到众多力量的阻遏，解放初期的汉字改革也同样如此，但此期的政府只给出两种选择，一种是拼音文字，一种是先行简化，两相权衡，反对改革的人们当然只好赞同简化这一改变相对较少的方式了。

（三）规定"横排左起"

不隶属汉字拼音化运动但跟汉字整体改革非常相关的活动，此期还有改竖排右起为横排左起这一重大变革。

据考证，第一本采用横排左起方式排列汉字的中文书籍，是英国传教士马礼逊主编的《中国语文字典》。① 因为该字典第一卷的出版时间是 1815 年，所以，最早的中文自左至右横排，可定为 1815 年。而在本土中国人当中，第一次尝试横排左起书写方式的应该是卢戆章，他在《一目了然初阶》（1892）中采取了这种新式的排版方式。其后，1896 年，沈学在《盛世元音》中提倡横写；1900 年，创刊于香港的《中国日报》一改当时中文报纸直行长行的旧习，

---

① 叶再生. 中国近代现代出版通史（第一卷）［M］. 北京：华文出版社，2002：189.

不仅采用了横排，而且还采用了短行；1904 年，严复《英文汉诂》、朱文熊《江苏新字母》都采用了自左至右横排；1915 年，中国科学社创刊《科学》杂志，采用横排左起排版。到了"五四"时期，在不断出版的科学类杂志的带动下，在围绕于《新青年》周围的一批文人的呼吁下，横排可以节约纸张、方便排版公式与表格等各项好处，都一一被发掘出来，要不要改变排版方式成为当时比较热闹的一个话题，一些留美学生还受此影响，对横排与竖排对于阅读的影响进行了专门的实验研究。

不过，此时的横排左起仍然只是一些零零碎碎的尝试，人们传承了几千年的书写方式，直到历史的时钟转到新中国成立之时，才真正得到彻底的改变。以时间为序，当时的改革过程大致是：1950 年 4 月 17 日，《光明日报》副刊《新语文》创刊，发表了一篇《我们主张横排的版式》的文章；3 个月之后，《新文字周刊》（7 月 22 日）发表《漫谈左起横写》，提出了横写横排的七点好处；1951 年 7 月 10 日，《文化学习》采用左起横排；1952 年 2 月 5 日，郭沫若建议汉文"必须自左而右地横行"；1954 年第 6 期起《语文学习》改为横排左起排版。接下来，进入了实质性变革的 1955 年。这一年，《光明日报》从元旦起实施横排，《新华月报》、《新观察》、《中学生》、《世界知识》、《时事手册》等刊物也于同月先后改为横排，文改委 1 月 31 日召开常务会议讨论公文改横行问题，教育部于本年规定下属各行政部门公文往来必须采用横排书写，《人民日报》也在文改委的建议之下发表社论倡议报刊书籍推广横排。结果，就像吴玉章所公布的，"全国性的报纸，自 1956 年元旦全部改为横排，大多数省报已经或正在准备改为横排。据 1955 年年底统计，全国 372 种期刊中，横排的占 298 种，占 80.1%"①。

虽然也有人反对横排左起，认为竖排右起是民族形式，工农兵看不惯左起横排，但是，在突进期汉语高歌猛进的改革当中，这些理由恰似螳臂挡车，横排左起最终与新式标点符号、简化汉字、汉语拼音等新事物一起，不仅成就了社会母语教育的突进，还合力改变了中国人此后的阅读与书写习惯。

二、"普通话"的概念确定与多角度推广

辛亥革命后不久，作为汉民族共同语的代称，"普通话"这一词语已经出

---

① 吴玉章. 中国文字改革的道路. 光明日报［N］. 1956-01-18（3）.

现。存世三四十年之后，为了给汉字拼音化这一根本改革创造条件，"普通话"成为1955年连续召开的全国文字改革会议和现代汉语规范问题学术会议的一个高频词语，因为，全国文字改革会议的中心议题之一就是要大力推广普通话，而现代汉语规范问题学术会议则最终明确了"普通话"这个概念的内涵与外延。此后，1956年2月，由陈毅副总理领导的中央推广普通话工作委员会成立，普通话推广工作从此轰轰烈烈全面展开。

（一）主要障碍

但真正推广起来，还是会碰到一些障碍，最主要的是思想认识问题。

就普通民众来说，一般人都对自己的母言很有感情，认为自己的母言是世界上最美丽的语言。苏州人"宁听苏州人相骂，不听宁波人说话"，客家人"宁丢祖宗田，不丢祖宗言"，反映的都是这种思想。因为这种思想的普遍存在，所以说普通话常常被讽刺为"打官腔"，说普通话的人也经常被批评是"忘了老本儿"。此外，不少方言区的人，也因为学习以北京话为基础的标准语音比较吃力，从而容易产生方言区吃了亏的想法。在普通话还没有全面铺开，趋从社会主流的从众心理还无法对普通话推广产生正面影响的时候，上述两种思想成了普通民众学习普通话的最大阻力。

跟国语统一运动中人们对于"国语"标准的争论不休一样，普通话究竟应该采用何种标准，也成了此期推广者们的争论焦点。在一篇《在北京学不好北京话》的文章当中，作者对北京东城区一个小院子里的语言状况做了这样的描写："全院总人数不到二十人，讲的话却有十三种之多（混合语言不算在内）。……但是互相能谈、能听、能懂，而且能学。"在列举了这个小院里的多种方言融合现象之后，该文最后得出结论：人口"集中的结果，并没有使人人都讲北京话，倒是使大家讲普通话，并且使北京话也普通化起来"①。很明显，在作者看来，"普通话"应该是一种由各种方言糅合而成的语言。在50年代初学界对于"普通话"的标准讨论当中，该文作者的观点很有代表性，而后来事实上形成的各地"塑料普通话"，也证明了该观点确实有一定的道理。但有一定道理不等于能够推行，因为由各地方言糅合而成的"普通话"会因方言成分的不同而不断改变，这样，也就没有一个基本确定的模态，没办法在全国推行。

① Xs. 在北京学不好北京话［J］. 语文知识. 1954（2）：1–3.

与此相对的，是以北京话作为共同语基础的观点，支持的理由可以归纳为：元明清以来白话文学的写作语言差不多都是官话，即北京话；北京话区别轻声，有益于表义；北京话音素和声调都比较简单；北京是政治经济文化中心；民国以来的广播、电影、话剧、注音字典和小学国语教学，早已在事实上采用了北京话这一标准，等等。很明显，支持北京话的观点更有实践基础，因此，国家最终确定了"以北京语音为标准音"，第一种观点也从此慢慢消亡。

除此之外，在要不要推广普通话的讨论中，还有一些学者从语言多样化的角度，提出了学普通话会扼杀方言，不利于语言的生态发展。但这些考虑比较超前，对于此期的普通话推广来说，影响面很窄，几乎可以忽略。

（二）主要措施

此期推广普通话的主要措施可以归纳为：以学校为基地，以方言为对照，以运动为形式。

自开创期以来，学校就一直是推行统一语音的重要阵地，此次也不例外。全国文字改革会议召开前两个月，教育部就颁发了《关于举办小学语文教师标准语语音训练班的通知》（1955 年 7 月 14 日），要求除北京市及用少数民族文字进行教学的地区外，各省、市及省属各市、县教育行政部门必须以完成重大政治任务的精神，利用即将到来的暑假举办"小学语文老师标准语语音训练班"。这年 10 月底，与文改委共同召开的中国文字改革会议一闭幕，教育部就接着召集与会的教育界人士举行座谈会，研究学校推普的方针、步骤、要求、教材编订和师资培训等问题，并于 11 月份发出《关于在中小学和各级师范学校大力推广普通话的指示》，要求 1956 年暑假对全国小学、初一和师范学校的语文教师进行普通话培训，并于 1958 年前将所有各科教师培训完毕，要求全国中小学和各级师范学校必须逐步将普通话从语文科推广到各个科目，要求中小学、师范院校的所有学生都必须学会拼音字母（暂用注音字母），做到准确发音、拼音和朗读，除此而外，师范院校学生还要掌握基本的语音知识。同一个月，《光明日报》发表社论《教师们应当成为推广普通话的积极分子》。

此期推普最值得一提的措施是注重了与方言的对照，而且对于方言的研究细化到了以县为单位。1955 年的全国文字改革会议、现代汉语规范问题学术会议和 1956 年国务院关于推广普通话的指示，都要求综合大学和高等师范学校负责在 1956 年至 1957 年间完成全国每一个县汉语方言的初步调查工作。调查工作以摸查声韵调语音系统为主，要求找出各县语音音值跟北京语音的对比情况，然后把方言与北京语音对应规律及学习方法编写成书，编写工作也由各地综合大学、高等师范学校负责，至迟要求在 1957 年底完成。1957 年 3 月 6 日，教育部、高教部又联合发出《关于汉语方言普查的补充通知》，又一次提出要在 1956 到 1957 年两年之内完成全国每一个县的汉语方言的初步调查工作，督促尚未汇报方言普查计划的省市和高等院校从速制订计划上报。同时还做出规定：要由教育厅主持；尽量让普通话语音研究班结业的同志参加实际调查工作；调查方式可以多样化，要充分利用各院校本省籍同学、各训练班能说本地话的中小学教师和省城中能说各县方言者做调查配合；每个点的调查任务包括记完"汉语方言调查简表"，整理出当地声、韵、调系统，描写声、韵、调的音值，整理写成"同音字表"，并以县为单位编写"学习普通话手册"。按照当时的估计，本省人调查本省方言，一人一月大概可以完成一点，如果一省有 4 人专门做调查工作，一年就可以完成 40 个点的工作。

其实，在此次大规模方言调查之前，以 20 年代"北京大学方言调查会"的成立为标志，在赵元任、李方桂的倡导及赵元任《现代吴语的研究》（1928）的引领下，中央研究院史语所也曾进行过 6 次规模很大的方言调查，并于三四十年代出版过十来种方言著作。但那时方言研究的目的是为了寻找古今音变规律，与 1956 年起在全国范围内进行的大规模方言普查大异其趣，因为后一次方言调查的目的在于寻求方言与普通话的对应规律，从而为推广普通话服务。

此外，借用政治运动方式推普也是本期推普的一个特色。正如第一届全国普通话教学成绩观摩会全体代表在倡议书中所写的那样，当时的目标十分惊人，全国所有中小学师生要在一年之内全部学会拼音字母和普通话，全国所有青壮年也要在三年当中全部基本学会拼音字母和普通话，为了达到这一惊人的目标，他们提出了"政治挂帅，解放思想，发动群众，以大跃进的精神推广普通话"，"人人学，时时学，天天讲，处处讲，造成大家说普通话的社会风气"和"大力提倡，积极宣传，努力组织和帮助别人学会普通话"① 这三个充满斗志的口号。

---

① 全国普通话教学成绩观摩会全体代表的倡议书 ［A］. 第一届全国普通话教学成绩观摩会秘书处. 第一届全国普通话教学成绩观摩会文件资料汇编 ［C］. 北京：文字改革出版社，1959：5.

在这样一种政治精神的带动下，铺天盖地的讲座与读物出现了。影响较大的广播电视讲座有 1956 年徐世荣主讲的《普通话语音教学广播讲座》、1959 年北京教师进修学院举办的"汉语拼音字母广播讲座"、1959 年文改会和北京电视台联合举办的"汉语拼音电视教学讲座"、1962 年文改会和中央人民广播电台联合举办的"中学、小学、师范学校语文朗读广播讲座"等。读物就更多了，像《普通话语音教学广播讲座（课本）》（徐世荣，文化教育出版社，1956）、林曦《拼音字母课本（试用本）》（通俗读物出版社，1956）、《拼音练习》（文字改革出版社，1958）、《教师进修汉语拼音广播讲义》（徐世荣，文字改革出版社，1959）、《普通话学习手册》（徐世荣、石佩雯，文字改革出版社，1963）、《晋南拼音报》（1960 年创办，是《小学生拼音报》前身）、《汉语拼音小报》（1959 年创刊，2001 年更名为《语言文字周报》），等等，发行量很大，全国都很知名。甚至还摄制了《大家来说普通话》（上海科学教育电影制片厂，1957）之类的电影，这在电化教学落后的时代，不可谓不是令人瞩目的事件。

（三）主要成绩

此期的推普工作一波三折。1955 年底到 1956 年底的一年时间之内，还是一种新鲜事物的普通话，在各级政府的强力推动下，很快就成了大家热衷学习的对象。不过，也许是因为学习效果并没有人们所预想的那样好，加上当时《汉语拼音方案》还没公布，普通话的学习难度较大，所以到 1957 年上半年，人们高涨的热情就已普遍落潮。此后，1957 年的一系列指示与纷纷编订出来的各县方言小册子，使得 1958 年到 1960 年之间又出现了一个推普的黄金时期。不过，在接下来的大跃进影响之下，社会生活整体都被搅乱，普通话工作又基本陷入停顿，各地开办的各级普通话语音班也被撤销。作为全国推普成绩集体展示的全国普通话教学成绩观摩会，此期总共召开了 4 次，召开时间分别是 1958 年、1959 年、1960 年和 1964 年，与推普工作热潮的起落刚好大致吻合。

虽然有起有落，但推普还是产生了一些实效，撇开学校中"有很大一部分已经开始用普通话进行教学"[①] 及各县基本上完成了方言调查等可能产生的后续影响不说，此期的推普至少使人们改变了对于普通话的态度。我们知道，

---

① 周恩来．当前文字改革的任务（注音本）［M］．北京：文字改革出版社，1958：16.

在刚刚开始推普时，普通话发音往往会成为人们取笑的对象，比如话剧演员杜澎曾经回忆的"刚才演员说他们都沸（fèi 肺）腾（téng 疼）了，肝儿疼了没有？""那个说跌（爹）倒了，娘倒了没有？"① 之类就是这样。确实，对于很少出远门的方言区百姓来说，用这种需要花大力气去学、学了对日常生活也无直接好处的语音来说话，确实有点儿"说洋话""撇京腔"，听起来"就像鸭子听雷轰"。但经过几年推广之后，人们对普通话的态度发生了根本改变，之前的讽刺挖苦一变而为羡慕与以之为荣，不仅在全国涌现出一批先进地区和典型人物，甚至还出现了福建大田县吴山乡那样语言教学史上旷古未有的集体奇迹。

第三节　学校母语教育：语言工具观引领下的高歌猛进

跟社会母语教育一样，新中国成立之初，政府和人民对学校母语教育的状况也不是十分满意。正如时任教育部副部长的董纯才 1950 年所评价的，当时中学生"语文程度相当低"，不仅"好些极普通的名词，如'军阀'之类，也不会讲"，而且一般中学生"只能写三四百字的文章，而且是空话连篇，词不达意，方法不通，不大会使用标点符号，错别字相当多。"②

既然语言能力现状达不到社会主义人才应有的水平，那么，改革就迫在眉睫。按照当时的观念，社会主义制度下的人们，应该普遍具备准确规范、水平较高的语言能力，并且获得这种能力应该比新中国成立前花的时间要少、取得的效率要高。也就是说，此期母语教育改革的两个根本宗旨，就是要使汉语的使用更规范，使汉语的学习更容易。那么，怎么改呢？用毛泽东的话来说，是要"古为今用，洋为中用"，即，先展望未来应该是什么样子，然后总结之前的经验与教训，再看看苏联老大哥是怎么做的。这一思路确定之后，就开始了以下轰轰烈烈的改革：以前的识字教学效率低，我们就多角度实验，探索可资推广的高效的识字教学方法；苏联学生语言能力强是因为使用拼音文字、实施俄语单独教学，那么，我们也制定汉语拼音、推广拼音教学，也掀起语法学习

---

① 杜澎. 话剧演员的话 [A]. 张寿康. 语文知识丛刊（2）[C]. 北京：地震出版社，1981：7.
② 董纯才. 改革我们的中学语文教学 [A]. 教育资料丛刊社. 中学语文教学的改进 [C]. 北京：人民教育出版社，1951：1.

热潮、实现汉语单独教学。不过，虽然这些改革措施从逻辑上分析无隙可击，但由于母语能力获得需要一个较漫长的积累过程，而此期的人们又过于事功，政治风潮也接连不断，所以从结果上看，以上改革都没有达到当时预计的效果。但作为一种历史尝试，这个时期的学校母语教学改革无疑为后人提供了宝贵的经验借鉴。

一、指向高效的汉语课程独立

1956 年的汉语、文学分科，虽然后来匆匆结束，但据一些当时参与了分科教学的人们回忆，这次分科确实十分有益于学生的语文能力提高。王兆苍就以一个全程参与者的身份，认为"没有任何阶段的语文教学像'分科'时期那样明显有效地进行了读、写能力的培养与思想政治的教育。"① 而在当时分科倡导与发起人的眼里，汉语课的教学目的是要"使学生掌握语言规律的基本知识，并学会正确运用这些基本知识来说话、写作、阅读和作进一步的研究。"② 也就是说，汉语科的任务不仅仅限于文字、词汇、语法、修辞等语言知识的教学，还包括运用这些知识来提高语言运用与研究的水平。或者说，之所以单独设科，是因为人们认为其有利于从语言学习的规律出发，高效地提高学生汉语的知识、运用及研究水平。可见，跟以前讲究书读百遍、其义自见，见仁见智、神而明之的语言学习相比，汉语课程独立，无疑促使汉语母语教学向科学化迈进了一大步。

（一）背景

受社会母语教育热烈气氛的影响，1951 年到 1957 年间，语文教学研究也特别注重把汉语教学作为极其重要的研究对象，这种重视成为了汉语课程独立的一个重要推动力。除这股力量之外，还有两个原因也在推动着汉语独立设科。

第一，学生语文水平低。1954 年 7 月北京市面向全市初二和高二学生举行了一次语文统考，朱伯石③对考试结果进行归纳分析后认为，这次统考暴露了北京市中学生五个方面的较大缺陷：一是错别字多，甚至出现了某所中学高

---

① 王兆苍. 回顾中学汉语文学分科 [A]. 语文学习, 1979 (2)：3 - 5.

② 胡乔木. 语言文学的分科问题 [A]》.《胡乔木传》编写组. 胡乔木谈语言文字 [C]. 北京：人民出版社, 1999：70.

③ 朱伯石. 中学语文教学中的语言因素 [M]. 武汉：湖北人民出版社, 1956：3 - 4.

二考卷平均每生有 7 个错别字的情况，书写也十分草率,；二是不了解词义、用词不当、词汇贫乏，如没有一个人懂得"诺言"是什么意思，有篇文章中用了 38 个"应当"；三是文理不通，"继续对革命进行到底"，"她的优点如流水"，"说明革命是有希望的，杀不完的"，"他的四分五分在学生手册上逐渐上升"，"抱着一块砖放到共产主义的热情上去"等句子非常多；四是不会使用标点符号，用逗号代替一部分分号和句号的现象很普遍，全文逗号到底或顿号到底或在段落末了不加任何标点符号的也有很多，甚至还出现了全篇没有标点的情况；五是写作内容不丰富具体，甚至完全脱离生活实际，公式化、概念化倾向普遍，只一味机械搬用"身体好、学习好、工作好"一类语句。上述五项缺点，全部都是语言基础太差、语言能力太低的表现。此外，在同年武汉市教育局对语文教学质量的检查中，也出现了类似的问题，这说明当时语文教育确实普遍存在相当严重的缺陷。

第二，受苏联影响。从中共创立一直到苏中关系破裂的这一段历史时期，苏联经验对中共政策产生了不可低估的影响。新中国成立之后，又刚好碰上苏联教育理论开始受到全世界关注，因此，老大哥的教育模式很快就开始对此期的中国教育产生映射作用，学校母语教育也是如此。当时人教社小语室蒋仲仁先生的一段表达就充分体现了以苏联为标准的思维方式："苏联课本，于文学教学的同时，还注重语言教学，系统地严格地进行俄语规律的训练；我们却很少从汉语规律的教学来考虑。"① 可见，在人们当时的比较中，苏联在有阅读课本的同时还有俄语课本，十分重视俄语规律的学习，那么，我们也应该要有单独的汉语课本，也要加强汉语规律的学习。

除了汉语文学分科直接受到苏联的影响之外，"红领巾教学"模式也是苏联影响的直接产物。"红领巾教学"模式 1953 年诞生于苏联专家普希金的指导之下，特别倡导文学分析，对于纠正当时语文课过于注重政治十分有用。不过，这一模式因为受凯洛夫"五环节教学"思想的影响过深，所以在设计课型之时，特别注重介绍作者、时代背景、文章体裁、人物形象、表现手法及主题思想，不太注意字词句义、文章层次和标点符号等语言基本知识的学习与基本技巧的训练。按朱伯石的描述和评价，这种模式的语文教学，"教师在课堂

① 蒋仲仁. 语文教学三十年［A］. 思维·语言·语文教学［M］. 北京：人民教育出版社，1988：91.

上大讲其'映衬写法''照应写法''感情描写''气氛描写'等，而这个班学生二十二本作文中就有三六二个错别字，教师漏改的达一九八个。……另一位老师写的'药'的教案共十六页，将近八千字，其中谈到'作者介绍''时代背景''表现技巧'占去九页，约五千字。……就在这个班上，……仅就上中下三种程度的作文九篇看，教师漏改的错别字就有七十四个之多。"① 这种忽略语言训练的语文教学模式，不仅在 50 年代风靡一时，而且影响到了其后几十年的语文教学。奇怪的是，同样是这一次访华，普希金在观摩北师大二附小语文课后，提出的几项建议却都跟发展学生语言能力和传授语言知识有关。那么，是不是因为《红领巾》的教学对象是中学生，普希金认为中学的双基教学已经不大重要？还是国人对普希金的理解产生了偏差，也许他当初批评北京女六中的教学，仅仅是由于不满教师一言堂而希望让中学生更多地参与到课文的理解中去？不管怎样，"红领巾教学"的影响已经真真切切地发生了，并且到分科之前，人们也已经观察到了它的负面影响。

（二）发展过程

汉语、文学分科教学的最初设想，是在 1951 年 3 月教育部召开的第一次全国中等教育会议上提出来的。受这一设想的影响，分科前夜，大多数中学就逐渐开始语法教学。有的学校，比如当时的华南师院附中、广州市一中等，此时已开始试行在每周语文课的最后 1 课时讲授语法，赋予了语法课半独立的性质。1953 年 5 月，中共中央政治局开会讨论教育工作，毛泽东在会上指示语言同文学可以分科教学，并建议成立一个负责解决语文教学问题的组织机构。这年秋天，中央宣传部决定成立历史、语文及文字改革三个委员会，其中语文教学问题委员会由胡乔木担任主任。12 月，胡乔木向中央提交了《关于改进中小学语文教学的报告》，提出应当把语文课分为语言、文学两门独立课程教学。1954 年 2 月，中央讨论了这个报告，做出了中学汉语、文学分科教学的重大决定。

然后，教育部指定上海、北京等地 79 所学校从 1955 年暑假起进行了一年的分科试教，试教结束之后又召开了总结大会。在总结大会召开前两个月，1956 年 4 月 2 日，教育部下发了《关于中学、中等师范学校的语文科分汉语、文学两科教学并使用新课本的通知》，规定分科从 1956 年秋季起实施，并且使

---

① 朱伯石 . 中学语文教学中的语言因素 ［M］. 武汉：湖北人民出版社，1956：3 - 4.

用新编的汉语课本和文学课本。其中，汉语科新课本共分 6 册，第一册是绪论和语音，第二册是文字和词汇，第三册是语法（上），第四至六册是语法（下）和修辞。考虑到汉语的系统性与科学性，该通知还特意要求，除了初一正常地从第一册学起之外，初中（初师）二、三年级和高中（师范）各年级也要依次由初中第一册学起。该通知还说，"新课本的具体内容和编辑意图等，我部已责成人民教育出版社用集体或个人名义撰文，在'人民教育''语文学习''教师报'等报刊上发表。"① 确实，此后，《人民教育》从 1956 年 8 月起，专门开辟一块专栏讨论分科教学中的一些实践问题；《语文学习》也从 1956 年第 8 期起重点对"汉语教学"进行讨论与指导，而且仅仅在该年第 8 至 12 期中，发表的"汉语教学"文章就达 18 篇之多，并且 1957 年仍然不断有新的介绍文章或讨论文章发表。

其实，1956～1957 这一学年中，初中各年级、高中各年级、师范的二三年级、幼师二三年级、三年制初师各年级、四年制初师各年级、一年制短期师范班全年、两年制短期师范班各年级、一年制短期幼师班全年，均开设了汉语课。但 1957～1958 学年中，情况有所改变，其中高中各年级、一年制短期师范班、两年制短期师范班各年级、一年制短期幼师班取消了汉语的教学，幼师从二三年级改成了所有三个年级都学习汉语，之前不开设汉语课的速成师范班也预备全年开设汉语。

发生这些变化，有的是因为前一年中已经学完，有的则是因为其他之前没有估计到的原因。除了从这些文件中可以直接看到的变化外，我们还可以从相关资料的只言片语中，猜测出分科后的汉语教学应该是遇到了比较大的麻烦。比如从教育部 1957 年给内蒙古、湖北、陕西教育厅的《关于明春是否停授汉语课问题的复信》中，可以看到，一方面，在教育部决定停止分科之前，不少省份就已产生了不再开设汉语课的想法；另一方面，教育部自身也早在 1956 年就已经对基层的汉语教学困难有所预计，同意"各年级语文教师如有不能教汉语或来不及准备者，经教育厅、局批准后，可暂时不教或精简教材"②。而对于成绩的评定，根据 1957 年 5 月 21 日下发的《关于中学汉语、

---

① 中华人民共和国教育部办公厅. 教育文献法令汇编（1956）［M］. 北京：人民教育出版社，1957：151 – 154.

② 中华人民共和国教育部办公厅. 教育文献法令汇编（1957）［M］. 北京：人民教育出版社，1958：69.

文学两科评定成绩办法的通知》可知，教育部虽然建议初中最好按两科计算，但又认为各地可以视具体情况灵活处理，都可以把汉语科的相关成绩作为评定文学科成绩的参考材料。

上述种种实际困难，加上 1957 年 8 月"整风运动"之后不断渗入到相关讨论中的政治因素，所以，最终，1958 年 3 月，中央宣传部决定停止汉语、文学分科教学，恢复原来的语文课。

（三）失败原因分析

我们认为，此次试验失败，并非指导思想不对，而是因为很多具体操作不太适宜。比如，教材与社会政治运动不符，文学课本选用了丁玲等"右派"的文章和古文太多导致学生轻视白话等，与当时的大力打击右派、多快好省学好语言等主流活动相左。再比如，分科试验之时，刚好汉语拼音方案即将出台而未出台，第一批简化字和异体字整理表也才刚刚公布，这些跟语言规划密切相关的因素尚未稳定，就又要进行大的语文课程改革，当然难度很大。如果把教材、师资、天时的缺陷归因到分科本身的错误，实在是一种归因转移。

具体到汉语一科，导致分科失败的主要原因包括两点。

第一，理念上把母语教学等同于语言理论教学。虽然 1956 年《初级中学汉语教学大纲（草案）》介绍教学内容时，在"语法"部分要求"不能只向学生罗列一些现象，提供一些术语和定义；更重要的是让学生掌握现代汉语普通话的基本规律，使规律能够指导学生的语言实践"，在"修辞"部分要求"提高学生造词造句，清晰明确、生动有力地表达自己的思想的能力"，等等，但由于编写教材时更注重了汉语作为一门学科的科学性，忽视了中小学语言教学的基础性和运用性，结果让学习者感觉比较枯燥，也收不到较好的实际效果。

第二，汉语教材难度太大也是失败的一个原因。浦通修任教育部副部长时，说他所翻阅的汉语文学分科结束后的总结资料，对汉语教材所做的评价是"失之繁琐"[①]。从当时的零散文件来看，汉语教材确实比较繁琐，而且不仅繁琐，还编法单调，过分地把精力放在考虑本身的系统性和准确性上。比如，不仅此前才创制不久的新概念"数词"、"能愿动词"进入了汉语课本，汉语课

---

① 浦通修. 关于中学语法教学的几个问题［A］. 全国语法和语法教学讨论会. 教学语法论集——全国语法和语法教学讨论会论文汇编［C］. 北京：人民教育出版社，1982：12 - 13.

本本身还新创了"判断词"这一概念，在今天看来，这些都是很科学的做法，但当时推行起来却非常困难。因为，虽然民国后期的课纲已经对教学系统性的汉语知识做出了要求，但实际教学中却大多只是稍带讲一下，而农村学校几乎连稍带的讲解都没有。也就是说，虽然当时也有人提出过《初中汉语教学大纲（草案）》中所规定的教材分量及教学进度"有落后于学生知识水平的地方"①，但就全国整体面来看，使用分科后汉语课本的教师们，自身曾经接受到的汉语知识系统学习非常有限，教师的汉语素养明显不够对汉语课本驾轻就熟，不少教师都是照本宣科、边学边教，有些落后的地方甚至连照本宣科的教学也难以做到。

这样，因为教材编得不够科学、教师水平不够，再加上经济水平低下以及才分科就开始刮起的反右派风，原本旨在提高教学质量而进行的分科教学不得不半途夭折，甚至落得一个好笑的"造成了纸张极大浪费"的坏名声。

值得一提的是，虽然汉语独立设科失败，但分科的思想却并未从此消亡。比如王力 1980 年在《需要再来一次白话文运动》里说的"我觉得最好还是恢复当年（1956 年）汉语和文学分科"②，《中学语文教学》1981 年第 3 期所刊登的关于人教社中学语文编辑室提出的"三三制中学语文课本"设想，张志公 1989 年的"文学课和语文课应该是各有任务的两门课"③，以及前些年又隐约传出的一些关于倡导汉语文学分科的言论等，都说明了人们对于汉语、文学各自设科的期待与向往。也许分科的理论本身并没有错误，以前分科失败是由于其他外在的原因。

二、起步发展的拼音教学

汉字是表意文字，从文字本身无法直接获知读音，即使是造字之初想通过声符表音的形声字，声符表音的作用也被文字孳衍、语音代变不断削弱消弭，所以，人们一直希望寻到一个理想的汉字标音方法。

最早想到的方法是直音，就是用一个已知的字去标读新学的字，就像在少有音像设备的七八十年代学英语一样，老师说 bus 念 [bʌs]，不会国标音标的学生就在旁边写上"巴死"用以记音。当无法找到一个熟悉的同音字时，直

---

① 王兆苍. 不要使汉语教材落后于学生的知识水平 [J]. 人民教育，1956（10）：50.
② 王力. 王力文集（第 19 卷）[C]. 济南：山东教育出版社，1990：372.
③ 《语文学习》编辑部. 张志公教授主张中学设置文学课 [J]. 语文学习，1989（1）：3.

音法就会发生困难，于是只好用一个近似的读音来标音，叫做"读若""读如"或"譬况"。其实这些方法就跟音译词差不多，都是一种囫囵的整体比较。到了东汉末年，受佛经东传梵语发音的影响，有了用两个字来切一个字的反切法，"上字取其声，下字取其韵"，知道对一个字的字音进行切分了，但因为还是以字来标音，所以虽然刚开始时反切字多是一些常用字，但后来反切字的数量越来越大，反切标音的意义也就大打折扣。况且，随着时代流转，字音发生变化，反切法往往容易失效，各种反切变例规则应运而生，但仍然时常捉襟见肘。19世纪末，有志之士在欧美及日本文字的影响下所开展的切音字运动及其最后折中而成的注音字母，书写起来也仍然有些麻烦。直到新中国成立后制定了以拉丁字母为主体的《汉语拼音方案》，汉字注音的方法才变得真正易学好用。

（一）从教注音符号到教拼音字母

1950年到1957年是注音字母教学阶段，但同时也倡导用拉丁字母。1950年《小学语文课程暂行标准（草案）》规定一年级在学注音符号时"有条件的得用拉丁字母"，规定四年级"有条件的得加拉丁字母和注音符号的对照"。1956年《初级中学汉语教学大纲（草案）》明确表示，"拼音字母目前主要是作注音的工具用，逐渐地试验、推广之后就将成为我们的拼音文字的字母。"

1958年2月《汉语拼音方案》得到全国人民代表大会批准后，1958年3月教育部颁发了《关于在中小学和各级师范学校教学拼音字母的通知》，要求各省市选择若干学校试点以总结经验；中师、中小学的一年级新生都应学习拼音字母或语文课中的语音部分，1958年暑假毕业的中师与高师生应该在1958年的上半学期补学拼音字母；中小学一年级语文教师和师范学校的全体语文教师，要用集中授课、中心组、自学辅导、业余学校、收听广播等学习方式，在1958年秋季开学前进行一次拼音字母的学习，其他年级语文教师可从1958年秋季匀出时间来教学拼音字母；城市与北方方言区的农村成人教育可试教拼音字母帮助扫盲；少数民族学校也可试用拼音字母教学汉语。从此，汉语拼音教学逐步推行，关于汉语拼音教学的研究也成为当时教研的一个重点。

（二）几种主要的拼音教学程式

《汉语拼音方案》包括字母表、声母表、韵母表、声调符号、隔音符号共五项，但教学汉语拼音并不等于教学汉语拼音方案。那么，拼音教学应该教学哪些内容，应该怎样教，从它一进入学校课程，人们就开始了对这两个问题的不断探问，并形成了一些广有影响的拼音教学程式。

最早的拼音教学程式是"拼音字母教学法"。该方案以蒋仲仁主编的初级小学课本《语文》为教材，具体分两步走，两个学期教完《汉语拼音方案》全部内容。第一学期只教 21 个声母、21 个韵母和 7 个整体认读音节、4 个声调、轻声、68 个不规范音节，第二册教两个拼音零件 y 和 w、各项拼写规则、纠正 68 个不规范音节。拼读采用"两拼法"。该方案肢解了《汉语拼音方案》的整体，增加了 68 个不规范音节的教学负担，因而未能在全国推广。

1958 年全国小学教学汉语拼音时多开始使用"拼音方案教学法"。这个方案一般都以《汉语拼音方案》为教材，要求在 6 至 8 周内教完 21 个声母、37 个韵母（包括 er 和 ê）、四个声调、轻声，以及各项拼写规则等方案中所包括的全部内容，存在教学零件多、拼写规则和长韵母拼读难的问题。所以，从1958 年秋季起，人教社就把该方案的教学内容分散到三个学期分别学习，第一学期学习声韵的读法、r 的用法和一声一韵的拼读方法；第二学期主要教学拼写规则，如怎样加换 y 和 w，iou、uei、uen 的省略形式怎样写，以及 j、q、x 与 ü 相拼的基本规则等；第三学期则继续巩固学习拼写规则。

为了与 1960 年开始蓬勃发展的扫盲运动相配合，达到多快好省地利用拼音来识字，人们针对拼音方案教学法的缺点进行了新的探索，以致 1960 年这一年中就先后提出几个汉语拼音教学方案，其中，"音节教学法"的影响最大。"音节教学法"是与"碰音法"相对的一个概念，"碰音法"需要声母和韵母相碰才能读出音节，音节教学法则是一次到位，直接教音节。而且因为要少讲拼写规则，于是，它首次把 y、w 当声母教，iou、uei、uen 只教省略形式 iu、ui、un，i 归在 i 韵一栏中，ü 或 ü– 省掉两点时改排在 u 或 u– 韵栏。按照 1960 年出版的《音节本位汉语拼音教学教材（试用本）》的"说明"，该方案"分散学约需二十几个小时，集中学约需四五天"①，教学效率确实得到了较大提高。黑龙江拜泉的小学、河北河间县农村的实验也说明了这一点。当然，该方案也要求在边读边写过程中达到能够直呼、默写全部音节的程度，所以熟练的过程还是要花费不少工夫。

---

① 文字改革出版社. 音节本位汉语拼音教学教材（试用本）［M］. 北京：文字改革出版社，1960：说明/1.

由于 1963 年课纲对汉语拼音教学的要求降低了，规定学习汉语拼音是为了帮助识字和学习普通话，只要求学会声母、韵母、声调的读法和掌握拼音方法。加上以前把声韵直接拼合时，容易不自觉地在声母后面加上一个相应元音使之变为呼读音，所以，从 1963 年开始，小学拼音教学开始大量采用"声介合母"的教学方案。之所以把这种方法叫做"声介合母法"，是由于它在教带介音的音节时，先把声母和介音相拼，然后再把拼出的声音与韵母整体相拼（如教学 tuan 这个音节，先把 t 与 u 相拼，得到 tu，然后再用 tu 与 an 相拼得到 tuan 的读音），这样，既克服了声母不读本音而读呼读音的问题，也自然地消化了 13 个三音节复鼻韵母的教学任务。此外，该方案吸纳了音节教学法的优点，把 y、w 当声母教，让它们和韵母相拼，不便拼的就作为整体音节学习，而且还创造了不教 iou、uei、uen 而是直接教对应省略形式 iu、ui、un 的方法，使学习难度降低了不少。这种"声介合母"的拼读方法，后来在 1972 年秋季教材中进一步发展成为"三拼法"（也叫"三拉连读法"）。

除了此期的这些拼音教学程式之外，以后又发展出一些新的程式，影响较大的有汉语拼音基本式和"注·提"识字中的拼音教学。"文革"后期，汉语拼音教学逐渐恢复，1973 年春，文改会在北京、上海、河南、黑龙江拜泉县进行的"汉语拼音基本式教学法"试验，恢复了拼音字母教学法中的两步走，仍然是第一步只教最基本的内容，第二步再教拼写规则，不过，对于带介母的音节，它吸纳了刚刚产生的三拼法。汉语拼音基本式最大的缺点也是拼音规则的学习时间没定好，第一步写的六十多个不符合拼音规则的音节到了第二步又要修改，既麻烦又困难，并且使得整个一年级所学的拼音与通用的拼音读物拼法不相融，不能有效地及早进入阅读。"注·提"识字产生于 1982 年，反响很大，拼音教学是第一个步骤，必须做到直呼音节和拼写音节，要求较高。另外，1974～1977 年间，陈恩荣等人在武汉所进行的"汉语拼音教学革新式"实验，也产生了一些影响。而人民教育出版社则对 20 年的拼音教改经验进行了集大成的总结，1978 年小语教材反映了这一总结的成果。根据莘乃珍的介绍①，该教材的拼音部分整体安排在第一册全部学完，用 15 课集中教声韵调和拼音方法，做到能拼读音节，然后再复习巩固以期熟练拼读；具体内容与教法选择比较科学，包括把

---

① 莘乃珍.汉语拼音教学的历史与现状［A］.小学汉语拼音教学研究［C］.北京：人民教育出版社，2003：20－29.

y、w 当声母教，安排了 16 个整体认读音节，iou、uei、uen 只教省略式，j q x 与 ü 相拼的规则在音节学习中掌握，拼法采用三拼连读和韵母带调等。可以说，自此之后，小学拼音教学的大局就没有再改变过。

（三）课纲对汉语拼音的要求变化

为了说明国家对汉语拼音教学的要求变化，我们归纳了 1955 年以来各小学语文课纲的相关具体要求，见表 4－1。

表 4－1　1955 年以来课纲对汉语拼音要求的变化

年份	声韵	调	整体认读音节	拼音方法	大写字母	小写字母	字母表	音节	其他
1955	掌握	掌握		学会	学会	学会			学习轻声、课文中儿化词读法、初步押韵知识
1956	学会	学会		学会	识写读	识写读			学习轻声、课文中儿化词读法
1963	学会	学会							帮助识字
1978	学会	学会	学会	学会	学习		学习		帮助识字、正音、学普通话、阅读
1980	学会	学会	学会	学会	学习		学习		帮助识字、正音、学普通话、阅读
1986	学会	学会	学会	学会	认识	默写	背诵	熟练拼读（最好直呼）；正确书写	帮助识字、正音、学普通话、阅读
1988	学会	学会；默写	学会；默写	学会	认识		背诵	熟练拼读（最好直呼）；用拼音代替不会写的汉字	帮助识字、正音、学普通话、阅读；会读轻声

年份	声韵	调	整体认读音节	拼音方法	大写字母	小写字母	字母表	音节	其他
1992	学会；默写	学会	学会		认识		背诵	准确熟练拼读（最好直呼）；抄写	写话可用音节代替没学过的汉字；认识隔音符号
2000	读准、正确书写	读准	读准	准确拼读	认识		熟记	正确书写	
2001	与2000年完全相同								
2011	与2000年完全相同								

从上表可以明显看出，1955 年《小学语文教学大纲草案（初稿）》和 1956 年《小学语文教学大纲（草案）》的要求比较高，1963 年课纲的要求降低了一些，1978 年课纲和 1980 年课纲的要求又有所提高、比较适中，1986 年课纲对音节、字母表、小写字母都做出了更高的规定，但跟 1988 年课纲和 1992 年课纲相比，要求仍然不算最高的，因为 1988 年大纲在 1980 大纲的基础上还增加了对于轻声音节的要求，而 1992 年虽然删去了对于南方方言区小学生而言不太现实的"会读轻声"，但却增加了对隔音符号的要求。物极必反，"淡化拼音"的口号因此被提了出来，这种反对所导致的直接结果，是 2000 年大纲对拼音教学要求的直线降低。

三、声势浩大的识字教学改革

新中国成立之后，国家本来就急迫地想改变群众落后的文化状况，加上 1958 年"教育革命"的催化，各类识字教改自然而然地就涌现了出来。此期的识字教学可以用"波澜壮阔"四个字形容，因为在整个现代汉语母语教育史上，此期的识字教学开展得最有声势，对以后的识字教法所产生的影响也最深。

（一）此期主要识字流派

我国传统蒙学历来都是集中识字，1950 年试验成功、1952 年广泛推广的祁建华"速成识字法"也是集中识字，1954 年《改进小学语文教学的初步意见》所说的"在一定时期集中教会"1500～1800个常用汉字也是集中识字，但真正提出"集中识字"名称的，却是1958年辽宁黑山的北关小学，此后，北京景山学校也从1960年秋季起，在中科院心理研究所指导下继起进行这项改革试验。他们各自编辑了整套小语课本，要求集中在一、二年级识会两三千个汉字。为了顺利完成这个任务，他们提出了以形声字归类为基础的基本字带字法，并要求在所配备的阅读课文学习中实现新学字在词句中的实际运用。1961年后，实验迅速扩大到全国大部分省市，影响很大。该实验在"文革"期间基本中断，只有景山学校还在苦苦坚持，不过"文革"一结束，集中识字又因为可以帮助学生提前阅读和分段习作而焕发出新的活力。集中识字在1958年骤然兴起，一个重要的原因是人们希望它能带来多快好省的效果。所以，当集中识字初见成效，表明一、二年级学生可识两三千个汉字时，立即得到教育部门的肯定与推广，而集中识字的观念也就乘此东风播扬全国。

当北方的集中识字轰轰烈烈地打开局面的时候，斯霞在南京师范学院附小的"分散识字"也已经开始了实验。其实，如果说集中识字观念自古就有的话，分散识字从民国开始也成为一种基本思想。因为强调教学要与儿童心理相符合，所以1922年新学制实施后，1923课纲已经开始注重要寓识字于阅读之中，新字几乎是以一个平均的量被分配到各年级当中。同时，此时科学化的母语教育实验风头正盛，如何使汉字易识成为当时的一种研究潮流，很多字汇也就因此产生。但是，当时的分散识字前两年只安排学习一千来字，影响了后续的阅读与写作发展，所以人们开始对分散识字和按字汇上的使用频率确定小学生识字顺序进行反思，俞子夷就认为字汇"是表示这字在成人社会里用途的繁简，绝不是表明孩子生活里学习的难易"，从而提倡应该以"小孩子的经验"作为次序标准，因为"小孩子有了经验，便会用语言发表"，完全没必要对他们的识字内容做一个硬性的规定。[①] 当然，跟民国时期的分散识字相比，斯霞的识字方法要丰富得多，除了"字不离词，词不离句"这一最基本原则外，看图识字、归类识字、查字典识字等方法都运用得很多，识字规律也在具体汉字的识写过程中断续得到传授。南京师范学院附属小学在1963年寄给中央宣传部副部长张磐石的材料中，充分肯定了分散识字，认为它能够充分运用

---

① 俞子夷. 小学生识字教法 [A]. 董远骞，施毓英. 俞子夷教育论著选 [C]. 北京：人民教育出版社，1991：192－199.

汉字规律、提供充分的巩固机会、不是识字教学少慢差费的根源。① 后来 1978 年人民教育出版社在编排小语教材识字部分时，就比较充分地利用了分散识字的教改经验。

除了这两项发生在学校的识字教改，此期在扫盲阵地上也诞生了一项颇有影响的识字教改成果，那就是山西万荣的"注音识字"。在吴玉章发表《利用汉语拼音字母帮助扫盲和推广普通话》（1959）和中央发出《关于在农村中继续扫除文盲和巩固发展业余教育的通知》（1959）之后，山西省开始用拼音字母来注音识字，其中以晋南万荣县的试验最为成功。这年年底，山西省在万荣县召开了推广万荣经验的现场会，引起了中央的关注，于是就有了 1960 年 4 月的《关于推广注音识字的指示》，中央在此指示中要求全国迅速推广万荣经验，"学万荣，赶万荣"的注音识字运动因此迅速掀起。万荣的注音识字采取两步走，第一步是用 15~30 个小时学习汉语拼音，第二步是用 100 个小时左右时间阅读和写作。其中，阅读和写作特别注意循序渐进，最开始的阅读是以识写最基本汉字为主要内容的慢速阶段，接下来进入阅读量增加并开始练习写话抄文为主的中速度阶段，最后才进入大量阅读真正写话的高速度阶段。按当时的归纳，这三个阶段分别叫做"先识字，后读书""边读书，边识字"和"先读书，后识字"。

偏僻的晋南农村却能通过拼音使得那么多人快速脱盲，这给了语文教育家们很大启发，以吕叔湘②为例，在参观晋南农村后，他在 1962 年连续写了《发挥汉语拼音方案的巨大力量》《再论拼音字母和语言教学》两篇文章呼吁小学也要利用拼音，把识字和发展儿童语言结合起来，1983 年又在《拼音字母可以充分调动儿童学习的积极性》一文中表达了同一个意思。在这些语文教育家的建议与倡导下，"注音识字"开始向小学推广并取得了良好的效果。

"文革"结束后，1982 年黑龙江教育学院开始进行"注音识字，提前读写"试验。该试验吸收了万荣注音识字经验，改变先文后语的传统顺序，充分利用汉语拼音，要求学生经过一段时间训练后能够熟练直呼音节和拼写音节，从而使小学一年级学生能自由阅读带有拼音的读物，能用拼音或夹注拼音

---

① 南京师范学院附属小学. 我们进行识字教学的情况和体会 [J]. 人民教育, 1963 (6)：43-45.
② 参见吕叔湘论语文教学 [M]. 济南：山东教育出版社, 1987：219-225, 230-234, 235-238.

的方法写日记与短文，真正做到识字、阅读、作文和说话同时起步。① 受到该实验顺利开展的影响，1986 年、1988 年、1992 年的课纲都提高了对于汉语拼音的要求，要求能够熟练拼读（有条件的要直呼）和正确书写音节，并且，1992 年开始，国家教委还对"注·提"识字实验进行了大力推广，再后来，由于教育界"人文"口号越来越响，拼音教学被要求"淡化"，"注·提"实验才跟着走入低谷。

（二）识字量与识字法的困惑

自古到今，批评小学识字教学效率低的声音时有响起，识字总量与识字方法则是其中讨论得最多的两个问题。

表面上看来，小学该识多少字，是个不需要讨论的问题，因为课纲上都有规定，编辑教材时也会严格依照课纲字数要求选用文章，教师按照课纲和教材教就行了。但是，这里有两个问题。第一，课纲对小学识字总数的规定并不是变动不居的。以建国以后的课纲为例，最少的只有 2500 字，最多的有 3500 字，而且这个变化也并没有反映社会整体文化水平高低，因为规定 2500 字的是 1988 和 1992 年，明确规定 3500 字的是 1963 年，1955 和 1956 年的最高量也是 3500 字。

表4－2　建国后历次课纲对小学识字量的要求

年份		一	二	三	四	五	六	总量
1950		500	500	600	600	800		3000
1954		1500～1800						
1955		"必要数量"						3000～3500
1956		不超过 1500						3000～3500
1963		750	850	600	500	400	400	3500
1978		700	1000	800	300	200		3000
1980		700	1000	800	300	200		3000
1986	五年	700	1000	800	300	200		3000
	六年	650	900	750	400	200	100	

---

① 参见丁义诚，李楠，包全恩．"注音识字，提前读写"实验报告（转载）［A］．语文现代化（第 8 辑）［C］．1985：134－148．

年份		一	二	三	四	五	六	总量
1988	五年	450	800	600	400	250		2500
	六年	400	750	550	400	250	150	
1992		前三年完成大部分识字任务						2500
2000		认识 1800，会写 1200		认识 2500，会写 2000		认识 3000，会写 2500		认识 3000，会写 2500
2001		认识 1600～1800，会写 800～1000		认识 2500，会写 2000		认识 3000，会写 2500		认识 3000，会写 2500
2011		认识 1600 左右，会写 800 个左右		认识 2500，会写 1600		认识 3000，会写 2500		认识 3000，会写 2500

从上表中可以看到，以 3000 字为标准量的课纲比较多。这个规定应该比较适宜，因为国家经过多种语料库字频统计之后发布的常用汉字数也是 3500 个，而且覆盖率达到了 99% 以上，进行一般阅读已经完全没有问题。

另外，小学识字量中还隐含着识字起点的问题。低年级的识字量直接决定儿童能否提前进入阅读、开阔视野、训练思维，而从上表的数据来看，小学一年级该识多少字，各课纲的差异也比较大。根据吴忠豪在上海、浙江一些小学所做的调查，一年级入学儿童会认会读的初始识字量有很大差异，没有一个小孩一字不识，识 20 字以下的占 14.3%，100 字以下的占 47.7%，200 字以下的占 21.1%，有 4.3% 的孩子已经认识 500 个以上的汉字，而识字最多的孩子入学前竟然已经能识 1200 个以上汉字![①] 所以，识字量问题的实质不仅仅指整个小学该学多少字，而且还包括了识字起点的确定问题。由于家庭教育及所处地区的差异，每位学童的识字量肯定有差异，因此教师只能根据班上的总体情况因材施教，开学之初的识字总量摸底测查非常重要，但目前真正实施的非常之少，绝大部分学校还是有意无意地把初始识字量确定为零。这种起点过低的识字教学，影响了学生的学习兴趣，浪费了学生识字记字的最佳时光。

人们讨论最多的第二个方面是识字方法。识字方法一般都是指具体的识字教法，但有时也把识字流派归在识字方法中。如中央教科所戴汝潜、郝家杰在

---

① 吴忠豪. 小学低年级学生识字能力的调查与研究 [J]. 课程·教材·教法，2003（10）：67-70.

《人民教育》1997年第1~7期上陆续介绍了集中识字、随课文识字、注音识字、韵语识字、字族文识字、字根识字、汉字标音识字、成群分级识字、字理识字、部件识字、猜认识字、字谜识字、趣味识字、立体结构识字（魔方）、双拼计算机辅助识字、多媒体电脑辅助识字、四结合识字、听读识字、科学分类识字、奇特联想识字、快速循环识字等共21种识字教学法①，但对比可以看出，它们之间并不是基于同一标准的划分，其中有些是识字流派，而有的则是几乎各个流派都会用到的具体识字方法。其实，具体的识字方法很多，以谢先模、徐冰云编写的《语文教学法集锦》为例，全书总共列举了129种语文教学方法，其中识字教学方法就占了45种，占了总量的1/3还多。

如此多的识字教学方法，归根结底就是要实现两个原则——趣味化和情境化，这两个原则可以通过教学内容编排和教学过程展开来贯彻实现。

一般来说，教学内容编排方面，韵语形式可以帮助实现趣味化，按类别呈现则可实现情境化。用韵语的形式展现识字内容，主要是因为押韵、对偶和平仄等可以使声韵和谐、节奏明朗，从而易于背诵。按类别呈现则是把表达相同、相类、相反事物的汉字放在一起，以通过联想形成一定的情境，从而帮助记忆。

我国古代蒙学教材在教学内容编排的韵语化和类别化上提供了很好的经验。传统蒙学教材，比如岳麓书社"蒙学读物十种"（《三字经》《百家姓》《千字文》《千家诗》《幼学琼林》《龙文鞭影》《重订增广》《五字鉴》《声律启蒙》《唐诗三百首》），除《百家姓》《幼学琼林》和《声律启蒙》受内容所限没有押韵外，其余本本押韵，《千字文》还几乎都是数句押同一韵。同时，它们中的绝大部分都讲求对偶与对仗，作为诗歌启蒙教材的《千家诗》《唐诗三百首》《声律启蒙》还都讲求平仄。由此可见，这种韵语编排的形式，古代已经用得十分普及。相比之下，类义反义并举的类别化编排，蒙学教材用得要稍微少一些，但也不乏精要娴熟者，如《幼学琼林》就是如此。《幼学琼林》的编排，往往同一句内的前后两部分是同义或近义关系，对偶的两句所释词语则为类义或反义关系，如"士人入泮曰采芹，举子登科曰释褐"（科第），"接风曰洗尘，送行曰祖道"（人事），"事先败而后成，曰失之东隅、收之桑榆；

---

① 戴汝潜，郝家杰. 识字教学改革一览［J］. 人民教育，1997（1）：32－33；（2）：32－33；（3）：43－45；（4）：39－40；（5）：20－21.

事将成而终止，曰为山九仞、功亏一篑"（地舆），"期期艾艾，口讷之称；捷捷幡幡，赞言之谓"（身体），"北京原属幽燕，金台乃其异号；南京原为建业，金陵又是别名"（地舆）等等，都是如此。

现在不少教材也注意到了这两种方法，如苏教版的"情境图"、"情境歌"关注的就是情境，而湘版课标版一年级二册《识字5》"菠菜青，豆角长，丝瓜身穿绿衣裳。西红柿，挂灯笼，胖冬瓜，满身霜。辣椒长着尖尖嘴，萝卜地下捉迷藏"等，还把韵语和情境综合起来了。

至于识字教学过程要讲究趣味化和情境化，更是人所共知，小学识字教学常用的讲故事、读歌谣、拆结构、玩游戏、猜字谜等，都是为了实现趣味化或情境化。

最后，简单分析一下识字教学与词语教学的关系。事实上，汉语的识字教学就包括了大部分的词语教学。我们知道，汉语单音节词语比较多，而且，即使那些不能单独成词的语素，其语素义也仍然还是比较独立，跟其他语素的组合能力也很强，所以，很多情况下，"字"的用途与"词"的用途完全相等。另外，从1955年、1978年、1980年、1986年、1988年、1992年课纲对"词汇教学"的内容规定来看，除个别课纲提出的"写法"外，词汇教学基本上就是"读音""意义"和"用法"三个方面，而我们又知道，汉语词汇的"意义"几乎总是在使用中才能确定，所以，词汇教学事实上的主要内容也就是音和义，跟生字教学相比，只少了一项对"形"的要求（如果构成新学词的汉字之前没有学过，或者虽然学过但易于写成别字，那么，"形"的要求也依然存在）。

四、着力凸显的语法教学

新中国成立以后，在全国学习苏联的热潮下，语言学界也开始像苏联那样重视语法知识的研究与普及，1951年6月6日《人民日报》社论的发表与《语法修辞讲话》的连载发表，更标示着汉语教学进入了一个特别重视语法的新阶段。

（一）语法讨论与推广

这个时期，一方面，语法讨论的气氛特别浓厚，从1951年6月起，连续几年，广大语言学家和语文教师都热烈地投身到现代汉语语法的研究和讨论当中。另一方面，国家机关与人民部队普遍地开展语法学习，新闻界和出版界加强了文字编辑工作，社会民众也积极地参与到语法的学习与监督当中去。整个看来，语法的讨论与推广都达到了一个历史高潮。

其中，比较集中的语法讨论有三次。第一次是关于汉语词类问题的讨论（以《中国语文》为阵地，1953～1955）。中国语法学界一直存在两种不同的词类观。一种基本上是从意义出发，另一种则从结构关系出发；同时有的学者主张汉语词有定类，有的则认为汉语词无定类。此次讨论的起因是康拉德《论汉语》的发表，他认为汉语的词类有形态标志，这个观点引起了高名凯的反对，后来参与者越来越多，就形成了一场讨论。这次讨论的结束以吕叔湘《关于汉语词类的一些原则性问题》的发表为标志。吕先生认为，有必要区分汉语词类，而且词类划分也应做到"词有定类，类有定词"，不过，划分词类可利用的形式有很多，如结构关系、鉴定词、重叠形式等都是，要注意几种不同的标准该如何配合。① 此次讨论的相关文章后来收入中国语文杂志社编的《汉语的词类问题（一）》和《汉语的词类问题（二）》，由中华书局于1955年和1956年相继出版。

第二次是汉语主语宾语问题的讨论（以《语文学习》为阵地，1955～1956）。这是一次关于句法问题的讨论。由于当时汉语语法体系不统一，事实上存在两种分析主语宾语的方法：一种是根据意义（施事、受事）确定主语宾语，一种是根据结构（位置先后）确定主语宾语。讨论之后，确定了不能生搬硬套外国语法，完全从结构关系和词序出发，而应以意义为主却又不单凭意义来做出判断，应该综合意义和形态两个因素来划分主语和宾语。王力、高名凯、陈望道、吕冀平等人都参加了此次讨论，根据我们的计算，从1955年第10期发起讨论到1956年第3期结束结论，《语文学习》共发表了相关文章近30篇，做了2次综述，这些文章后来大部分收入了中国语文杂志社编的《汉语的主语宾语问题》（中华书局，1956）。②

接下来的1957年，还开展了一次关于汉语单句复句问题的讨论，前后共发表了十来篇文章。由于反右派斗争的影响，这一次的讨论还很不充分就结束了。这一次次的讨论，虽然并没有解决所有的问题，但作为教学语法诞生的前奏，仍然使得语法学界在一些最基本问题上达成了大致共识。

推广方面，最大的事件是1951年《人民日报》社论《正确地使用祖国的

---

① 吕叔湘. 关于汉语词类的一些原则性问题 [J]. 中国语文，1954（9）：6-14；（10）：16-22.
② 参见《语文学习》编辑部. 来稿综述 [J]. 语文学习，1956（3）：35-38.

语言，为语言的纯洁和健康而斗争》的发表。这篇社论由黎澍起草、胡乔木审订、毛泽东修改定稿，发表之后反响很大。《人民日报》还与此配合，同日开始了每周两次的大篇幅连载吕叔湘、朱德熙合著的《语法修辞讲话》，时间长达半年之久。其实，《语法修辞讲话》也是在时任新闻总署署长的胡乔木指示下，受人教社社长叶圣陶之邀而著的。该系列讲话把语法与修辞知识融合在一起，分为语法基本知识、词汇、虚字、结构、表达、标点六章介绍，整体偏重于应用性质，所以引用了教科书、报纸、期刊、文件、文稿、通信及中小学生习作中的许多病句，目的就在于匡谬正俗。《语法修辞讲话》中的习题解答，则从1951年第12期起在《语文学习》上开始刊发，并于1953年合编成《语法修辞正误练习》，由中国青年出版社出版。

另外，张志公50年代在《语文学习》上连载了"汉语语法常识"，而1952年刚创刊的《中国语文》也从第1期开始连续23期刊载中科院语言研究所语法小组的《语法讲话》。除了这类连载的著作之外，还有不少专著与散在的语法文章，大都很受欢迎。以张志公《语法学习讲话》为例，从1962年6月出版到1963年12月一年半的时间里，"竟然一连印了五次，总印数达三十二万册"[①]。在这种热烈的语法学习氛围中，当时不少青年都立志要成为语法学家。

（二）教学语法

虽然高更生等少数人认为，作为术语的"教学语法"，是1980年前后随着酝酿修订"暂拟汉语教学语法系统"而产生，在1981年"全国语法和语法教学讨论会"上才得到学术界承认的。[②] 但是，人们普遍还是同意张志公的提法，认为是1956年公布《"暂拟汉语教学语法系统"简述》时第一次提出了"教学语法"的概念。教学语法是对应描写语法而言的，描写语法一般在研究性上占长，而教学语法最大的特点是内容的实用性和可接受性（稳定性与连续性）。教学语法可以专指中小学语法，也可以包括大学的语法，也就是说可概括为学校语法，或者称教学时使用的语法，在不同的论著中又有学校语法、规范语法、课堂语法等不同称呼。

---

① 张志公. 使语法切合实用的一点尝试——《语法学习讲话》再版序言 [J]. 语文学习，1980（3）：42－44.

② 高更生，王红旗. 汉语教学语法研究 [M]. 北京：语文出版社，1996：2.

当时汉语语法学界的体系比较纷繁，而要进行语法教学尤其是中小学语法教学，就必须要有一个"定于一尊"的语法体系。当时汉语、文学分科的《汉语》教材正急需一个这样的语法系统，以语文教师和中学生为代表的群众也期待一个能够通用的语法学习系统，在这种情况之下，教育部就委托人民教育出版社订立一个系统。

在1956年人教社《暂拟汉语教学语法系统》拟订完成之前，学界进行过前后约三年时间的相关讨论。讨论的底稿是由中学汉语编辑室草拟好的提纲，参加讨论的不仅包括全国各地的教师，还包括了许多语言学家。讨论主要围绕体系是兼采各家之长还是以一家为主展开，讨论过程比较激烈。其中，人教社主张要尽可能把我国语法学者的成就融会贯通起来，同时还要尽量使这个系统的内容为中学语文教师们所熟知。而一些语法学家，比如王力则认为，"兼采各家之长是很难的。必须自己比各家更长，然后有能力兼采各家之长。否则主观上想兼采各家之长，结果怕会是兼采各家之短，甚至于让各家在你的教材中打起架来。"① 在同一篇文章当中，王力先生还主张应以《语法修辞讲话》为基本标准，解决术语和分类不统一的问题。少数不妥的地方，如短语分为联合、主从、动宾、主谓四类，就应先两分为联合和主从两大类之后再进行细分。除了这种必须改正的地方，其他一些没有原则性问题的分歧，比如是称"短语"还是称"仂语"等，只要在体系中表述一致就可以。

当然，最后还是博采众长的观点占了上风，折中各家意见而成的《暂拟汉语教学语法系统》（张志公1953《汉语语法常识》的影响似乎最大）成为了第一个全国统一的教学语法系统。当然，由于要折中，所以难免有时顾此失彼，如词类划分的标准、词类与句子成分的关系、合成谓语、复杂谓语、名物化等概念的确定，都解决得不是很完美，待到1984年《中学教学语法系统提要（试用）》中才作了修订。虽然如此，"暂拟系统"在很大程度上反映了《马氏文通》以来语法研究的成果，特别是反映了建国初期关于词类、主语和定语等问题讨论的成果，在当时确实算得上是一个比较合理的教学语法系统。因此，自发布以后，它不仅成为了中小学统一的语法系统，许多为大学《现代汉语》课编著的教材，如胡裕树和朱德熙等的《现代汉语》，语法部分也都

---

① 王力.中学语法教学问题［A］.王力文集（第19卷）［C］.济南：山东教育出版社，1990：354.

不同程度地受到了"暂拟系统"的影响，张志公《语法学习讲话》（1962）等个人语法著作也较为集中地反映了暂拟系统的意思。

中学语法教学方面，1955 年启用的分科型《汉语》课本的第三、四、五册是《暂拟汉语教学语法系统》的最忠实体现者。[①] 其中，第三册包括了 13 章，依次是：词类概要、句法概要、名词、动词（一）、动词（二）、形容词、数词和量词、代词、副词、介词、连词、助词、叹词；第四册包括 11 章，前 10 章依次是：主语和谓语、宾语、补语、定语、状语、一般单句的基本结构、联合结构作句子成分、主谓结构作句子成分、复杂的谓语、复说和插说，最后一章是"简略句、无主句、独词句"；第五册包括 8 章，依次是：复句、联合复句、偏正复句、复句的变化和紧缩、多重的复句、"陈述句、疑问句、祈使句、感叹句"、一般的规律和特殊的习惯、标点符号。很明显，掐去第三册的头和第五册的尾，这三册课本的分工是非常明确的，分别是：第三册讲词类的知识，第四册讲单句的知识，第五册讲复句的知识。从课本内容的表述来看，虽然几乎每一个知识点都配合了两个以上的例子，不少例子还比较有趣，但整体感觉比较呆板，采用的全部都是"知识点 + 例子"的形式，科学性与体系性确实很强，但对初中生的年龄特征却考虑不够，对社会整体语法水平不高的现状也估计不足。

五、借势而生的语文"工具观"

1961 年到 1964 年间，人们总结大跃进以来的失败教训，智育重新被看重。教育部 1962 年 9 月在《关于中、小学上课时间的通知》中决定将中学每节课从 45 分钟恢复到 50 分钟和 12 月《关于有重点地办好一批量全日制中、小学校的通知》，表明这种重新调整已经开始；1963 年 3 月的《人民日报》社论《努力提高中小学的教育质量》和 7 月教育部《关于坚持进行中小学校教学改革试验工作的通知》，说明调整已经产生了一定实效；而语文工具观的提出，则标示了此时语文课程发生了从重视政治到重视语言能力的导向转移。

（一）"文道之争"

从李杏保、顾黄初的介绍中，可以归纳出兴学堂之后文道关系的几次变

---

① 这三册课本见《张志公汉语语法教学论著选》（山西教育出版社，1997）第 6 - 160 页。

化：新式学堂分科制以后，"文"的内容归到词章或中国文学，"道"的部分归在修身和读经，"文""道"分离；民国建立后，取消了读经，"文"和"道"由分而合；五四时期新旧两派文化斗争激烈，但都重道不重文；20世纪50年代末的"文""道"的论争形成一个新的高潮，最终的结果是"文道统一"的语文教育观深入人心。[①] 由上述归纳可以发现，不仅"文"与"道"的关系在变，"文"与"道"的内涵也在不断发生变化。就50年代末60年代初的这场论争来看，这次的"道"指政治思想，"文"指语文的各项能力与知识，而语言当然是包含在"文"这一项当中的。

当时发起这场讨论，主要是由于1958年秋季开始的"教育大革命"，这个所谓的"大革命"把语文教学带进了大跃进的旋风当中，不仅教材自编（毛泽东1957年底指示各地要编乡土教材），而且内容紧跟时事政治，在教材中加进了很多政论文，甚至还有人主张用重大报刊的社论来代替语文教材。为了对这种忘记语文课根本任务的情况进行反拨，《文汇报》于1959年发起一场"关于语文教学目的任务的讨论"。跟此前此后的语文大讨论一样，此次讨论的参与人数也极多，而且基本上是一边倒，所以必须"文道统一"的结论很快就出来了，《文汇报》对此次讨论做了总结，并撰成社论《试论语文教学的目的任务》（1961）发表。在这一拨讨论稍后开展的是"关于怎样教好语文课"的讨论，参加的报刊也很多，但参与者的文章内容除了具体的"怎样教好"外，更多的还是又回到了"文"与"道"的关系上。所以，综合起来看，这两场讨论的焦点是一致的，都是"语文的性质是什么"这个比较抽象、一直以来讨论不清却又关系着语文教材教法根本方向的大问题。

不过，由于我国一直以来"文以载道"观念的影响，对于语文教学中文道关系的认识也总是反反复复，50年代末已经形成的共识，到了"文革"当中便被全盘推翻，以至1979年时，中学生习作《乞丐》还因对社会不公现象进行了一定描述而引起了全国范围的热烈争论，而1989年动乱之后，语文课思想政治教育的要求也被进一步提高。可以发现，对文道关系认识上的每一次反复，基本上都发生在社会思潮与国家政治发生某种重大变化的时候，可以认为，文道关系的主流认识，归根结底反映的正是时代的重大变化。此期关于文道关系的讨论也是如此。

[①] 李杏保，顾黄初. 中国现代语文教育史 [M]. 成都：四川教育出版社，2004：9－16.

（二）"工具观"

50年代末60年代初"文道之争"的直接结果是产生了语文工具观。

早在1960年，陆定一在全国人大作《教学必须改革》的发言时，就已经针对教育大革命中忽视语言教育而提出过语文是"基本的工具"的看法。① 而1961年党中央确定"调整、巩固、充实、提高"方针之后，教育战线也做了全面调整，并于1962年制定了中教"五十条"和小教"四十条"，要求各主要学科加强基础知识教学和基本技能训练，并且特别强调语文课不要讲成政治课和文学课。与此相应的，是时任人民教育出版社副总编辑的刘松涛以洛寒的笔名发表的两篇著名文章《反对把语文课教成政治课》（1961）和《不要把语文课教成文学课》（1963）。这两篇文章都发表在《人民教育》上，第一篇可以说是对"文"与"道"关系的一种认识，反对"道"统天下，第二篇则在前一篇已廓清"文"的重要性之后，对"文"的含义做了进一步细致分析，指出"文"并不等于"文学"，语文课在培养文学素养的同时更要着重培养语言等各项实用能力，表现出作者对于语文"工具"性的基本认识。

而真正明确语文要重点培养语言这个工具的，是张志公1963年10月发表在《光明日报》上的《说工具》②。该文中，张志公先生对于语文是工具的观点，实际上是从语言、人和思想的关系出发得出的，该文中的"语文是工具"实际上讲的是"语言是工具"，也就是说，在张志公先生的潜意识里，语文课就是语言课。以此为基础，他强调了语文这个工具跟锄头之类的工具之间的相同点和不同点，因为有共同点，所以必须要着眼于字词句篇的运用，因为有不同点，所以又不能把训练字词句篇能力与训练思维能力割裂开来（其实，不是"不能"，而是根本"不可能"，因为事实上不存在那种脱离思维表达的语言）。从该文中可以看出，张志公认为语文课应该"文道统一"，但二者不能平分天下，要重视"文"，但更要重视"文"中的语言能力训练。从此，语文工具观作为一种很有实力的语文性质观树立起来了。

"文道关系"讨论和"工具观"思想，直接影响到了1958～1959年和1962～1963年语文教材中语言知识与能力训练的分量变化。下面的表4－3和4－4

---

① 顾黄初. 中国现代语文教育百年事典 [M]. 上海：上海教育出版社，2001：404.

② 张志公. 说工具 [A]. 庄文中. 张志公语文教育论集 [M]. 北京：人民教育出版社，1994：21－29.

即来自对这两个时间段中同册教材相关内容的比较，当然，基于练习比课文本身更容易量化的考虑，这两个表格都是从课后练习数量的角度来进行比较的。

表4-3　1958版、1962版人教初中语文第五册课本练习题比较

版本	课文篇数	语文知识篇数	课后练习		练习题的内容分布										
			总题数	平均数	内容理解	背诵	词语	修辞	虚词	句子成分	标点符号	句式	文章法	逻辑	课外阅读与写作
1958	14	5	72	5.14	45	1	11	5	8	1	2	5	1	3	0
1962	26	3+1	109	4.25	39	11	2	4	22	3	0	5	19	1	3

对于表4-3，有两点说明：第一，1958版的语文知识是《夸张与拟人》《词的感情色彩》《破折号、省略号》《句式的选择》《合乎事理》，1962版的语文知识是《立论》《论点和论据》《报告》，虽然都是初中第5册，但很明显，1962版要比1958版的难度大得多。此外，1962版的全册后面还附有一篇很长的《语法复习提纲》，突出了对语言规律性知识的重视。第二，1962版虽然每课后面附的习题平均数比1958年的少，但1958年对于课文"内容理解"的比例占到了所有习题的62.5%，而1962年的仅占35.8%。此外，1962版中，有的习题往往包括了两类训练内容，如第1课《中国人民政治协商会议第一届全体会议开幕词》练习第六题：

注意学习下边的词语：

渴望　保障　松懈　昌盛　国土　成果　不可磨灭
造三个句子：（1）作宾语的词还有连带成分，（2）作定语的词还有连带成分，（3）作状语的词还有连带成分；同时每个句子要运用上边举出的一个词语。

上表在归纳时，把这一道题归在"句子成分"下。而1962年的这一整册教材中，这种"词语"和"句子成分"合并的题共有2道，"词语"和"虚词搭

配"合并的也有 9 道，如果分开算的话，1962 年的总题数又将增加 11 道。

表 4 - 4　1959 版、1963 版人教高中语文第一册课本练习题比较

版本	课文篇数	语文知识篇数	练习题内容分布									
			总题数	内容理解	文章法	背诵	朗读	修辞	句式	词语	作文/复述	虚词
1959	15	3	44	31	7	4	1	1	0	0	0	0
1963	21	2	70	37	13	6	1	1	2	2	4	4

从表 4 -4，可以一目了然地看出两个版本间字词句语修逻等基础知识内容份额的差异，不再分析。另外，跟 1962 版初中课本比 1958 版的程度要高一样，1963 版高中第一册的语文知识短文的内容也比 1959 版高中第一册的程度要深，1963 版的是《准确地使用概念》、《严密的判断》，1959 版的是《实词和虚词的运用》《顺叙、倒叙、插叙》和《详写和略写》。

调查资料时，我们还意外地发现，人教 1959 版高中第一册有 8 篇课文挪到了人教 1962 版初中第五册当中，占到了全部课文的 8/15，这至少说明 1962版在整体难度上要高于 1959 版。而通过对这 8 篇相同课文在不同版本中所附习题的比较，更能清楚地发现，两个版本对语言知识与能力培养的重视度存在着巨大的差异。具体情况见表 4 -5。

表 4 -5　人教 1962 版初中第五册与 1959 版高中第一册共同篇目的习题比较

篇名及出处		内容理解	文章写法	背诵	朗读	句子成分	复句与词语	改写/日记	修辞
蝶恋花·游仙（赠李淑一）	59 高 1 册	1		1					
	62 初 5 册	1		1					
中国人民政治协商会议第一届全体会议开幕词	59 高 1 册	3		1					
	62 初 5 册	3		1		2			

篇名及出处		内容理解	文章写法	背诵	朗读	句子成分	复句与词语	改写/日记	修辞
通向共产主义（在列宁运河上）	59 高 1 册	1	1						
	62 初 5 册	1	1				2		
同心结	59 高 1 册	3							
	62 初 5 册	2	1				1	1	
粮食的故事	59 高 1 册	2			1				
	62 初 5 册	2	1				1		
诗二首 杜陵叟 缭绫	59 高 1 册	1	1	1					
	62 初 5 册	1	1	1					1
岳阳楼记	59 高 1 册	1						1	
	62 初 5 册			1	1				1
个人和集体	59 高 1 册	3							
	62 初 5 册	2	1				2		
合计	59 高 1 册	15	2	3	1			1	
	62 初 5 册	12	6	4		2	6	1	2

同样 8 篇课文，1959 版的课后练习仅 22 道，1962 版的课后练习有 33 道，比 1959 版的多了 50%。就练习所涉内容来说，1959 版的更注重于对于"道"的关注，22 道习题中对于思想内容的理解就有 15 道，占总数的 68.2%，1962 版的则只占总数的 36.4%，少了将近一半。从题型看，1962 版增加了句子成分、复句与词语、修辞三种题型，明显地表现出对于汉语基础知识的重视。

第五章

现代汉语母语教育的畸变期（1966～1977）

　　"文化大革命"使很多领域都遭到了灭顶之灾，母语教育更是如此。所以，虽然1966年之前已有一些异化母语教育的迹象，但1966年这个急风暴雨般的"文革"的开端之年，仍可作为现代汉语母语教育畸变期的起始点。不过，虽然政治意义上的"文革"已于1976年结束，但对于母语教育比较集中的整肃却始自1978年的两个语文教学大纲，所以，我们把畸变期的下限定在了两个课纲颁定前的1977年。另外，之所以把这一期称为"畸变期"，主要是因为从政府的导向上来看，这一期根据谈不上有正面意义的社会母语教育和学校母语教育。但是，这种缺失又不等于断裂，因为语言是人们生活中必须天天使用的与思维凝结在一起的工具，不管政府是不是有意识地去进行教育，它都会真真切切地被社会生活影响着、改变着，而此期社会生活对于人们语言的总体影响是倒退的、变态的，所以也就是畸形的。

第一节　政治挂帅与母语教育的异化

　　"文化大革命"开始前的十来年里，阶级斗争就已经形成风云压城之势。1956年，受赫鲁晓夫秘密公布《关于个人崇拜及其后果》报告的影响，波兰、匈牙利等社会主义国家发生了一些对社会主义阵营影响极大的事件，毛泽东也把刚刚因社会主义改造完成而放松的弦又绷紧了，提出要正确处理两类不同性质的矛盾。如果说1957年的整风是序曲的话，在1959年庐山会议后半段，阶级斗争就已经开始明显化了，而到1962年八届十中全会，更是针对反修防修进一步提出了"千万不要忘记阶级斗争"和阶级斗争要"年年讲，月月讲，天天讲"的口号。自此之后，文化领域的大批判接踵而至，阶级斗争精神也在接下来的社教运动中凝结为"以阶级斗争为纲"的口号。这一口号在建国

17 年的国庆节那天，被《红旗》杂志所发表的社论确认为是"建国 17 年的基本经验"。按照惯常的逻辑，既然"以阶级斗争为纲"是基本经验，那么，已然开始的"文化大革命"就必须继续发扬光大这一经验，然后才有可能在两个阶级、两条道路的斗争中取得新的胜利。

这些情况，就是"文革"期间坚持政治挂帅的实践铺垫与思想基础。政治已经挂帅领导，语文教育当然只能"文"为"道"让路，于是，语文教材中只剩下了各种各样的豪言壮语与你死我活的政治斗争，刚刚树立的较为科学的"工具观"刹那之间就被政治风云卷到九霄云外。而前一个时期刚刚有点起色的语言纯洁化与"双推"工作，也一夜之间全部停止，语言教育陷入了一种可怕的死寂当中。但还不止这些，因为语言处在流动的生活当中，缺乏正面引导就会不进反退，何况还有疯狂失控的社会生活天天对之施以负面影响。

1. 被"革命"的文化与教育

我们知道，自新中国成立以后，因为要改造知识分子的资产阶级思想，文化战线一直处在烽火不断的态势当中。在着力于实现新民主主义向社会主义转变的 50 年代初，先后受批判的有《武训传》、俞平伯、胡适、胡风和周扬。《武训传》的"反动性"是毛泽东 1951 年指出来的，他严肃地在《人民日报》发表社论，号召全国人民展开对《武训传》的批判，从而发动了建国后思想战线上的第一次大斗争。然后是 1954 年 10 月，毛泽东认为俞平伯在《红楼梦研究》中，运用"烦琐考证"的方法，表述了"资产阶级反动唯心"的观点，因而发动了新一轮较大的思想批判。胡适在此次批判中受到了牵连，他被认为是"买办资产阶级学者"，俞平伯被认为继承了胡适的路线。胡风的被批判则源于他 1954 年向党中央提出的"意见书"，该"意见书"用 30 万字的篇幅批评了党的文艺方针和毛泽东文艺思想，结果，到 1955 年，"胡风反革命集团"就在毛泽东的亲自号召下陷入了全民批判的境地当中。

不过，此期受冲击的主体基本上还只是一些个人。而自 1957 年整风开始，受冲击的对象就开始扩大到基本面上了。在"左倾"思想影响下，提意见的整风初衷很快发生了变化，不明就里的大学生与知识界人士"大鸣大放大字报"搞得轰轰烈烈，结果都只是为"引蛇出洞"提供了材料。一年前才被宣布成为工人阶级一部分的知识分子，先是党外的章伯钧、宋云彬、黄药眠等，然后是党内的作协副主席丁玲、艾青、《人民文学》副主编秦兆阳等，很多都遭到了劫难。

1962 年开始教育调整之后，文教界稍微有了一点儿安静。但 1963 至 1965 年又兴起了"文化大批判"，这次批判起始于柯庆施、江青、康生批昆剧《李慧娘》，然后发展到 1965 年批北京市副市长吴晗的新编历史剧《海瑞罢官》，一般认为是"文化大革命"的序幕。

按照"文革"发动者的意思，"革命"是个褒义词，但在今天看来，"文革"中的"革命"只能按一个动宾结构来理解，"文化大革命"，就是"大大地革了文化的命"。也正是因为文化界屡屡受到这种"革命"的冲击，所以翻阅新中国成立后的文艺作品可以发现一个共同的现象，那就是：为了避免戴帽，作家们都特别迎合政治，即使是周立波、柳青、赵树理这些扎根农村、离政治较远的作家，写出的《山乡巨变》（1959）、《创业史》（1959）、《三里湾》（1963）也仍然要以政治运动与中心事件作为主要背景。从某种程度上说，这也正是文艺被革命的一种标志，后来的京剧改革、芭蕾舞剧改革，说明的都是同一个问题。

在文化被革命的同时，教育也没有逃脱被革命的厄运。

从 1958～1961 年的"教育革命"开始，教育方针就被确定为"为无产阶级政治服务"和"与生产劳动相结合"，教育制度面临"全面改造"。后来，1961 年调整国民经济时，刘少奇认为教育革命中出现了很多乱、糟、偏的情况，于是教育界又风平浪静了两年。但是，由于教育结果的慢显性不适合整个国家亢奋昂扬的前进步伐，而学生在接受文化教育的过程中又确实需要付出比较多的努力，所以一些性急的人们就急躁起来，甚至还直接写信给毛泽东反映情况。结果，1964 年，毛泽东批示北京铁路二中魏莲一校长时说，"现在课程太多，对学生压力太大。讲授又不甚得法。考试方法以学生为敌人，举行突然袭击。……都是不利于培养青年们在德、智、体诸方面生动活泼地主动地得到发展的。"[1] 1965 年又给陆定一写信说，"学生负担太重，影响健康，学了也无用。建议从一切活动总量中，砍掉三分之一。"[2]

1966 年 5 月，毛泽东发出了《五七指示》，要求学生在"学文"的同时"学工学农学军"，认为"学制要缩短，教育要革命，资产阶级统治我们学校的现象，再也不能继续下去了"。这个指示正好在中共中央政治局扩大会议期

---

① 中共中央文献研究室. 毛泽东文集（第八卷）[M]. 北京：人民出版社，1999：376.
② 转引自顾黄初. 中国现代语文教育百年事典 [M]. 上海：上海教育出版社，2001：447.

间发出，所以其最快速与最直接的结果，便是使会议通过了毛泽东亲自主持制定的《中国共产党中央委员会通知》（《五一六通知》），一般认为这就是直至1976年10月才结束的"文化大革命"的开始。再接着，8月份，八届十一中全会召开，通过了《中国共产党中央委员会关于无产阶级文化大革命的决定》（即十六条）这个纲领性文件，再次重申"必须彻底改变资产阶级知识分子统治我们学校的现象"，确定"改革旧的教育制度，改革旧的教学方针和方法"为"文化大革命"极其重要的任务。会议期间，毛泽东发表《炮打司令部》的大字报，震撼全世界的红卫兵运动由此拉开帷幕。1967年元旦，《人民日报》发表社论，号召广大师生介入社会进行串连，"停课闹革命"，教育陷入一片混乱。事隔一月之后，从2月份开始到3月份之间，中央连续发出三个指示，要求小学、中学、大学复课，但中小学复课后主要是学习"老三篇"、"十六条"、唱革命歌曲，同时批斗旧教材，批判旧教育制度，进行军事训练。此后"教育改造"中重大的事件还有1969年批凯洛夫的"专家治校"和"智育第一"，1971年由迟群、姚文元、张春桥炮制成功的全面否定十七年教育的《全国教育工作会议纪要》，1973年白卷英雄张铁生和黄帅事件，以及1975年反对教育好转的"右倾翻案风"等。

此次全面改变资产阶级统治学校的"革命"，至少产生了以下几个方面的直接后果：

第一，学习的主要内容由学科学文化常识变成了学工学农学兵。新中国沿袭了解放区的教育经验，比较重视实践，自1956年起，初、高中各年级就增设了"实习"这一课程，初中进行教学工厂、实验园地两种实习，高中进行农业实习、机器学实习、电工实习，初三还增设工农业基础知识课；师范二年级增设教学工厂实习、农业生产基本知识和实习，三年级增设小学手工劳动教材教法。上述变化，都跟农工紧密联系，但只是作为一种补充课程。但"文化大革命"却把文化全面打倒，走上了重点学工学农学军的道路，不仅在学校读书时如此，甚至毕业了还要接受工农再教育，要像69届、70届、71届毕业生那样一概分配至农村、边疆、厂矿去。

第二，办学主体由以国家为主改为全党全民办学。办学主体下移在大跃进时期有过尝试，但真正大量地"开门办学"则始自此期的1968年。这一年10月14日《人民日报》刊发了山东省嘉祥县马集公社马集小学侯振民、王庆余的《建议所有公办小学下放到大队来办》一文，《人民日报》要求全国讨论。

到12月，《人民日报》又就"城市的小学及中学应当如何办"展开讨论，发表了北京、上海、天津等城市读者的部分建议。这些建议基本上指向城市应由工厂办小学、街道办小学，或在工人宣传队长期驻队的情况下，学校同工厂、公社、街道保持挂钩，师生定期参加劳动。当时认为大队办小学的好处主要是可以自觉抵制"智育第一"，包括：首先，从根本上改变县文教局领导中心校，中心校领导高完小，高完小领导各小学的修正主义教育路线；其次，有利于对公办小学教师进行再教育，使之又是教员、社员，又是宣传员和斗私批修战斗员，并经常参加劳动，不再蔑视贫下中农；最后，利于小学生不脱离政治与生产，改变高小毕业生"干啥啥不中"、一心向往城市、不愿劳动的状况，毕业回家可以做毛主席著作学习辅导员、记工员、植保员、赤足医生等。① 除此之外，教师工资改成记工分，给予适当补助，还可减轻国家负担。这种理论后来发展为倡导"上小学不出村，上初中不出队，上高中不出社"。办学主体的下移和学习内容的更换使得"文革"期间产生了许多"新事物"，比如工农兵上大学、千百万知识青年上山下乡、大寨学校、上海"七·二一"工人大学、辽宁朝阳农学院、江西共产主义劳动大学等等。

第三，课堂内师生关系错乱，教师没有发言权。由于教育秩序大乱，学校变成了想上什么课就上什么课，教师也有很大的机动性，经常临时指定。在"反天才论"的指引下，倡导"师生平等"，主张"师生合作"，从教学内容确定、教学方法使用到作业批改、成绩考评全部都要合作。工宣队虽然没有文化，可以把"形而上学"理解为"形儿背着书包去上学"，"白砖道路"解读为"用汉白玉做砖铺成的路"，但他们在学校里地位最高。第二类具备发言权的人是学生，红卫兵、红小兵们的造反积极性很高，刚开始是批学校领导和老师，给他们剃阴阳头、挂黑牌子，使他们尊严扫地，然后从1969年起又开始了"小将上讲台"。而老师呢，因为地位太低，甚至只能"实行无语教课法，上课不讲话，只在黑板上写，写完就走，因为太乱，没法讲课"②。而农村里提倡赤脚教师，上完课就赤脚下地干活。所以，当时的教学质量由此可见一斑。

① 温州市革命委员会政工组.农村公办小学下放到大队来办讨论意见选辑［C］.无产阶级教育革命的讨论意见选辑［M］.1968：3～23.
② 郑谦.被"革命"的教育［M］.北京：中国青年出版社，1999：346.

2. 异化了的母语教育

此期的母语教育十分不正常，主要表现为在政治高压之下，人们都没有话语权，全社会只剩下领袖的一个声音，普通人只能道路以目或者鹦鹉学舌。

毛泽东的语言本身确实有特色，成为开国领袖之后，就更受人关注。据刘兴策、黄赛勤观察，50 年代末到 60 年代初，就曾出现过学习研究毛泽东语言文字思想的热潮，有的高校还专门开设了"毛泽东语言研究"课。① 可见，在"文革"之前，毛泽东的语言就已经在社会上产生了一定的影响力，但此时的这种影响力主要表现为一种理性的分析，与"文革"期间由于政治高压而形成的一统天下截然不同。

"文革"时期，报刊杂志和广播电台一起，天天刊发与播送鼓动领袖崇拜的歌曲与口号，"毛主席和人民心连心"，"抬头望见北斗星，心中想念毛泽东"，"毛主席挥手我前进"等全国人民都可以张口就来；毛主席的任何举动都会引起全国人民的热烈关注，所有"最新指示"几乎都会一夜之间传遍全国。学校的语文类教材，基本上翻开就是"老三篇"（1944 年 9 月 8 日《为人民服务》、1939 年 12 月 21 日《纪念白求恩》、1945 年 6 月 11 日《愚公移山》）。最神的是毛主席语录，这种红宝书全国每个家庭都有，甚至人均一本还不止。从那几年的《参考消息》看，红宝书被译成了很多种文字，在日本、法国、挪威、巴基斯坦、美国等许多国家都曾经形成抢购潮。"手捧红宝书，想起毛主席"是当时十分流行的话。据统计，《毛主席语录》"1966～1976 年在新华书店售出送出的数目达 50 余亿册。……其版本一共有一千多种，其中最小的开本是 512 开，比火柴盒还小，……最大的四开，和报纸一般大，专供年龄大的首长们学习，……至于盲文版、金版、银版，更是层出不穷。"② 更为奇特的是，这些语录不仅可以用来看，而且还可以用来唱。当时有些毛主席语录，甚至"老三篇"都被谱成曲，然后举行大合唱、大联唱。印刷品中出现的"毛主席"、"毛主席语录"、毛主席文章中的话等等，都必须用黑体字加以昭示。另外，从电影里还经常可以看到，战争时代献身共产主义的人就义前通常会高喊"共产党万岁"，但是，到了此期，英雄人物临死前会高呼"毛主席万岁"，遭冤而死的人自杀之前有的也喊"毛主席万岁"。

---

① 刘兴策，黄赛勤. 毛泽东语言文字思想研究简述 [J]. 语文建设，1993（12）：2 - 5.
② 白戈. 1966 - 1976 中国百姓生活实录 [M]. 北京：警官教育出版社，1993：3 - 4.

与此形成对照的是，从 1966 年夏天开始，各类文艺刊物就主动或被动停刊，没有停办的正规报刊仅有经常联合发表社论、左右新闻舆论的"两报一刊"（《人民日报》《解放军报》《红旗》）、《解放日报》《光明日报》《人民画报》以及主要选登外国报刊言论的《参考消息》。出版社也基本上停止了工作，不再出版文科书籍，甚至连建国后十七年中空前繁荣的连环画创作，在"文革"前期也仅限于个别英雄故事的讲述。更加难以置信的是，从 1966 年到 1973 年，竟然八年中没有拍过一部故事片，能够公开放映的只有被所有人民看过无数遍的几部国产电影、几部"兄弟国家"电影及几部纪录片。学校里语文类教材基本上也只局限于毛主席著作和一些时政文章，1970 年后才有了鲁迅著作和几篇曾受到毛泽东肯定的文言文加盟。

可以说，正是因为"文革"前期的文化荒漠，中央人民广播电台和"两报一刊"的引导才会真正遍及全国并深入每个人的内心。我们知道，大部分人都有一种从众心理，当广播里送出的"红色电波"一遍一遍地拍打着耳膜，当周围人们都在大小领导的带领下手捧革命宝书、千遍万遍欢呼"敬祝伟大领袖毛主席万寿无疆"，如果再没有产生认同感就必然会产生自我怀疑。而且，对于一部分贫苦百姓来说，在一定程度上，可能"读毛主席的书成了大家生活的第一需要"还是一种发自内心的表述。在那些曾经备受压榨的老贫农老工人看来，跟旧社会比较起来，即使是处在饥荒的三年困难时期，共产党领导的新中国也让他们感觉甘甜无比，所以他们愿意通过现身说法、忆苦讲史，来引导青年一代也深深感谢共产党和毛主席。

与领袖语言一统天下相应的，是社会上出现了言语形式千篇一律的趋势。本来，言为心声，个体有差异，说出来的话语也就应该各不相同，为什么会出现反常的千篇一律现象？让我们来看一下"文革"期间的常见画面：几乎遍及全国每个角落的广播每天都播送着大同小异的革命歌曲；剧院和露天场地上演着描述革命的戏剧、舞蹈和故事，节目的内容大多是你死我活的阶级斗争，所有的舞蹈几乎不可能缺少枪矛这种道具，红旗下高举着臂膀立志拯救受难人民的英雄层出不穷；类似"巍巍井冈山下，朝晖撒满田野，一片红旗翻舞，阵阵歌声飞扬，男女社员，高举伟大领袖毛主席和毛主席语录牌，浩浩荡荡上工了！"[①] 的报告满目皆是；报刊的文章署名前不是冠以"工农兵作者"就是

---

① 最新最美的人. 解放军报 ［N］. 1969 - 02 - 19（3）.

冠以"XXX 写作组";……一切的一切,都那么的模式化和有序化,本来应该是个体的行为全变成了革命的集体行为,甚至连男女恋爱都不被允许,女人也完全失掉了女人的特征,一个个争着变成铁姑娘。在这样的军事化社会氛围当中,语言自然也就军事化了,变成了相同的政治术语在不同人嘴里的千万遍重复。

第二节　社会母语教育：政治高压下的语用歧路

"文革"期间,各项文化事业普遍遭到摧残和扼杀,语言规范化的成果也难逃厄运。中国文字改革委员会撤销,文字改革相关的报刊纷纷停刊,一些已经标注了几年的报头拼音也纷纷取消,推普成了一项无人问津的工作,方言严重回潮,规范化工作全面停滞与倒退,各类小报上的语言毛病俯拾即是,整个社会语言进入一种混乱状态。跟其他各项工作一样,直到"文革"后期,以推普为龙头的社会语言教育才开始在周恩来等人的关心之下逐渐走出低谷。在这个没有正面母语教育的时期,社会生活却仍然对全体国民的母语状况产生影响,这种影响集中表现在语言的斗争化倾向和话语模式的"假大空"。

一、语言斗争化倾向

军事化气氛浓郁的"文革"时期,产生了两种新的语言艺术形式。其中一种是对口词。对口词题材广泛,常用于向人民群众宣讲最新最高指示,或者是鼓动大家献忠毛主席,或者是歌颂社会主义新气象和打击帝反修资等。因为往往要搬上各类舞台,所以就会配备一些表情和动作,表情以"怒目相视"为特色,动作以坚强有力为标准。以对口词为基础,发展出"多口词""多口剧""对口快板""锣鼓词"等。其共同的特点是用词通俗,句式简短,多用对偶、排比,而且讲究押韵,一般情况下都是一韵到底,读起来就像放连珠炮,朗朗上口,所以感觉战斗力特别强。另一种新的语言艺术形式是京剧样板戏。早在 1944 年,毛泽东在看了延安平剧院演的《逼上梁山》一剧后,就曾经认为,创造了历史的人民在旧戏舞台上成了渣滓,《逼上梁山》把这种被颠倒了的历史重新颠倒过来,值得表扬。"文化大革命"正式发动之前,毛泽东又批判文艺部门"至今还是'死人'统治着"。受这种思想指导,京剧、芭蕾舞、交响音乐等领域都开始发动革命,从而出现了著名的六个京剧样板戏《红灯记》《奇袭白虎团》《智取威虎山》《沙家浜》《海港》和《龙江颂》。

这些革命样板戏以工农兵英雄形象为主角，人物语言鲜明地表现出对人民的爱和对敌人的恨。这两种新创语言形式的革命化倾向正体现了时代的风向，而随着对口词在全国各地的大量创作和革命样板戏的层层普及，革命化的语言风格也就越来越成为一种遍及全国的时髦。

与此相应的，是公共词汇明显的斗争化色彩。确实，语言和社会生活息息相关，在以阶级斗争为纲的年代里，处处都是隐藏的"阶级敌人"，所以人们，尤其是城市及其郊区的人们，几乎都生活在紧张的斗争生活阴影之下，斗争性质的词汇也就因此与人们的生活如影随形。"造反有理"和"夺权"曾是"文革"初期最激动人心的两个词语。"造反有理"来自于毛泽东写给红卫兵的信，他充满希望地赞扬红卫兵"对反动派造反有理"，并且接连八次在天安门接见了来自全国数以千万计的红卫兵和其他革命群众。从1967年"一月革命"起，全国又开始了普遍的"夺权"斗争。造反也好，夺权也好，都得有武器，毛主席倡导的是"要文斗，不要武斗"，所以语言就成了最大的斗争武器。

阶级斗争要年年讲、月月讲、天天讲，那么生活态度上就必须"怀疑一切""否定一切""冲击一切""打倒一切"。而怀疑、否定、冲击、打倒的武器是语言而不是其他器械，因此，社会上就出现了史无前例的詈语成堆的现象。一些青年男女及游手好闲的投机者，开口闭口就"油炸""炮轰""火烧""血洗""砸烂"，就"扫地出门""刺刀见红""血战到底"。官方报告与文件的语言也与此类似，如"我们要继续把叛徒、内奸、工贼刘少奇搞的那一套买办洋奴哲学、爬行主义批倒批臭"这种恶声恶气的表达，就出自林彪在"九大"上所作的政治报告。就连以理性见长的研究性论文，也失却了正常情况下应该具备的理性，如"反动阶级……如丧考妣，暴跳如雷，穷凶极恶地进行抵制和破坏。……资产阶级却百般刁难，设置重重障碍，妄想把革命现代戏扼杀在摇篮之中；……资产阶级却采取'偷梁换柱'的方法，费尽心机地歪曲、丑化无产阶级英雄人物；……资产阶级或恶毒地攻击谩骂，妄想搞垮它，或施放糖衣炮弹，企图腐蚀和分化瓦解革命的文艺队伍"①，就是一个典型的例子。可以看到，当时对于所谓的敌人，从上到下，从"学术"到生

---

① 初澜. 中国革命历史的壮丽画卷——谈革命样板戏的成就和意义［A］. 革命样板戏论文集第一辑［C］. 北京：人民文学出版社，1976：2.

活，基本上都采用了一种以谩骂和攻击为主的态度。当然，用于描述己方的语言也不见得温文尔雅，如"决一死战"，"抛头颅，洒热血"，"宁为公字前进一步死，不为私字后退半步生"等等，让人一眼看过去就能感觉到一种血腥的悲壮。总之，命令式的语言、恶毒的语言横行祖国大地，中华传统的谦己敬人的话语方式很难再觅踪迹。

为什么公共词汇会出现这种不正常的斗争化？有一种观点认为，是"文革"带给人们的压力太大，恶毒语言和挥拳跺脚的激烈方式可以减轻人们内心的紧张不安。从发泄心理的角度来看，这种观点确实有一定道理，但是，如果按照这种分析，那么，就应该理解成"文革"时期人们之所以会有上述激烈的言行，是因为他们想减轻精神压力。可是就今天所能看到的资料来说，当时的激烈言行绝大部分都来自一种集体的意识失控，也许，说他们的行为导致了自我精神放松是可以的，但是，如果说他们是为了放松精神才去攻击他人，那就恐怕因果倒置了。

二、话语模式"假大空"

整个"文革"时期呈现出一种"假大空"的共同话语特征。

此期最大的假话是"忠于毛主席"。从一些文艺作品中，经常可以读到"文革"时期对于派系斗争的描述，打斗谩骂的两派都声称自己"忠于毛主席"，攻击对方是"反革命"，同样的口号出自对立的两派，明显违背了矛盾律，所以肯定有一方说的是假话。如果说这种假话可能是对概念本身的理解错误的话，那么，当时社会生活当中主动有意识地说假话的现象也是遍地皆是的。从《文革死亡档案》① 一书所举的例子来看，几乎所有冤死的知识分子都是因为不肯说假话而送的命，那么，反向逆推，那些受到批判而最后没有送命的人当中，应该就有一些是由于说假话而侥幸逃过"文革"一劫的。

大话也是一种假话，是一种特殊的假话。较早的大面积大话出现在大跃进时期，当时很多明显不合事物逻辑的大话都被当成了真话到处宣传，破坏了社会风气。"文革"期间，文艺创作要求"三突出"，阶级性导向明显，这种风气延伸到社会生活中，就变成要把无产阶级专政的思想落实到每一句话当中，要求大家尽量歌颂与无产阶级有关的事物。为了说大话，就必须用上一些高程

---

① 陈贤庆. 文革死亡档案［M］. 北京：中国大地出版社，1993.

度副词，但"文革"期间，人们不仅用高程度副词，而且还把它叠加起来，甚至出现了"最最最最最敬爱的伟大领袖，我们心中的最红、最红、最最红的红太阳毛主席"之类的表达法，极尽夸张之能事。另外，并列、对偶等结构也可帮助意义叠加，如长沙市中学语文教学辅导站选编的高中第一册《语文》第七课《一份没有填写的入党志愿书》中，"井下是齐腰深的烂泥，冰冷刺骨；头顶是锅盖大的蓝天，令人目眩"，"白雪覆盖原野，大地冰冻如铁"，"浑身热血沸腾，眼前金光四射"之类的并列结构有几十处，其中不少都给人一种夸张失实的感觉。

与假话、大话并行的还有空话。以前鲁迅先生曾讲过一个"这个孩子，哈哈哈"的故事。这个故事反映了一个道理，即：当对话各方不能坦诚相待，或者当不同阶层群体之间根本无法对话之时，人们如果不能讲真话而又不想讲假话，那么可以用空话或一些无关紧要的话来填补交际中的时间空白。在翻云覆雨的"文革"生活中，话说得太"实"容易招祸，没什么意思的空话，却可以不害人、不招祸，所以说空话就成了人们明哲保身的一种好方法。"文革"时期大家最流行说的空话是毛主席语录，毛主席语录本来反映了毛泽东的思想，当然不是空话，但在"文革"期间，人们却把它当成了是一种盾牌，以至在任何语言交际中都要穿靴戴帽地加上几句。白戈曾经这样归纳这种现象："无论大字报，感谢信，漫骂文，声明，食堂菜单，通知，前言，书信，乃至自己的日记都要先引用诗词再拟正文。……毛主席诗词是一切文字的外包装，有了外包装，文方能成文，理才将成理。"① 其实，书面语言如此，人们的生活日常语言也是如此，比如新同志见面或两口子结婚，往往都会念"我们都是来自五湖四海，为了一个共同的革命目标，走到一起来了"的语录，很明显，这句语录新同志见面说说还勉强对得上题，两口子结婚时念就有点儿牛头不对马嘴了。这种时候，引用毛主席语录的目的，大约就在于为自己寻求保护伞了。就语文教材而言，一般在目录之前就会集中展示一些毛主席语录，不少篇目的前面也会引用一段毛主席语录，主要意思，大约就在证明入选内容的正确性。

也许"文革"刚开始的时候，人们并没有认识到自己及周围语言的变异情况。因为自从三四十年代的工农民主专政以来，劳动群众的力量就被一步步

---

① 白戈.1966—1976 中国百姓生活实录［M］. 北京：警官教育出版社，1993：35.

发掘出来，并在革命中发挥了巨大的效用；新中国成立后，工农兵成了新政权的主人，是思想纯洁的历史创造者；而新中国前十七年的成就，又客观上肯定了工农群众的无限潜力。所以，到"文革"前夕，群众集体性的自我效能感已经相当高。在发自内心认可的红太阳的指引之下，这样一个自信的群体，把一些原本不难分辨出不够真实的判断，都当成了此刻的真理。也许，受萦绕在整个社会中的军事化氛围影响，集体意识特别强烈的人们，此刻只是注重自我反省，从而在比较中找出差距，让自己不掉队、不变色，以符合整个社会的革命色彩。可以说，"文革"初起之时的很多假话、大话、空话都出自于这种集体无意识和从众心理，当革命热浪灼过之后，一些人的理性渐渐恢复，但社会流行的话语模式却已并非个体所能改变，为了不在强行改变中走向自我毁灭，清醒过来的人们只好依旧言不由衷地说着假话、大话和空话。

第三节　学校母语教育：政治主导与农村倾向

"文革"时期的语文教育以政治思想教育为主导，语言知识与能力的教学不在国家的要求之内，唯一受到重视的应用文训练，目的也仅是为了适应革命大批判的政治需要。作为理想母语标本的教材语言，也在农村倾向的教育"革命"当中，放弃了对书面语言常规"美"的追求，出现了僵化俗化的不良倾向。

一、语言训练基本退场

早在"文革"前两年，忽视语言基础训练的做法就已经有了一定市场，1964年的中考就只考了一篇作文。这次尝试引发了一场"语文只考一篇作文"的大讨论，《安徽教育》《山东教育》《江西教育》《浙江教育》《河北教育》《黑龙江教育》等都参与了讨论。虽然赞成与反对之声基本持平，但有了毛泽东"中学学一点逻辑、语法，不要考"的支持，再加上"文革"期间完全乱套的学校教育体系，此期的语言训练必然只能走上一条式微之路。

（一）政治主导下的语文教学

无论是从学校课程设置、语文教材内容还是从语文课的教学方法来看，此时的语文课都已经不是通常意义上的语文课。

"文革"初始，语文课的课程设置和教学内容就引起了教育部的考虑，它在向中共中央、国务院递交的《关于1966～1967学年度中学政治、语文、历史教材处理意见的报告》中指出，中学教材没有突出政治，没有以毛泽东思想挂帅，不能再继续使用，应全部审查一次，同时还建议将"政治和语文合并，以毛主席著作作为基本教材，选读文化大革命的文章和革命作品"。对于这一报告，中央的批示是，"应组织力量重新编写和审查这些教材，……不论高小或初小都要学习毛主席著作，初小各年级学习毛主席语录，高小可以学习'老三篇'，以及其他适合小学生思想政治水平和语文程度的一些文章。"①

在这种指导思想下，各地都展开了对语文课程的讨论及语文教材的重编工作。"文革"期间，影响全国的小学语文教学章程或教学大纲，城市的以《上海市中小学语文教学大纲（供讨论用）》（1969年）为代表，农村的以吉林省犁树县《农村中小学大纲》（1969）为代表。上海市仍然保留了语文课，但其大纲的"教育要求"部分对学生的语文要求却比较低，只要求"做到能读（自学毛主席著作乙种本，阅读和理解报刊通讯报导），能写（会写大批判文章和歌颂工农兵先进事迹的记叙文，会写几种常见的应用文），能说（掌握汉语拼音，用普通话讲述事情），会用几种常用的标点符号，学会查字典和写端正的毛笔字。"② 而犁树县大纲的课程则是"小学设语文、算术、革命文艺、军体、劳动5门，中学设毛泽东思想、农业基础、革命文艺、军体、劳动5门"，相当于小学仍保留了语文课，中学则用"毛泽东思想"取代了"语文"。③ 这种做法在当时应该算是一种创举，在此影响下，有的学校把语文、政治合并为"政文"课，有的则把政治、语文、历史三科合并，以毛泽东著作为基本教材。这种纷乱的课程设置法，直到"文革"后期才得到规整。

各地所编教材，自然都是以毛主席语录之类政治色彩浓厚的资料作为基本内容，其中，按照林彪的部署，"老三篇"还必须各个年级都要学，要作为座右铭反复学。所以，很多课本都是一打开就是毛泽东关于无产阶级大革命的"最高指示"摘录，然后是"老三篇"。据陈必祥统计，上海市1972年《初中语文课本》第一、三、五册中，毛主席文章和诗词、马列恩斯文章、鲁迅杂文占50.2%，样板戏选场、评论、总结、家史和通讯占37.3%，古代诗文占2.4%。④ 要说明的是，这稀有的一两篇古文，应该也都是曾在毛泽东文章中

① 顾黄初. 中国现代语文教育百年事典［M］. 上海：上海教育出版社，2001：449.
② 顾黄初. 中国现代语文教育百年事典［M］. 上海：上海教育出版社，2001：450.
③ 周全华."文化大革命"中的"教育革命"［M］. 广州：广东教育出版社，1999：97.
④ 陈必祥. 中国现代语文教育发展史［M］. 昆明：云南教育出版社，1987：287.

得到过肯定的如《愚公移山》《共工怒触不周山》之类。

不过，由于各省都设了省中小学教材编写组，各校也可自己编写，所以教材良莠不齐，不能一概而论。就所查阅到的"文革"教材来看，天津、河北的仍然比较注重语言能力的提升，比如，天津市中小学教材编写组编写的天津市中学试用课本、天津市四年制普通中学试用课本、天津市高中试用课本等几个系列 1971～1974 年（此前此后的没有收集到）的语文课本，都比较重视语言知识的学习，都有（有的是每一篇课文后都有，有的是一些课文后有）课后练习，选材内容虽然也带有很强的政治性和时代性，但选文的语言却偏向文艺化，语言修养较高，口号堆砌、空话成堆的选文较少。而上海、湖南则可能因为是"文革"主要人物的故里或工作地，教材的政治色彩要更浓一些，有的甚至从内容上都看不出是政治教材还是语文教材。比如上海市小学教材编写组编写的上海市小学暂用课本《语文（六年级第二学期用)》（1968）和湖南省中小学教材编写组编写的湖南省小学试用课本《语文（第七册)》（1969），除了前者在《反对自由主义》一文中给 3 个词语作了注释、后者在课本最后附了一个"信封、通知的写法"之外，两本教材都只有光秃秃的课文，连一道练习题也没有。那么，这些课文内容又如何呢？前者共 20 篇课文，有 8 篇的作者是毛泽东，2 篇的作者是林彪，其他 10 篇依次是《在世界地图前——李文忠同志支左的故事》《毛主席——工农兵心中的红太阳》《一块语录板》《反击的号角——〈告上海全市人民书〉是怎样产生的?》《有几个苍蝇碰壁》《老柏树下》《海港（节选)》《"一秒钟"与"每一秒钟"》《麦得贤最听毛主席的话》《无限热爱毛主席的国际共产主义战士白求恩》。后者共 22 篇课文，其中有 6 课为《毛主席语录》，其余 16 课依次是：《〈毛主席语录〉再版前言（节选)》《伟大的中国共产党》《韶山儿女纵情歌唱红太阳》《"我要永远跟着毛泽东同志走"》《毛主席著作选读》《一件破棉袄》《痛斥"剥削有功"的反动谬论》《毛泽东主席给阮友寿主席的贺电》《毛主席诗一首》、《美国飞贼就擒记》《七亿中国人民是不好惹的》《胜利永远属于毛主席的革命路线——"东风"号大轮船》《毛主席叫我为人民服务》《国际主义战士罗盛教》《老红军韩成亮》《麦地里不平常的一课》。

既然所选的要么是毛主席语录、诗文与政治报告，要么是对英雄人物的歌功颂德，要么是千人一面的忆苦思甜和家史，那么，课文内容基本上早已通过遍布城乡的广播或家家户户都有的红宝书耳熟能详，表达形式上值得咀嚼的也不是很多，教学时自然只能往微言大义方面进行挖掘，再加上政治的强力要求，老师们就不得不把政治思想讨论作为教学的主要内容。有位中学教师1975年所说的话很恰切地说明了这一变化，"文化大革命前，我每当接新班上第一节语文课时，就拼命强调语文学科的'双基'（基础知识和基本技巧）……这些年来……我逐渐懂得了……要把转变学生的思想放在首位。"①

并且，自1968年7月工人毛泽东思想宣传队进驻学校之后，"修正主义教育路线"的大批判开始，经常给学生上课的人很多都是工宣队员。由于文化水平比较低，这些工人师傅们只好顾名思义，尽量往时政上拉，比如一名工人师傅曾经把"春风杨柳万千条，六亿神州尽舜尧"解读为："摇，表示欢呼，就象红卫兵见到毛主席，在天安门广场上摇语录本一样，送走瘟神是好事，当然要欢呼的。顺着摇，表示拥护中央和毛主席。反着摇，当然是阶级敌人了！"② 一位"文革"时期在东北读小学的被访者也曾经向笔者讲过类似的事情，说一位工宣队员把"小米加步枪"理解成红军没有钱买子弹，就把小米塞进步枪里当子弹打敌人，解释完了之后还真心实意地对学生发感慨："红军连口粮都拿来打敌人了，这么大的恩情，咋不叫人感谢哩！"这种从政治角度出发对文本的胡乱解读，应该不是一种偶然现象。

（二）忽视语言知识与训练

课文选择注重政治化，已经说明了此期语文教材对于语言知识与语言能力训练的忽视，除此之外，教材编排和辅助系统也说明了同样一个问题。

"文革"语文教材因为不关注语言训练，所以教材极其缺乏系统性。表现最明显的，是同一篇课文竟然重复出现在同一套教材的不同册数当中。如河北省初中试用课本《语文》（第二册）（河北省中小学教材编写组编，河北人民出版社，1970年8月第1版，1971年1月第2次印刷）和《语文》（第五册）（河北省中小学教材编写组编，河北人民出版社，1971年6月第1版，1971年6月第1次印刷），第二册的第17课是《古代寓言二则 黔之驴 叶公好龙》，第五册的第15课与此相同，而且两篇课文的注释一模一样，甚至连紧跟着的"学和用"的内容也是一模一样，如此缺乏系统性，真是不可想象！再比如，

---

① 高润华. 批判修正主义教育路线 坚持语文学科改革 [A]. 上海师范大学教育系. 无产阶级教育革命万岁 [C]. 上海人民出版社，1976：348－353.

② 白戈. 1966－1976中国百姓生活实录 [M]. 北京：警官教育出版社. 1993：156.

同样是上海市中小学教材编写组编写，由上海革命教育出版社出版的《语文》课本，小学六年级第二学期（1968）和中学二年级第一学期（1969）中也都有《炮打司令部（我的一张大字报）》这一篇课文。有意思的是，小学版的下面没有注释，中学版的反倒为"淆"和"剿"两个字标注了读音。

　　整个"文革"的语文教材比较缺乏辅助系统，一般地，小学往往没有任何语文知识和练习，中学版的则会有少量的"语文知识"和"学与用"（"学与用"是当时对于课后练习的一个有特色的称呼，来源于当时倡导的对于毛泽东思想要"活学活用"一词）。但是，就是这少量的一点知识短文和课后练习，也因为浓厚的批判气息而降低了原本应有的指导作用。如上海市中学课本《语文（二年级第一学期）》（1969 年 7 月版）的 6 篇"学与用"中的几道分析性习题都跟政治思想和社会中心事件密不可分，而 4 篇"语文知识"中的例句也没有一句不带有强烈的政治意味，如果涉及课文内容分析，则必定会使用很多口号式语言。虽然这本教材给出了一定的语言知识与语言能力训练，但由于表述方式的过于政治化与情绪化，自然会影响学生理性地吸纳知识和培养能力。为直观起见，我们把该册课文辅助系统的内容归纳为表 5 - 1。

表 5 - 1　上海 1969 版中学《语文（二年一期）》的"语文知识"与"学与用"

语文知识	1. 句子成分（一）
	2. 夹叙夹议
	3. 论点和论据
	4. 句子成分
学和用	（一）共 4 道题，主要要求：1. 配合国庆举行诗歌朗诵会；2. 场面描写；3. 用比喻的方法写一段话；4. 句子成分练习
	（二）共 4 道题，主要要求：1. 默写毛主席词《满江红 和郭沫若同志》；2. 联系当前国内外形势，分析说明美帝、苏修都是纸老虎；3. 叙述故事（运用课文中的具体事例）；4. 用夹叙夹议法写一篇记叙文
	（三）共 3 道题，主要要求：1. 谈对课文的体会；2. 出一期大批判专栏；3. 课外阅读姚文元《评陶铸的两本书》

续表

学和用	（四）共 3 道题，分别是：1. 默写毛主席词《清平乐·蒋桂战争》、《渔家傲·反第一次大"围剿"》并领会其基本精神；2. 运用毛主席的阶级分析基本观点，结合家史，写批判刘少奇"剥削有功"论的文章；3. 句子成分练习（定状补、的地得）
	（五）共 3 道题，分别是：1. 背诵《继续保持艰苦奋斗的作风》全文；2. 、怎样"继续地保持艰苦奋斗的作风"？3. 给上山下乡的知识青年写一封信
	（六）共 2 道题，分别是：1. 课外阅读《毛泽东选集》的某一部分，领会毛主席运用"曹刿论战"这个故事的意义；2. 领会毛主席运用"共工头触不周山"的意义（本单元为古文二篇）

二、写作教学"一枝独秀"

跟其他的语言能力训练相比，此期仍然坚持了的就只有写作训练，所以说是"一枝独秀"。在这"一枝独秀"的情况下，教师对写作教学的探讨确乎不少，学生也写出了大字报、小字报等种种形式的作品，但由于此期不重视基础的语言积累工作，加之教材内容矫情空洞，所以，虽然在一些知青地下创作的坚持之下，此期的写作训练到 80 年代以后结出了一些丰硕的成果，但培育出这些硕果的主要养料却不是"文革"时期的写作教学本身，所以，"一枝独秀"一词应加上引号。

（一）现象

中国语文编辑部收录了刊载于国内约三百种报刊的语文教学论文，编成《语文教学篇目索引（1950－1980）》（1982，上海教育出版社）一书，全书把所有论文分为 18 类编排，作文教学是其中的一类。因为都是按年代顺序编排，笔者在浏览所收论文目录时就发现了一个有趣的现象，即，其他 17 类的每一个小类都是在 1965 年后面紧接就是 1977 年或 1978 年，几乎没有多少例外，但"作文教学"这一大类的各个小类中，大部分都还有少量一些"文革"时期的文章，以 1973、1974、1975、1976 年的稍多，总计论文数是 35 篇。这就说明，当其他方面的教研都几乎完全停滞的时候，作文教学却在仍然残存的学术刊物中保留有一席之地。而从前面提到的梨树县和上海市两个课纲来看，应用文写作能力仍然也还是此期课纲的一个要求。

此外，如果从 80 年代热闹非凡的文学流派来进行反观，也可发现"文革"时期的写作训练一直被畸形地重视着。因为，80 年代的文学作家中，有很多就是在"文革"期间成长起来的青年人，像"朦胧诗派"中写出"在凄凉的大地上写下：相信未来！"（1969），"在那镀金的天空中，飘满了死者弯曲的倒影"（1976），"黑暗给了我黑色的眼睛，我却用它来寻找光明"（1980）的郭路生、北岛、顾城，就都是下放的知识青年，都经历过"文革"初期的狂欢与之后几年漫长的煎熬与反思。而虽然卢新华在发表《伤痕》（1978）这一"伤痕小说"发韧之作时已经成为"文革"后第一届大学生，但他同样也在"文革"中做过多年插队劳动的知青。这些作家在青年时代就能写出如此震撼国人的作品，在一定程度上倚靠的是他们在"文革"当中以文字慰藉青春的举动。

（二）原因考察

当其他语言乃至语文教学因素都已经凋零之时，写作教学却仍然受到一定的重视，具体原因比较复杂。

第一，因为写作教学适应了政治生活的需要。"文革"时期到处强调"阶级斗争"，写大批判文章几乎成了每个人的政治生活必需品。而对于较大年纪的学生来说，他们用以热血沸腾地参与政治活动、发表政治见解的方式，如大字报、小字报、歌颂工农兵英雄事迹、记录村史家史、记录忆苦思甜史等，都离不开文字形式的记录。在上述各种形式中，学生们最热衷的就是大字报。据考察，作为一种"民主"方式，大字报是在 1957 年的反右派运动开始出现的，全国的第一张大字报就诞生于学生之手，它于该年 5 月 19 日清晨"出现在北大大饭厅灰色的墙壁上，内容是质问北大团委出席共青团三大的北大代表是如何产生的。"① 而到了"文革"期间，在毛泽东发表了他的《炮打司令部》之后，转化为红卫兵、红小兵的学生们，更是把对于大字报的态度上升到了是"革命派"还是"保皇派"的高度，所以几乎人人都要参与其中，借墙上的文字以表明态度。除大字报外，还有小字报，这种高年级红卫兵们自办的油印小报，更能集中地反映他们的"革命"见解，所以他们满腔热忱地写

---

① 罗平汉.墙上春秋：大字报的兴衰［M］.福州：福建人民出版社，2001：10.

作、印刷、宣传，并在这一系列活动中结识同样热爱用文字表达见解的朋友。学生们自发的热情与上层的倡导也刚好不谋而合，因为"文化大革命"正需要写作这种式样的"革命行动"。

把这些大字报和小字报也算作写作训练，并非没有事实根据，因为，从当时发表的关于作文教学研究的论文标题中，可以很明显地发现，"文革"期间的写作教学，根本目的就在于为政治中心事件服务。写作教学研究的论文题目，如《到三大革命运动中练习写作》《作文教学要为三大革命运动服务》《我们怎样指导小学中年级学生写批判文章》、教育学生为革命而练笔》《开门办学中的一次通讯写作课》《以社会为课堂 改革作文教学》《一次有意义的通信活动——改革写作教学的尝试》等等，无不反映出当时为政治斗争服务的写作训练倾向。

第二，"文革"又给了青年学生大量自由的写作时间。如果说"文革"初起时的学生写作主要是以参与政治为目的的话，那么，从1967年开始，在学生们最初的"革命"热情已然退去，理性渐渐回复，而上山下乡的号角还未吹响的那段空白时间里，他们中的大多数开始变成颓废派或自由派，结伴游玩和私下获得的文学书籍成了他们打发时光的最好活动。这些活动为他们日后的写作积累了必需的一些素材。

而"上山下乡"以后，这些下放到农村、厂矿、边疆的初高中毕业生，又成了"革命"理想完全被湮灭的知识青年。从一些回忆录或反思"文革"的影片当中可知，知识青年和被下放地区的文化氛围是格格不入的，他们大部分都封闭起来过内部的日子，在这样远离城市、远离家乡、远离文化的地方，他们失望、惆怅、焦虑。在这些人当中，每个人都在为自己寻找着出路，或者说，用各种各样的方式发泄着自己的情绪，而那些在当红卫兵时曾经精心办过油印小报、出过大字报的一部分人，则又重新拾起喜欢的文字，在对现实生活的反思与追寻中形成了一种深沉隐晦的总体风格，构成一个"地下"文学青年群。而他们所创作的地下作品也会在知识青年这个封闭的圈子里流传，不少作品也像食指（郭路生）的《相信未来》一样，在这种不断的流传中名声大振。当然，这样的自由写作已经是一种自我训练，不能算作写作教学的一部分，但应当可以把它们看作是"文革"写作教学的一个后续成果。

当然，我们知道，在政治氛围特异的"文革"时期，学生要想表现出自己的"为革命而读书而作文"，就必须在作文中多喊口号，论说文抄报纸成为一种普遍风气，记叙文也为避免"资产阶级情调"而以记大事和英雄人物为主。这样的一种思想导向，加之此期其他语言能力都处于不进反退的状态，所以可怜的写作训练也就自然不可能结出丰硕的成果。很多回忆录表明，在思想僵化、教材口号化、话语模式假大空的"文革"时期，学生习作总体呈现出一股极浓的"帮八股"习气，空话较多，言之无物。

三、教材语言僵化俗化

此期的教材语言出现了僵化与俗化两种趋势。僵化是指话语风格一成不变，导致僵化的两个主要原因是强调阶级斗争的社会氛围和"假大空"的社会话语模式。俗化是个中性词，涵盖了通俗化和粗俗化两个意思，导致俗化的原因主要是此期工农兵和农村教育地位的大幅度提高。

（一）政治高压下的僵化语言

翻开任何一本"文革"教材，都能感受到课文当中所带着的强烈"阶级"爱憎。

"文革"教材最重要的内容，除了毛泽东的诗文语录之外，还有宣讲活学活用毛泽东思想的成功事例。介绍这些事例的成功缘由时，出现频率最高的句子是"在战无不胜的毛泽东思想的光辉照耀下"，"怀着一颗无限忠于毛主席的红心"，"想起了毛主席的教导"等，总之，都表达了对毛主席的无限热爱与忠诚。而当介绍这些英雄人物与环境或"坏人"作斗争之时，往往会出现"内心立刻燃起万丈怒火"，"没有被吓倒"，"轻蔑地看了一眼"之类的话语，跟样板戏中的人物表情和内心独白如出一辙。这些典型化语言的多次呈现，不由人不想到"僵化"一词。

歌颂己方的成功，也是"文革"教材的一个重要内容。歌颂之时，为了突出强烈的敬佩之情，往往会堆砌形容词，夸张、对偶、排比等修辞格的出现频率也非常高。以河北省初中试用课本《语文（第四册）》（1971）为例，第10课《天地同歌〈东方红〉——颂我国第一颗人造地球卫星发射成功》的开头是"望天空，满天星斗红；看大地，遍地热潮涌"，第11课《威镇扬子江——参加南京长江大桥建设的英雄们》的开头是"紫金山麓，石头城下，宏伟壮丽的南京长江大桥通车了。那巨大的钢铁长虹，飞架大江南北，威镇扬子江"，第13课《清华园里尽朝晖》的第二段是"红旗漫卷，歌声如潮，锣鼓喧天，清华园沉浸在节日的欢乐里"。显然，这几篇课文为了表现出内心的兴奋，浓墨重彩地运用了各种修辞手法。当然，如果只看一篇这样的颂扬文章，会感觉语言的积极修辞和消极修辞都用得比较好，能够有效凸显热烈的情感，但当这样的文章一篇接一篇马不停蹄地出现在教材中时，就因为过于高调而让人感觉不太真实。

而且，确实也有一些为了达到某种修辞效果而牺牲了文义乃至基本规范的课文，比如河北初中课文第四册第 2 课《大庆沿着毛主席指引的道路阔步前进》就出现了这种情况，该课第 3 段中有："十年前，广大石油工人紧跟毛主席的伟大战略部署，手捧金光闪闪的毛主席著作，在头上只有青天一顶，脚下只有草原一片的大荒原，展开了夺油大会战。"这个长句中套进了两个对偶，一个是"紧跟毛主席的伟大战略部署，手捧金光闪闪的毛主席著作"，另一个是"头上只有青天一顶，脚下只有草原一片"，单看这两个对偶，确实是比较工整，但把这两个对偶放回整个长句当中，就发现不合事理逻辑：前一个对偶句在整个句子中作状语，修饰中心动词"展开"，那么，"手捧金光闪闪的毛主席著作"还如何"展开夺油大会战"呢，没办法，我们只能把"手捧金光闪闪的毛主席著作"这一部分作抽象的理解，不把它看成是实在的动作；如果说这个对偶句嵌进去还勉强可以曲线理解的话，那么，第二个对偶句的对句放回全句之后，组成的结构是"头上只有青天一顶，脚下只有草原一片的大荒原"，也就是说，用"草原"来修饰"大荒原"，这就跟人们的一般理解颇有差距了。

"血泪斑斑""苦大仇深"的家史，也是语文教材的一个较为重要的选材来源，但是，无论控诉的主角是谁，这些家史的基本腔调大致却是一样的，让人读了一两篇之后，就能知道所有同类课文的主旨。

语言僵化，其实就反映了写作时的思想僵化，但写作时的思想僵化，却并不代表作者本身没有思想活力。因为在"文革"这种特殊时期，书面写作跟整个社会的生活语言状况一样，有的人确实是在自觉地用这种僵化的言语方式发声，但也有很大一部分人是因为不得已而做出的苟且选择。

（二）俗化语言出现频率较高

前面已经提到，俗化包括了"通俗化"和"粗俗化"两个意思。

我们知道，整个"文革"时期，工农兵的地位被提到了史无前例的高度，教育体制也是大幅度向农村倾斜。在这种情况之下，毛泽东所倡导的通俗语言得到了教材编写者的大力挖掘。于是，随便翻开一本"文革"语文课本，都可以读到一些工农群众的口语化极浓的语言，并且也有一些署名"工农兵作者"或由工农兵口述的作品被选进了教材。

通俗化语言的特点整体以短句为主，读起来非常上口，同时还运用一些老百姓的日常俚语和语气词，让人觉得生动活泼、十分鲜活。在河北省中小学教材编写组编写的河北省初中试用课本《语文（二册）》（1970）中，这样的句段就比较多，如：

> "饭要一口一口地吃，敌人要一个一个地消灭。斗私，要打歼灭战。有的同志说：'不要割韭菜，要拔大葱。'对，就要这样，坚决把它斗倒斗垮斗臭，要斗到脸上发烧，身上出汗，吃不下饭，睡不着觉。"

> "'三夺印'说明了啥？说明了阶级敌人是'癞蛤蟆剥皮不闭眼，甲鱼剖肚不死心'，他们是变着法子要翻天的。他们硬的不行来软的，明的不行来暗的，招数可多哩！他们的'变天账'可不是'豆腐账'，那是向俺贫下中农要命的账。"

> "和敌人一起吃吃喝喝，这说明已经和敌人坐在一条板凳上了"，久而久之，就会和敌人合穿一条裤子，为敌人说话、做事，被拉下水。"

> "过去，阶级敌人算剥削账精得很，算盘一响，多少人倾家荡产、家破人亡！现在，突然'大方'起来，做明吃亏的交易，这难道不是夜猫子进屋来者不善吗？"

一行一行读下来，不仅让人觉得特别爽口，而且很有表现力，是一种真正通俗化的值得提倡的表现方式。

不过，批孔批儒批资产阶级的时代氛围，又很容易使人避雅就俗，甚至于把"粗俗"当成是工农兵本色。"文革"教材在语言的处理上，很多时候也犯了这种把"粗俗"等同为"通俗"的毛病。尤其是在表现阶级仇恨之时，教材往往会把粗俗的无理谩骂当成是通俗的工农兵语言加以欣赏。像某篇课文在批判陶铸著作时所说的"打开一看，妖雾弥漫，毒草丛生"之类的话语，还算是比较文雅的；有篇课文描述赫鲁晓夫听说我国发射了第一颗原子弹时用的是"滚下了台，跌得鼻青脸肿"，同时还把我国人造地球卫星发射成功比喻成"射出一支有力的红箭，对那正做着大帝国迷梦的小丑，一箭穿胸！"，这就显得粗俗了。李行健 1984 年谈到语言美时，批评"文革"中"把粗话、野话、脏话歪曲为工农兵语言，美化为工农兵大老粗的豪爽直率的表现"①，从"文革"的教材语言来看，这种批评应该是中肯的。如果要寻找"文革"中把"粗俗"视为工农兵特质的原因，那么，语文教材是难辞其咎的。

---

① 李行健."语言美"漫谈［J］．天津师大学报，1984（2）：71 –75.

第六章

现代汉语母语教育的恢复期（1978～1989）

前一章讨论畸变期的下限时已经谈到，1978 年产生了两个整肃性的语文教学大纲，这两个语文教学大纲对于修复"文革"给汉语母语教育带来的巨大创伤意义重大。此后，"语言工具观"得以恢复，科学理性成了萦绕于此期学校母语教育领域的主旋律，直到 1990 年底"语法无用论"集中爆发，人文精神才开始较为有力地对母语教育进行新一轮反拨。基于以上原因，我们把1978 年和 1989 年分别确定为恢复期的起始之年和结束之年。

而把这个时期称为"恢复期"，则主要有以下三个原因：第一，"文革"期间较建国十七年的母语教育水平要低得多，因此"文革"结束之后，首先是要采取建国十七年时期曾经实施过的一些措施，使母语教育的整体水平恢复到"文革"前的既有水平；第二，母语教育在"文革"期间受的伤害非常大，要治病复元，就必须与病根病灶做斗争，而"文革"结束后的几年内，母语教育也确实经历了一个新旧观念斗争比较激烈的阶段；第三，经过了新旧观念斗争比较激烈的几年之后，此期的母语教育迎来了一个势不可挡的向上向好的阶段，整个母语教育事业经过这一个阶段之后即将踏上一段新的征程。也就是说，相对于"文革"，1978 年到 1989 年间的母语教育无疑是一种修正与提高，而相对于之后的 90 年代来说，此时母语教育的关注焦点和实际水平又都基本上没有超出"文革"前的最高水平，也没有发生理念上的重大更新，所以，总体而言，这是一个为新的质变铺平道路的时期，我们把它命名为"恢复期"。

第一节　百废待举与母语教育的复元

"文革"中受冲击最大的人群是知识分子，知识分子被打倒，社会的科学与文化水平就自然落伍。为了修复"文革"对教育所造成的巨大破坏，缩小与西方科技的巨大差距，"文革"结束后不久，邓小平就在1977年5月24日与中央两位同志谈话时提出了要"尊重知识，尊重人才"。① 然后，这年8月，新华社记者在《人民日报》发表《人民教师应当受到尊重》一文，该年年底，高考之门重新开启。接着，1978年，邓小平在全国科学大会开幕式上提出"科学技术是生产力"的著名论断，特级教师开始评选；1979年全国开始评选德、智、体全面发展的"三好学生"，1980年5月《人民日报》刊发社论《全社会都要尊师爱生》，邓小平又于同一月倡导青少年做有理想、有道德、有知识、有体力的"四有"新人（《人民日报》在1982年"五四"社论中把"四有"的内涵发展为有理想、有道德、有文化、有纪律）。与此同时，学校改行校长负责制，学制改革开始，城市小学试行六年制，重点高中由二年改为三年，办好重点中学被提到一个新的重视高度。……总之，知识、教师、科技重新受到普遍重视，系统论、信息论、控制论引进中国，"黑猫白猫，能抓老鼠就是好猫"的观点尽人皆知，各行业的弄潮儿开始摆脱政治束缚、大展身手，全社会开始激荡着时不我待的进取之声。

母语教育也在这种进取向上的号角声里重整河山。社会语言教育方面，为了让在"文革"中大伤元气的社会话语方式恢复正常，"语言美运动"成为80年代最重要的社会语言教育运动；汉字改革则先是旧事重提，然后在计算机输入瓶颈问题被攻克后，改弦更张不再主张拼音化；从"文革"后期开始，普通话的推广与拼音方案的推广一起，逐渐被社会上层提及，到了80年代初期，学校就重新明确提出要学习和掌握普通话。学校母语教育方面，第一件有影响的事情是旨在"让学生扎扎实实学好语文"的1978年两个语文课纲诞生。这两个课纲重新确立了"工具观"的地位，是语文教学也是母语教学全面恢复的开端。为了更好地掌握汉语这个工具，教学语法新体系经过几年的酝酿之后于1984年诞生；与此同时，基础知识和基础训练也不仅重新恢复了"文革"前的要求，而且随着社会对高考重视程度的不断加深而在80年代中期达到了最高峰；另外，在继承与发展建国十七年时期语言工具观的思想指导之下，此期还出现了追求语言教学科学序列的教改思潮，这一思潮在整个80

---

① 邓小平．"尊重知识，尊重人才"［A］．《中国教育年鉴》编辑部．中国教育年鉴（1949－1981）［M］，北京：中国大百科全书出版社，1984：45－46．

年代都备受瞩目与关怀。

这一时期，母语教育的词典、杂志、报刊增多，《现代汉语词典》（1978）、《新编小学生字典》（人民教育出版社小学生字典编辑室编，1986）、《实用语文教学辞典》（罗大同，1989）及其他同类辞典纷纷先后出版；《语文教学通讯》（1978）、《语文学习》（1978）、《语文学习（小学版）》（1978，1981年改为《小学语文教师》）、《中学语文教学》（1978）、《课程·教材·教法》（1981）、《小学语文教学》（1981）、《语文报》（1981）、《中学生阅读》（1984）都于此期创刊。1985年起陆续出版的丛书"语文教育家论语文教育"囊括了朱自清、叶圣陶、夏丏尊、陈望道、郭绍虞、黎锦熙、吕叔湘、王力等作者，不可谓不是此期母语教育的一项盛举。此外，中国教育学会中学语文教学研究会（1979）、中国教育学会语文教学法专业委员会研究会（1980）、小学语文教学专业委员会（1980）等专业团体纷纷成立，除蒋仲仁、张隆华、时雁行、霍懋征、于漪等语文教育家继续发挥余热外，钱梦龙、魏书生、张孝纯、丁有宽等一大批新的语文教育家也开始涌现。

第二节　社会母语教育：国家规划下的回归与调整

此期的社会母语教育包括了语言美运动、汉字改革的拼音化余波及方针调整、普通话的重新推广三个方面。

一、重谋健康纯洁的语言美运动

自1951年倡导为健康、纯洁的祖国语言而奋斗以后，整个50年代到60年代前半期，社会语言渐渐呈现出一种比较健康、纯洁的发展态势。但是，在极其动荡的"文革"期间，受蛊惑的热血而懵懂的少年、心怀不轨的投机分子、善良软弱而只求自保的普通百姓，与错误的阶级斗争政策一起，使得社会语言出现了斗争化倾向与假大空模式，加上"四人帮"所宣扬的思想最重要、不要抠字眼的导向，五六十年代曾经形成的良好状况被破坏得面目全非。1981年，针对"文革"已经结束三四年但仍有不少人行为粗鲁、语言粗俗、缺乏文明的现象，全国总工会、共青团中央等九个群众团体联合发出《关于开展文明礼貌月活动的倡议》。倡议发出之后，"四美"中的环境美运动很快就与当时正在推广的爱国卫生运动结合起来，而心灵美、语言美和行为美三者则以"语言美"为核心，很快形成了一个"语言美运动"。当时，很多学校、单位都进行了集中讨论，不少人写了相关文章发表，《人民日报》等报纸针对报刊语言问题组织了专家座谈，《工人日报》开辟了《五讲四美一百题》专栏，云南还专门为此创办了一份《语言美》报。

综合起来看，当时对语言美的讨论，大致经历了社交语言美、规范语言美和文学语言美三个层次。

最初的讨论主要围绕社交语言美来展开。正如王振昆、谢文庆紧接倡议发出之后所评价的，"当前我们所提倡的语言美，是鉴于社会上存在着严重的语言污染，就社会交际语的纯洁性角度而提出的"①。什么才是美的社交语言呢？余何知（1982）提出，语言美的具体标准是"和气、文雅、谦逊"②，这三个标准也可以在 1982 年前后发表的其他关于语言美的论文里看到。从"和气、文雅、谦逊"这三个词的意思来看，此时所说的语言美就是指社交语言美，并且明显是针对"文革"期间说话语气凶狠、血腥味儿浓，喜欢恶语伤人、强词夺理的语言风格提出来的。所以，当时对基本谦敬词、礼貌称呼、委婉语、避忌语、请求句式进行了大力宣扬与推广，一些窗口行业还因为广泛使用这些词句而得到了登报表扬。

在大力倡导语言社交礼貌的同时，语言规范之美也被提了出来。由于"文革"期间正面语言教育的缺位，"文革"之前语言规范工作的成效基本毁于一旦，错别字、用词不当、生造词语、滥用方言古语、搭配不当、句式不完整、不合事理逻辑、乱用标点等不规范的语言现象随处可见。针对这种情况，《新闻战线》除了特设"语文知识"专栏之外，还仿照民国时期即有的做法，设了"文章病院"一栏，专门用来匡正报刊杂志上不规范的语言现象。在这种风气的引导之下，整个八九十年代，编辑们又像建国十七年中曾经做过的那样，特别注意语言的规范，"勘误表""更正声明"等又成为书刊杂志中常见的一个组成部分，语言文字规范重新受到了重视与敬畏。

稍后几年，随着语言美运动的逐步推进，人们对于"美"的语言也提出了更高的要求，主要表现在开始追求语言的形式美。讨论形式美的文章基本上集中出现在 1986 年之后，张德明 1987 年提出语言美"泛指一切能给人以美感

---

① 王振昆，谢文庆．语言美在社会生活中的作用［J］．语文研究，1981（2）：68–71.
② 余何知．"语言美"的标准及其他［J］．语文研究，1982（2）：47–49.

的语言，包括语言结构要求本身所具有的美感和语言运用中所表现的各种言语美"① 的观点，就是这种转变的集中体现。

二、经历拼音化余波后的汉字涅槃

（一）拼音化余波

"文革"结束之后，社会母语教育方面，急于恢复的第一件事是汉字拼音化。此期的小学拼音教学改革、"注·提"识字都是汉字拼音化思想的注脚。

为什么此时要重提汉字拼音化？第一，当时全国各行各业都在重新整装，努力恢复被"文革"中断了的事业，此时的汉字拼音化重提，也不过是这股洪流中的一朵小浪花，是进行曲中的一个小音符。第二，"文革"结束之后，科技前所未有地被提到了"第一生产力"的高度，任何违背科学的事物，此时都有可能被人们弃如弊履。1978 年中国主动打开国门之时，最先进的科学技术是计算机技术，而自 1946 年计算机诞生开始，计算机领域的话语权就一直掌握在欧美国家的手中，而欧美国家所使用的文字都是拼音文字，计算机文字输入软件也均为拼音文字而设计，所以，当此时中国人急切地要发展计算机技术时，却遇上了汉字根本无法输入计算机的大难题。这样一个巨大的矛盾，使得当时不少人都认为，汉字真正拼音化的时代已经来临，作为"汉字拼音化的助产士"，计算机可以帮助孕育了近百年却一直难产的汉语拼音文字呱呱坠地。

此期从理念上倡导拼音化的最有力人物是胡乔木。作为高层领导，他敏锐地感觉到了实施汉字拼音化的困难，但却依然坚信拼音化是汉字改革的最终归宿，所以，他一面提醒不能急于实现拼音文字，但另一面又认为必须通过拼音电报、小学拼音教学、在文学作品中夹用拼音字母推行来《汉语拼音方案》，通过研究正词法、标调法、同音词等踏踏实实的工作，来为最终一定要实现的拼音文字努力奋斗。正是基于这种理解，胡乔木对当时自己主管的文改会工作非常不满意，他多次批评文改会和之后的国家语委，说他们"工作有头无尾，没有坚持到底"，"信誉很低"，"搞关门主义"，"倾向于得过且过"。② 这些严

---

① 张德明. 论"语言美"的分类及其研究趋向 [J]. 锦州师院学报（哲学社会科学版），1987（4）：88 - 94.

② 参见《胡乔木传》编写组. 胡乔木谈语言文字 [C]. 北京：人民出版社，1999：276 - 298；301 - 305；308 - 309；354 - 358.

厉的批评，归根结底还是希望把文字改革工作抓起来。

推行上最得力的可算是文改会副主任叶籁士和秘书长倪海曙。他们倡导创办了《语文现代化》这一旨在实现汉字拼音化的刊物。从刊物名称可以看出，创办者们认为汉字是落后文字、拼音化才符合现代化的主流。这一后来被认为是"汉字拼音化权威刊物"的不定期出版物，总共只办了 8 期，却发表了许多倡导汉字拼音化的文章，比当时的《文字改革》火力还猛。

此外，很多语言学家也很坚持拼音化。比如王力就曾归纳出汉语拼音化的五大好处，认为：文字跟拼音一致的话，学起来就很方便；26 个字母的简与 200 多个部件的繁构成了鲜明对比；文字音素化是文字发展的最后阶段；拼音化有利于国际文化交流，有利于语文教育和信息处理，有利于四个现代化。① 吕叔湘比王力的支持力度更大，他 1980 年在《语文现代化》第 1 期上就发表了"汉字拖四个现代化的后腿"的观点。而伍铁平 1988 年还坚持认为，我国儿童花在学习语文知识上的时间之所以要比拼音文字国家的要长得多，"并不是因为汉语难学，而是因为汉字难学"②。此外，学校的语言文字工作者也大多支持拼音化，如陈恩泉在 80 年代初抱怨汉语拼音"还没能在全国小学、中学里普及"，认为原因就是多年来的拼音教学没有"从汉字拼音化这个长远目标出发"。③

（二）汉字涅槃

但是，正如前面所说，此期拼音化的最大推手是汉字与计算机的冲突，只要这个冲突解决了，拼音化就会立即失去根基。

早在社会科学界为是否需要拼音化展开热烈讨论之前，科学研究界已经开始了脚踏实地的汉字信息化研制工作。科学家支秉彝蹲牛棚时就在茶壶盖等地方给《新华字典》中的汉字编码，1974 年 8 月我国的汉字信息处理系统工程（"748"工程）已经开始展开，1976 年北京大学等单位开始研制计算机——激光汉字编辑排版系统，1981 年清华大学副校长钱伟长发起成立了中国中文信息研究会。经过十来年的努力之后，1985 年，多家单位联合研制的计算机

---

① 王力. 汉字和汉字改革［A］. 王力文集（第 20 卷）［C］. 济南：山东教育出版社，1991：256－258.

② 伍铁平. 汉语并不难学［A］. 盛炎，沙砾. 对外汉语教学论文选评 1949－1990［C］. 北京：北京语言学院出版社，1993：241.

③ 陈恩泉. 汉语拼音教学法［M］. 武汉：湖北教育出版社，1983：179－180.

激光照排汉字编辑系统通过鉴定达到了世界先进水平，汉字的计算机输入与输出问题得到了根本解决。

与汉字编排系统日渐成熟相对应的，是汉字拼音化呼声的日渐低落。1982年汉字拼音化工作已开始走下坡路，1984年就有人建议将文字改革工作改称为语言文字工作，1986年"文字改革工作委员会"更名为"国家语言工作委员会"，同年《文字改革》更名《语文建设》。与此相应的，学校母语教育方面，1978年《全日制十年制学校小学语文教学大纲（试行草案）》和1980年《全日制小学语文教学大纲》都曾提到汉语拼音"有利于为将来实现汉字拼音化打下基础"，可1986年的课纲就把汉语拼音的要求转而表述为"能借助汉语拼音识字、正音、阅读、学习普通话。"一般认为，1986年是汉字拼音化道路的终结之年，此后又经过十几年的沉淀之后，在2001年开始实施的《中华人民共和国通用语言文字法》中，《汉语拼音方案》被明确规定不是"拼音文字"，《汉语拼音方案》研制与发布之时的终极目标至此不再存在。

（三）百年汉字改革总结

从清末切音字运动开始，到1986年汉字改革工作委员会更名，汉字的拼音化改革经过了约百年的时间。到目前为止，汉字拼音化的思想在政府层面已经烟消云散，但民间学术团体中仍然还有一些人在坚持按词连写，坚持认为汉语拼音不仅仅是识字拐棍。汉字的走向是已经从此定盘，还是以后仍将有所起伏，这一切都需要时间来证明和解释。下面，只归纳一下百年汉字改革的一些经验。

第一，汉字改革与文化思潮的关系。民族与人一样，越自卑的时候就越害怕比较，而另一方面又偏偏不停地要去比较，并且一心只看到别人的好，而把自己拥有的看得一文不值。鸦片战争以后一直到新中国成立之前的中华民族，就一直处在这种自信心特别低落的时期，以至于对于中国传统文化的否定差不多成了此期进步人士的一个标志。汉字作为传统文化的载体，受到的抨击几乎跟孔学一样多。当时主张废除汉字的名人非常多，吴稚晖、傅斯年、胡适、陈独秀、钱玄同、鲁迅、蔡元培、瞿秋白、吴玉章等都在此之列。

当然，废除汉字，除了为了反对传统文化，还有就是为了实现文艺大众化。根据初步整理，可以发现，这近百年中，每一次文艺大众化的思潮，都会带来一次批判汉字的高潮。具体情况见表6-1。

表 6-1　文艺大众化与汉字改革的关系

时期	背景	文艺大众化	汉字改革
清末	资产阶级民主运动要求解决文艺大众化问题	白话报纸大量出现	切音字运动
袁世凯当政期	袁世凯等要求复古读经	跌入低潮	跌入低潮
五四	建设三民主义国家	白话文运动	公布注音字母，但未真正用于民众扫盲
国民政府时期	白话文成功领域有限，且半文言、欧化严重，倡导恢复读经。	国统区讨论文艺大众化与通俗化；革命根据地整顿文风	大众语运动、别字文运动和新文字运动
十七年	急需提高工农文化水平	倡导乡土文学	汉字改革分两步走，第一步是简化汉字
改革开放	经济文化水平提高	文艺多元化	重颁《简化字总表》，汉字改革结束

　　第二，汉字改革与汉字本身性质的关系。五四时期提出废除汉字有个"文字进化论"的理由，即世界上的文字都要经过三个阶段：第一阶段是最古老的、最落后的形意文字，第二阶段的叫意声文字，第三阶段才是拼音文字（字母文字）。很明显，西方文字是先进的拼音文字，而中国文字则是典型的落后文字。此时先进的人们都受此影响，大多认为"标音文字是属于文字发展的最进步的阶段，也是最适合于人民大众的需要的"[1]。也就是说，汉字拼音化运动肇始于人们对于汉字性质的这种新的认识。但是，十分有意思的是，20 世纪 80 年代中期人们终止汉字拼音化工作之时，理由也是从汉字性质出发的，认为只有汉字才最符合汉语的特点。

　　第三，汉字改革与国家政策的关系。正如陈青之所说，"教育本身所具的力量确乎有限，自统治阶级观之，不过是一种傀儡而已。"[2] 语言文字改革的力量，也关键是看政府是不是倾力支持。我们知道，民国时期有过种种简化汉

---

① 张世禄. 汉字改革的理论和实践 [M]. 北京：文字改革出版社，1957：17.

② 陈青之. 中国教育史 [M]. 上海：东方出版社，2008：编前语/2.

字和汉字拼音化的努力，边区政府也为推行新文字做过许多孜孜不倦的工作，可是此时社会动荡，所谓的文字改革，不过是历史天空飘过的云朵而已。所以，1918 年公布国语罗马字时，地位就是"第二式"；拉丁化新文字确实在 30 年代中期的上海红火了一阵，后来因为政治色彩而将阵地转到根据地之后，虽然被根据地政府赋予了史前未有过的地位，但毕竟不是唯一的通行文字，要想后来居上地超过汉字，还是缺乏强有力的政治因素。可是，新中国成立之后，由于毛泽东、周恩来、吴玉章、陈毅、郭沫若、茅盾等党和国家领导人都十分关心和支持文改，汉字改革也在领袖的巨大影响力之下直接来到了田间地头。到了 80 年代以后，"有相当一部分人，包括有些领导干部在内不赞成文改。……过去热心文改的老同志现在还健在的已为数不多，并且年龄都很大了。"① 缺乏领导层支持的文改工作，从此只能走向消亡。

三、逐渐恢复的推普工作

"文革"后期，与推普有关的汉语拼音推广工作已经开始逐步恢复，虽然小学语文课本中基本上仍然没有出现拼音教学的内容，但大部分学校事实上会带教一点儿汉语拼音，而中国文字改革工作委员会更是在 1973 年就开始了"汉语拼音基本式教学法"的试点探索。社会推广上，1970 年周恩来已经批示同意解放军总参谋部在启用新报务制度时，将英文代字式的通报用语改为汉语拼音式通报用语。

但这些都还只是一些苗头，真正意义上的大面积行动，要从 1978 年算起。这年的 8 月 26 日，教育部发出了《关于加强学校普通话和汉语拼音教学的通知》，规定从 1978 年开始，全国"五年内应做到各级各类的语文教师（包括民族地区的汉语课教师）基本上能用普通话教学，其他各科教师也能逐步使用普通话教学"。1978 年颁发的全日制语文教学大纲，也对小学到高中的所有学生做出了逐步学会普通话的规定。

不过，此时的普通话推广，无论是学校里，还是在社会上，都还是处于一种不太自觉的状态，语言学家张寿康曾对此期人们说普通话的情况做过一些描述，比较真切地反映了当时的实际情况：

---

① 胡乔木. 关于文字改革工作的谈话［A］.《胡乔木传》编写组. 胡乔木谈语言文字［C］. 北京：人民出版社，1999：301.

一九七九年冬天我到上海……听了几节语文课，大约有十分之三的学生用上海话回答问题。……教师对学生没有提出要用普通话回答问题的要求，……去年秋冬之际我到武汉……汉口听了几节语文公开课，多数的学生用武汉话回答问题。……教师也没有提出要用普通话回答问题的要求，……去年五月一日的时候，在电视上看武汉市团委举办集体结婚的新闻，参加集体结婚的男女青年说的是一口武汉话。①

张寿康用公开课学生没有用普通话回答问题、上电视亮相的青年人不用普通话表达、教师们都没有要求学生说普通话等细节告诉我们，当时人们说普通话、推广普通话的意识仍然是多么的淡漠！

同时，提倡普通话的学者对政治也还有些心有余悸，如于根元《推广普通话简论》（1980）出版时就特意加了一段"开头的话"，其中引用了毛泽东、周恩来对于推广普通话的态度，还特意提到华国锋同志也很重视推广普通话，并举1956年湖南成立推广普通话工作委员会时华国锋任副主任委员，以及1969年5月华国锋去湖南湘潭易家湾看望欧阳海生前所在连队指战员时说过"毛主席号召要讲普通话，你们要推广普通话啊"等为例，为推广普通话寻找政治依据。这既是"文革"风气的残留，也反映了当时恢复推广普通话的工作才刚刚起步。

但情况很快得到改变。1981年6月"汉语规范问题"座谈会召开，会议结束后，《人民日报》在刊发此次会议消息的同时，发表了社论《大家都来讲究语言的文明和健康》，把推普列为语言文明工作中的一个重要部分。1982年，时任中国社科院院长和中共中央书记处书记的胡乔木重申推普是文字改革的三项任务之一。就在这一年，"国家推广全国通用的普通话"被写进了宪法，学校推普工作在中断了十几年之后又重新大面积开展。1986年，全国语言文字工作会议召开，国家推普方针由1957年确定的"大力提倡，重点推行，

---

① 张寿康. 全社会都要关心汉语规范问题［A］. 张寿康. 语文知识丛刊［C］. 北京：地震出版社，1981：15.

逐步普及"① 修改为"重点应当放在大力推行和积极普及方面"②。这一方针在 1992 年《国家语言文字工作十年规划和"八五"计划纲要》中又调整为"大力推行，积极普及，逐步提高"③。方针的制定，总是以社会普通话现状为基础的，方针要求的逐步提高，正反映了社会整体普通话水平的日益提高。

第二节　学校母语教育：语言工具观的再次兴盛

"文革"结束，百废待兴，学校母语教育也是如此。较早发出呼吁的是吕叔湘《当前语文教学中的两个迫切问题》（1978），继后，全国"中学语文教学讨论会"在长春召开，人教社去闽川两省做"中学生语文状况调查"，……所有这些活动的核心结论就是：中学语文教学"少慢差费"，必须要加以改革。谈到具体如何改革，人们不约而同地想到的就是借鉴"文革"前的既有经验，于是，"双基"顺以成章地得以恢复与发展，旨在为语言知识教学提供便利的教学语法新体系应运而生，而具体教学也殊途同归地开始追求语言教学的科学序列。

一、"双基"的恢复与修正

"双基"是指基础知识和基本技能（基本能力）。基础知识和基本技能的具体内容是什么呢？根据 1978 年中学语文大纲的规定，语文知识是指"语法、逻辑、修辞、写作知识和文学常识等"，而张仲良 1979 年认为，语文教学界对此的认识并不一致，有的同意课纲提法，认为基础知识是语修逻文，基本技能即关于语修逻文的技能；另外一些则认为双基是指字词句篇的知识与能力。④但不管对于"双基"的界定有着如何的差异，人们对于语言基本知识与能力，又开始像"文革"之前那样热烈关注和高度重视。

（一）"双基"的恢复

虽然培养语言能力、加强语言训练在 20 世纪三四十年代以来就已成为一

① 《文字改革》杂志编辑部. 建国以来文字改革工作编年记事［M］. 北京：文字改革出版社，1985：96.
② 费锦昌. 新时期语言文字工作记事（1978－2003）［M］. 北京：语文出版社，2005：54.
③ 王均. 当代中国的文字改革［M］. 北京：当代中国出版社，1995：848.
④ 张仲良. "双基"教学中的几个问题［J］. 开封师院学报（社会科学版）. 1979（3）：85－88.

个共识，但作为概念出现，还是在新中国成立之后。1959 年，教育部已经开始以语文科作为提高教学质量的试点。自 1961 年中央明确提出"调整、巩固、充实、提高"方针之后，加强"双基"就开始成为一股时代潮流。最早的归纳者是江浙地区的教育领导人，上海市教育局吕型伟等在 1962 年把"双基"的内容概括为"字、词、句、篇，语（语法）、修（修辞）、逻（逻辑）、文（文学）"，后来一直被人们称为"八字宪法"；江苏教育厅厅长吴天石则在 1962 年发表了《加强语文基础知识教学和基本训练》的讲话。1963 年大纲吸纳了语文学界的最新理论成果，强调加强双基和多读多写多练，希望以此提高语文教学质量，1963 年版语文课本也持同样精神，可惜，这一教改精神很快就被"文革"阻断了。

一心讲政治、讲形而上的"文革"期间，学生们也闹哄哄的十分浮躁，大部分人不愿意沉下心学习，加之学校语言基础训练的总体缺位，学生的听说读写能力下降到了一个令人触目惊心的程度。因此，"文革"一结束，不少语文教师就开始对这一现状进行反思与修正，比如，庹修明就在 1977 年发表文章，提出了学生语文能力普遍恶降的现实，并在做出"现在语文教学中存在的主要矛盾是语文基础知识和基本技能差"这一论断之后，明确呼吁一定要重新抓好语文课的"双基"教学。① 编辑部对这篇文章高度重视，特意加了"编者按"，提出了语文教学的目的与要求是什么、"双基"具体是哪些内容、如何进行"双基"教学等一系列问题，希望广大一线教师普遍参与讨论。从编辑部的这一行动来看，语文课恢复"双基"教学，应该已是当时"剑在弦上"的一股思潮，但对具体如何操作的认识却还比较模糊。

开封师院函授部所办的《语文教学参考：高中版》是研究"文革"结束前后语文教学情况的最佳杂志之一。该刊 1976～1978 年间的变化，可以基本反映"文革"结束之时恢复"双基"的足迹。该刊 1976 年第 2 期登载了《一九七六年河南省高中语文第一册和第三册目录》，观察该目录发现，高中第一册和第三册均由 15 篇课文组成，都没有附"语文知识"。② 1977 年第 1 期登载的《一九七七年秋季用高中语文教材目录》中，第一、三册仍然各为 15 课，

---

① 庹修明.应该抓好语文课的"双基"教学［J］.贵阳师范大学学报（自然科学版），1977（4）：84－88.

② 一九七六年河南省高中语文第一册和第三册目录［J］.语文教学参考：高中版，1976（2）：72－74.

不过，第一册附了一篇《语文知识·关于通讯》和一篇《逻辑知识·（一）概念》，第三册附了一篇《语文知识·关于诗歌》。① 根据 1977 年第 3 期的《关于一九七八年春季用中学语文教材目录》，高中第二册共有 17 篇课文，附《语文知识·戏剧常识》《语文知识·立论和驳论》《逻辑知识·（二）判断和依据》；高中第四册共 16 篇课文，附《语文知识·学写总结》《语文知识·文言句法的几个特点》。② 从这连续的三个学期的教材目录中，可以看到，1976 年使用的还是河南省的自编教材，从 1977 年下半年起就开始使用全国统编教材了，跟"文革"时的自编教材相比，统编教材增加了基础知识的教学内容。

从该刊所登载的文章风格来看，1976 年各期和 1977 年前两期还是每篇文章都穿鞋戴帽地引用毛主席语录，并且虽然刊名为"语文教学参考"，但所载文章基本只偏在政治思想分析。以 1977 年第 2 期为例，标题大多是《"时间是属于革命的"——谈〈时间的主人〉》《农民起义的壮丽画卷——〈陈胜起义〉简析》之类，该期共刊了 20 篇文章，这一类的就占了 13 篇，只有《〈红太阳颂〉的写作特点及其他》《〈瞻仰红岩村 怀念周总理〉的内容与写法》《语文教法漫谈》《"命题"浅谈》4 篇论文跟语文教学本体相关，并且穿鞋戴帽的痕迹仍然十分明显。

不过，值得注意的是，这一期刊登了一个《征稿启事》，表示欢迎五种内容的稿件，这五种类型的第③种和第④种分别是"语文知识——包括语法、修辞、文艺理论、写作常识、体裁常识"和"逻辑知识"③。接着，从 1977 年第 3 期起，所刊稿件风格就发生了较大变化，虽然革命导师毛、列、斯等的语录仍用黑体凸显，但对于语文教材的语言风格、写作技巧分析开始逐渐与主题思想分析并驾齐驱，甚至在该期就出现了《关于加强识字教学的几点做法》和《旧体诗词的语法特点》这两篇跟前些年相比风格另类的文章。此后，这种重视语言与写作等知识的风尚就一直保留和发展了起来，像 1978 年第 1 期发表的《把语法教学渗透在语文课讲解之中》《从〈记念刘和珍君〉一课中略谈"反复"修辞手法》等文章，都是这一风尚在持续发展的表现。

---

① 一九七七年秋季用高中语文教材目录 [J]. 语文教学参考：高中版. 1977（1）：73 – 74.
② 关于一九七八年春季用中学语文教材目录 [J]. 语文教学参考：高中版. 1977（3）：98 – 100.
③ 征稿启事 [J]. 语文教学参考：高中版. 1977（2）：30.

其实，《语文教学参考：高中版》的风格变化，正体现了国家语文教育精神的变化，因为 1978 年大纲已经恢复了 1963 年大纲的语言知识体系，做出了"学习课文和必要的语文知识，进行严格的读写训练"的规定，这一规定在 1980 年、1986 年、1990 年的课纲中得到了延续，可以说，从 70 年代末到整个 80 年代，"双基"重新得到了恢复与关注。

（二）"双基"的修正

但是，此次恢复并不是完全意义上的照搬。正如何以聪 1978 年冬所说的，虽然之前也强调"双基"，并且还专门编写了基础知识教材，"但存在着烦琐、难懂、不管用的弊病"①，所以此期对于"双基"的重新重视，不能走过去的老路，必须总结经验教训，把"双基"教学"纳入科学化的轨道"。确实，从 1978 年课纲来看，人们已经开始对既有的"双基"教学进行修正，不仅提出了基础知识教学要以"精要、好懂、有用"为标准的原则性要求，还同时规定："双基"的内容应限定在一个与读写实践最相关、最切用的少而精的范围之内；训练目标应有全局观，要用整体训练目标来统摄各个局部训练的目标；基础知识的学习要结合读写实践，要把知识与运用结合起来。1978 年秋季启用的新编教材确实体现了这一要求，把基本知识写成短文安排到各册之中，并尽量结合了文中注释与课后练习。

此后，"精要、好懂、有用"成为了整个 80 年代各课纲对于"双基"教学的指导性方针。其中，1980 年的相关表述与 1978 年的完全相同，1981 年大纲强调语文知识教学要紧密结合读写实际、加强练习。1986 年全日制小学语文教学大纲在语法、修辞和逻辑的练习要求中，增加了"切合实际的"5 个字，并且要求"不出现名词术语"，对常用词的理解方面也增加了"进行近义词、反义词的辨析"一句话，可见，1986 年课纲向母语应用又走近了一步，更加靠近"精要、好懂、实用"的精神实质。然后，1988 年大纲规定主要凭借课文为例讲授语文知识，突出了通过语境达到"好懂"，1990 年大纲则在追求"精要、好懂、实用"之时，降低了对现代汉语语法知识教学的要求。

为了说明这种方向明确的系列微调，下面把 1978 年《全日制十年制学校中学语文教学大纲（试行草案)》、1986 年《全日制中学语文教学大纲》、

---

① 何以聪.切实加强"双基"教学——从今年高考语文试题谈起［A］.《语文学习》丛刊(6)［C］.上海：上海教育出版社，1978：72－75.

1990 年《全日制中学语文教学大纲（修订本）》所规定的现代汉语基础知识，从拼音、标点符号、汉字、词语、句子、修辞、逻辑七个方面做一个比较：

拼音和标点符号的学习，三个课纲都在初中一年级做了安排。不过，三个课纲对于拼音的内容有差异，1978 年课纲在第一册中附录了《汉语拼音方案》，1986 年、1990 年则重在运用，仅要求"复习和运用汉语拼音"，对《汉语拼音方案》中的其他内容不做要求。

三个课纲对于初中一年级的汉字学习也都做了要求。不过，1978 年除了要学习形声字的知识外，还对同音字、形似字、多音多义字、容易读错的字、容易写错的字以及汉字字体都提出了学习要求，1986 年只要求"初步了解汉字的构字方法，辨识形声字，继续增加识字量"，1990 年则更是只要求"了解形声字的构造"。

词语方面的要求反映在初中一、二两个年级中。1978 年 1～4 册分别安排了双音合成词、词和词组、词义的大小与交叉、词的不同色彩等学习内容，1986 年、1990 年把相关要求表述为"正确理解词语的含义，了解一词多义的现象，学习词和短语的知识"，"辨析一些同义词、反义词"和领会、注意"词语的感情色彩"。三个课纲对学生词语掌握的水平要求差不多，但后两个课纲已随着 1984 年教学语法新体系的诞生而把术语"词组"改为了"短语"，并且比较注重"好懂"和"有用"的两个要求。

句子的学习包括单句、复句和句式三个方面。对于单句，三个课纲都要求能够分析主、谓、宾、定、状、补等句子成分，但 1978 年还要求掌握"复杂的单句"，1986 年在"复杂"前加了"比较"两字，1990 年则对复杂单句不再作要求。复句方面，除了常用复句外，1978 年还要求掌握"复杂的复句"，1986 年把"复杂的复句"更名为"多重复句"，并在前面加了"一般"作为限定，1990 年则没有提出对多重复句的要求。句式方面，三个课纲都在初中三年级对句式的表达与更换做了要求，不过 1978 年还要求在第二册中学习"时间·空间·数量；肯定和否定、全部和部分"，1986 年还要求"区别长句和短句的表达作用"。此外，1978 年对病句的分析与改正没做要求，1986 年提出要能"分析常见语病产生的原因"，1990 年则降低为"会改正一些常见的语病"。

修辞方面，三个课纲在学习时间的安排上有较大差异。1978 年在初中第六册后附录了一个"修辞复习表"，1986 年要求初中一年级"复习学过的修辞方法，重点是比喻、拟人、夸张、引用、排比、对比等"，1990 年课纲则要求初一学习比喻、拟人、夸张，初二学习排比、反问、设问，初三学习引用、对比，采取了与 1986 年截然不同的分散学习方式，所学辞格多出了"反问"和"设问"两种。

跟上述的六个方面相比，三个课纲对于逻辑知识的要求变化最大。1978 年课纲在整个高一和高二四册中都安排了逻辑知识学习，概念、判断、推理、逻辑基本规律等《形式逻辑》课所包含的内容全都被安排了一遍；1986 年就只针对高二学生提出了"学习和掌握一些论证方法"的要求，而到了 1990 年课纲，逻辑知识已经在整个中学阶段销声匿迹了。

从上述七个方面的分析来看，三个课纲在难度上明显呈现总体降低态势，而在对拼音与字词句的要求上，还可以看出一种力求朝"好懂、有用"方向发展的努力。

（三）重知轻能的流弊

尽管做了一些修正，但在实际的教学中，还是出现了一种重视基础知识而轻视基本技能培养的情况。主要表现在：

一是以讲代练，上课时老师讲得多而学生练得少。上观摩课，一上就是分析课，很少有教师尝试上练习课。不上练习课，一是因为自古以来我国对于练习课的教学研究就很薄弱，有的人甚至把练习课当成是教师的休息课。观摩课不讲练习的第二个原因，是由于对"双基"的关系认识不到位，"基础知识是硬任务，培养能力是软任务；知识学到手，能力自然有"[①] 的观点非常普及。所以，上课时就希望通过老师的讲透讲深、嚼烂咬碎，只想一心求全，生怕漏掉知识点而耽误学生的应考。把所有的知识点全部教给学生才感觉踏实是当时的一种普遍心理，至于教师教了以后，学生听进去没有，能不能吸纳消化，一则因为大班授课现场把握有困难，二则此时中小学授课主要为高考服务，而高考升学率还比较低，所以只关注吸收能力强、成绩最好的一批，其他学生往往被忽视了。其实，母语的知识与技能并不完全是一回事，母语技能强弱与能不能做对高考习题也不是一回事。如果没有这一层认识，当然就会把知识当技能，越俎代庖地用容易掌控的知识教学来代替较难把握的技能训练教学。

二是过于紧扣教材，大搞题海战术。在查找 80 年代语言教学资料时，在

---

① 陆义彬 . 走出"双基"教学中的误区 [J] . 吴中学刊（社会科学版），1994（1）：95.

图书馆见得最多的就是与课文配套的练习册，基本上每册配一本，两百页左右一本，目的都在帮助学生比较系统地掌握基础知识、提高读写技能。在"科学的、多种多样的、大量的练习……还是个较薄弱的环节"①的1980年，北京市海淀区教师进修学校编了一本《中学语文基础知识练习集》，该书厚达325页，印数特别大，卖得特别火。这一事例说明，此时的人们对于大量练习特别渴望，且所寄予了非同寻常的厚望。确实，为了纠正不读书的"文革"学风，70年代末80年代初教师特别看重多看多读多写多背，有的甚至在全册16篇课文中，"十五课我们都搞了复述或背诵……对于课文中的内容，我们一概抓住不放，要求复述和凭记忆去重写"②。这种充分利用课文的做法，有值得借鉴的一面，但同时也不由人不替当时的学生叫累。语言技能的获得，必须要靠大量的练习，但是，如果全部只围绕课文展开，任凭方法多么巧妙，任凭读背得多么娴熟，一换新的语料，学生们可能还是束手无策。

三是忽视母语特征，学习过程中重演绎而轻归纳。此期"科学主义"占据主导地位，语言教学也受此影响，特别看重规律性知识，教学之时喜欢从一般性的规律出发，把一般规律套用到个别的字词句篇当中，忽视了母语学习所具备的天然的感性优势。我们认为，归纳是最好的母语学习方法。语法、修辞、逻辑知识要放置于具体的字、词、句、篇的理解当中进行学习，字词句篇的学习又应以词汇的理解掌握作为核心内容。比如，通过近义词比较可培养找中心成分的语法能力；通过"红领巾"（借代）、"榆木疙瘩"（比喻）、"攀升"（拟人）等由某种修辞凝固而成的词语可以更浅近地掌握修辞方法；通过"脸盆、澡盆、饭盆/木盆、铁盆、瓦盆/大盆、小盆"之类有次序的组词方式可以培养逻辑划分能力，等等。这种在具体词句基础上感悟语言知识的教学，既可较好地丰富和磨砺学生的语言感受能力，也能更好地发挥母语学习者的感性优势。

二、教学语法新体系诞生

教学语法新体系指的是1984年公布的《中学教学语法系统提要》，是对

---

① 北京市海淀区教师进修学校.中学语文基础知识练习集［M］.北京：北京出版社，1981：前言/1.

② 陈良璜.以一种教学手段为主，以灵活多样的教学手段为辅［A］.《语文学习》丛刊（6）［C］.上海：上海教育出版社，1978：68.

1956 年《暂拟汉语教学语法系统》的删减、修改和增补。

（一）诞生的背景与过程

教学语法新体系的诞生有两个重要的背景。

第一，此期母语教育工作的主旋律就是"恢复"到"文革"之前，语法教学作为纠正被严重污染的语言的重要途径，重新受到了特别重视，成为教材的重要组成部分。但是，由于"文革"期间的教材编写权全面下放，不管是师范院校还是中学的教材，对于《暂拟汉语教学语法系统》都进行了不同程度的修改，呈现出一种没有主导的较混乱局面，制定统一的教学语法系统被提上了日程。

当然，汉语语法体系的分歧，自《马氏文通》之后就有所体现，经过"文法革新的讨论"之后，由于各派西方语法理论的引进，分歧有所加大。但总体来说，新中国成立之前，语法虽然已进入学校教学，但真正认真教的却比较少，相应地研究语法的专门人才也就不多，所以这些分歧基本上还不影响大局，1954 年《暂拟系统》的构建与推广，更使教学语法有了一段时间的相安无事。但是，"文革"结束之后的几年，一则语法研究者有被耽误十年后急着赶上国际先进的热望，二则改革开放国门大开有了自由交流的客观条件，所以，短短几年，语法研究的分歧就扩大得十分明显，甚至连一些最基本的成分定位也有了争执。比如著名的句子"台上坐着主席团"，"台上"和"主席团"究竟谁是主语、谁是宾语，语法学界都争得不可开交。面对这种情况，教学语法应该怎么办？是照原样按《暂拟系统》教学，还是按照新的语法学观点进行重新调整？这个无法回避的问题，必须要有一个解答，于是，全国语法和语法教学讨论会应运召开了。

第二，教学语法新体系进行了不小的更新，关键还是为了吸纳新的语法理论来为解决汉语分析的实际问题服务。以词组的受到重视来说，汉语语法分析经历了几个阶段，先是《马氏文通》开始的"词本位"，然后自黎锦熙 1924 年《新著国语文法》开始逐渐流行"句本位"，到 1982 年才由朱德熙在《语法分析和语法体系》中提出"词组本位"。"词组本位"的语法分析一出现，就引起了一般语法书的极大重视。《中学教学语法系统提要》吸纳了这种"词组本位"的分析方法，所以才确立五级语法体系，突出词组在其中的地位。句子成分分析法的更改也是如此。当全国语法和语法教学讨论会召开之时，语言学刊物上讨论句子成分分析法和层次分析法的热度还没散去。句子成分分析法也就是中心成分分析法，《暂拟系统》采用了这种分法，但是，碰到"我的姨妈是我母亲的妹妹"之类的例子往往就显得无能为力，所以，遭到了很多人的批评。此时，层次分析法作为一个替代品被提了出来。层次分析法也就是两分法，又叫直接成分分析法，首创者是美国转换生成语法代表人物布龙菲尔德。层次分析法可以完美地解决"我的姨妈是我母亲的妹妹"之类的句子分析，但是，因为要二分，所以如果一个稍长的句子，分析到底，就会写满一黑板或一页纸，并且每次二分自成系统，把完整的句子零碎切割了，对母语学习者来说，显得很繁琐。所以，最后新体系就采用了一种折中的办法，两者兼用。

在这两个原因的督促之下，人民教育出版社开始考虑对暂拟系统进行修订。最初的酝酿工作始于1980年10月的中国语言学会成立大会，当时人民教育出版社张志公先生邀请一些学者对教学语法系统的修订工作进行了座谈。此后，经过人教社近一年的紧张筹备，"全国语法和语法教学讨论会"于1981年7月在哈尔滨如期召开。当时语法学界卓有成就的老、中两代语法学者几乎全员参与，除此之外，还邀请了一些青年学者、一线教师和语文工作者，共计有来自全国26个省市的119人与会，会议产生了初定的征求意见稿《〈暂拟汉语教学语法系统〉修订说明和修订要点》。会后，新的教学语法体系开始在吕叔湘的指导和张志公的主持下正式开始起草，经过两年时间中的六次广泛征求意见之后才终于定稿公布。

（二）新体系"新"的表现

跟《暂拟汉语教学语法系统》相比，《中学教学语法系统提要》既有较多的继承，也有不少"伤筋动骨"的更新。依据《〈暂拟汉语教学语法系统〉修订说明和修订要点》和《中学教学语法系统提要（试用）》，可以把这些更新归纳为：一、增加了"语素"的概念，强调了"短语"（词组）的中心地位，从而确立了语素、词、短语、句子、句群的五级语言单位。二、修改了句子分析方法，《暂拟体系》只采取中心词分析法，新体系把层次分析法加入到传统的句子成分分析法之中，既分析层次又分析中心，二分法受到重视；多重复句的分析与《汉语》课本相同，单句的分析主要采用符号法，复杂的局部需要分析时可以采用框式图解。三、更换了一些概念，如取消"合成谓语"而归之为"能愿""趋向"等类词组，取消"复杂谓语"而归之为"连动词组"和"兼语词组"，取消"名物化"的说法，复句的划分不再先归为联合、偏正两类，"双部句"和"单部句"改称为"主谓句"和"非主谓句"，取消了方位名词，等等。① 总的来说，更换得还是比较多。

因为这种较大的变化，许多新体系的讨论参与者都写了一些相关文章对新体系进行了介绍。比如，早在语法和语法教学讨论会结束而新体系尚未公布之时，张志公就针对《暂拟系统》分析句子时重视词而新体系极其重视词组（短语）的情况，写了一篇《汉语的词组（短语）》（1982）对短语的确定与分类进行了专门介绍。新体系公布之后，中学语文教学杂志纷纷对新体系做了系统介绍，以《语文学习》为例，1984年第3到6期就都开辟专栏对《提要》进行介绍，其中，第3、4、5、6期的相关文章篇数分别为4、6、4、5篇，第7期起虽不再辟专栏，也还仍然有一些断续的分析与介绍。1988年，人民教育出版社开始在全国统编教材中采用新体系，中学语文教材的语法知识短文和语法练习都依"提要"来编写，所以，从1988年第9期起，《语文学习》又开始连续刊文介绍新体系。到1995年，在"淡化语法"的观点开始兴起时，庄文中又在其作为副主编的《中学语文教学》中，发表了一个包括《新教学语法体系主要特点是什么》（第1期）、《中学语法教学体系有什么特点》（第2期）、《在初中教学句群，是否增加负担了》（第3期）、《分析主谓句的要领口诀有几句?》（第4期）等在内的对语法新体系进行重新分析的系列文章。

三、语言教学序列的科学追求

在教育"三个面向"及控制论、系统论、信息论引进之后，20世纪80年代的语文教育界形成了一股教改热潮，这股热潮以于漪、钱梦龙、沈蘅仲等所在的上海语文界为龙头，很快遍及全国，涌现出了由各类教改名师所建构的各类教学模式，为新时期语文教改绘下了浓墨重彩的一笔。站在母语教学的视角上，我们特别关注的是对于语言教学序列的科学化追求，因为这是继20世纪二三十年代以来的语言教学第二次实验热潮，值得后人铭记。与二三十年代的不同，此次不再以实验室的心理考察为主，而重点在于追求语言知识内部的序列，希望通过系统化的教学使新知、旧知互相联合，最终构建一张巨大而纲举目张的语言知识之网。很明显，除了受到巴班斯基的教学最优化、赞科夫的教学与发展学说的影响之外，更重要的影响来自于布鲁纳结构课程和布卢姆的教

① 全国语法和语法教学讨论会．教学语法论集［C］．北京：人民教育出版社，1982：38-48.

育目标分类学说。

（一）语言基础知识与基本能力教学的序列探索

此期非常重视基础知识与基本能力。基础知识教学方面，因为课纲规定得比较详细，教材也基本上把它们用知识短文的方式统一呈现于单元之后，所以，一般教师就直接以其出现的先后作为教学序列。但是，这种循规蹈矩的就知识而教知识的方式，教学效果通常比较差。而以魏树生为代表的"知识树"的方式，则对这种常用方法进行了改革，强调把所有的知识点归入到一张树网当中，重点突出各因素之间的属种关系，通过知识点与知识点的相互联结，形成一个巩固的整体知识结构。张志公先生最早提出的"分进合击"方案，则对小学识写方面的基础知识和听说读方面的基本能力进行了深度考量，根据识、写、听、说、读的发展起点及其掌握难易度差异，为小学语言教学重新设计出一种迥异于传统教法的新序列。

1. 知识树

"知识树"是个形象的称呼，"就是用树状的形式，提纲挈领、简明扼要地把教材的主要内容及其知识点的内在联系表现出来"①。大、中、小知识点就好像树干、树枝、树叶，一层一层有所归属，只要理清线索，即使有一些知识点没有弄明白，也能根据其在"树"上的所属位置，由上位的属与下位的种中对它的内涵做出大致的猜测。

魏书生是知识树的创始人，他的知识树是以整个初中语文的语文知识为单位的巨型树，是对于初中六册语文课本知识结构的总体归纳。每个新学期伊始，他都要指导学生用一两节课画"语文知识树"，以后每学一课，就在知识树上找到相应的位置，学期结束时，再画知识树，总结所学知识。这样，一棵总的知识树三年当中至少要画上12次，有多少篇课文就要被观察多少次，经过如此反复熟悉，学生自然可以做到胸有成"树"。

那么，魏书生的知识树上有哪些知识，这些知识间的结构又是怎样的呢？根据张正君②的介绍，可以看到，魏书生是先把所有的语文知识分成"基础知识""文学常识""阅读与写作"和"文言文知识"四大类，每块里面又分成

① 齐兴文，房崇光．课堂教学中构建"知识树"的尝试［J］．当代教育科学，2009（8）：39－40．

② 张正君．当代中国语文教育流派概观［M］．北京：中国社会科学出版社，2000：253．

若干部分，每一部分再分出各个小点。以"基础知识"为例，就包括了语音（拼音方案、普通话、声调、声母、韵母）、文字（同音、同义、形近、多音、多义、六书、字典）、词汇（成语、褒义词、贬义词、同义词、反义词、词的结构、词语解释）、句子（陈述、祈使、疑问、感叹、简略、无主、独词、主动、被动、否定）、语法（单句、复句、短语、词类）、修辞（比喻、比拟、夸张、排比、借代、对偶、对比、反复、反语、反问、设问、引用）、逻辑（推理、判断、概念）和标点（句号、逗号、顿号、分号、冒号、问号、感叹号、引号、括号、省略号、破折号、书名号、连接号、间隔号、着重号），共计8个部分63个小点，为了照顾系统，其中有些小点的知识超出了课纲对初中的要求。

可见，魏书生的知识树，使教材中比较零散地呈现的汉语知识得到了条分缕析的展示，而"树"的形式又使得各知识点之间的结构关系更加直观形象。我们知道，魏书生的主要教改观点是"民主与科学"，知识树就是其追求科学的一个典型成果。另一方面，知识树又相当于一个整体教学目标，知识树的绘制，有助于学生提早知道各个点与面上的学习目标，所以又能和民主一起，共同来实现他所倡导的调动学生自主性，培养学生的自学能力。魏书生"六步课堂教学模式"（定向——自学——讨论——答疑——自测——自结）中的"定向"与此也是有关联的。

继魏书生之后，与知识树类似的语言知识教学体系受到越来越多人的关注，不过，对于语言知识的具体内涵却有不同的规定。如张锐①的"语言知识"涉及语音学、文字学、语法学、修辞学、古汉语五个学科门类，具体的知识被区分为汉字、语音、词汇、语法、词类、词组（短语）、句子和句子成分、单句、复句、句群、修辞、文言文常识共12类。朱传玲②则只是依据大纲要求，做了简单的一个表格进行分类。相对魏书生的知识树来说，都只是一个条框式的图表，对于学生的实际帮助可能要小得多。

2. "分进合击"方案

"分进合击"是张志公1984年针对小学语文教学提出的一种理想方案。③

① 张锐.谈语文知识教学体系的设计［J］.学科教育，1991（6）：18－21.
② 朱传玲.谈中学语法知识教学的系统化［J］.开封教育学院学报，1987（1）：56－58.
③ 张志公.关于改革语文课、语文教材、语文教学的一些初步设想［A］.庄文中.张志公语文教育论集［M］，北京：人民教育出版社，1994：249－281.

该方案认为小学阶段的语文教学应该采用"分进合击"的办法。具体做法是：把小学的语文学习内容分为三条线：语言训练（口头语言和书面语言阅读、写作训练）线，识字训练线，写字训练线。五年制小学第1～3年级"三线分进"，是第一阶级；小学4～5年级"三线合拢"，是第二阶段。

第一阶段的"三线分进"重在一个"分"字，也就是说，语言训练、识字训练、写字训练的开始有先后之分。语言训练开始得最早，从入学第一学期就开始，中间一直不间断，主要利用汉语拼音来进行阅读和写作，在培养语言的同时进行语法逻辑思维能力的训练。识字训练从第二学期开始，要完全按照汉字识字规律成堆成堆地、成组成组地独立进行，不与阅读相结合。开始识字之后不久，就开始训练写字，跟识字一样，写字教学也只考虑写字的规律，从基本笔画到简单的独体字再到稍微复杂的合体字，也不与识字、阅读结合。这样，阅读、识字、写字各自发展二三年之后，到了小学第四年级，开始"三线合拢"。合拢也有一个顺序，张志公先生的设计是，先让写字赶上识字，识写先合拢，然后再是识字一起与语言合拢。四年级这一年要完成合拢的任务，剩下的第五学年就重点进行整理、巩固与提高。按照张志公的估计，这样分进合击既考虑了学生的心理接受水平，又提高了教学效率，可使小学毕业生的语文水平提前一年达到初一水平。

虽然张志公先生非常看好这一方案，吕叔湘先生也在1962年就有过跟此方案类似的朦胧表达，但该方案当时并没有付诸实施。不过，这一"分进合击"的语言学习理念已经产生了一些影响，如郑国民（2002）提出小学识字应该采取认、写、讲、用分进合击的理念，① 印京华（2006）也介绍了在美国教授汉语时为扫除汉字和声调两大障碍而采取的"分进合击"新路，提出用至少一学期时间让汉字学习与汉语口语学习"分进"，然后才进行听说读写训练的"合击"。②

（二）综合写作能力的序列探索

此期人们探索得更多的是综合写作能力的教学序列。在此之前，我国的作文教学基本处于一种无序状态，其间，曾有民国时期初中教师周服根据教学讲稿撰成《学文基础》（1929）一书，从本质上把文章进行了一种新的分类，把

---

① 郑国民. 小学识字与写字教学改革的基本理念［J］. 学科教育，2002（11）：5－9.
② 印京华. 探寻美国汉语教学的新路：分进合击［J］. 世界汉语教学，2006（1）：116－121.

文字区分为外界现象和内心现象两种，外部现象又可分为偏重空间性的实体和偏重时间性的实体，内心现象又可以分为解释理知和表抒情感两类，然后再以此为基础，"讲了一段理论，便选读几篇代表文字，双方同一方针，相间进行"①。在这一较早的写作序列的探索之后，《国文百八课》在介绍写作知识的"文话"中也遵循了一定的排列顺序，但此后就少有卓有成就的探索者。

"文革"之后，1978年杨昌江针对一直以来按阅读能力编排的教材系统，提出了应该"以写带读，使读的系统训练从属于写的系统训练，把整个语文教学纳入以写作基本功训练为中心的轨道"②。确实，作文水平通常被看作个人书面语言能力的整体展示，要科学高效地发展学生语言能力，对于初高中甚至小学高年级学生来说，把作文能力的培养作为书面语言能力切入点似乎是一种可行的做法。正是在这样一种共识下，"在80年代中期，对于作文教学内容的序列化研究，曾经形成一股热潮"③。

华东师大一附中的陆继椿老师"分类集中分阶段进行语言训练"是其中影响较大的一种。这种训练体系总共包括108个项目，项目与项目之间相互联系、逐步发展，每周训练一个项目，所以又叫"一课一得，得得相联"。从这两个名称就可看出这一模式的序列性。之所以研究出这种教学模式，按照陆继椿本人的说法，是因为它能让学生感觉每周都有所得，从而极大地满足学生成就自我的心理需要。这个方案也是针对初中语文设计的，大体思路是：以写作能力为线索，"横向进行听、说、读、写的语言训练，同时，纵向交织着思想观点和美感情操教育的线索、自然知识与社会知识积累的线索、思维方法和语言学习习惯培养的线索"④。为了实现这一设计理念，陆老师还编写了《分类集中分阶段进行语言训练的实验课本》，以训练项目为线索，每个项目下都编选了几篇课文作为例子，课文又根据与训练项目的关系紧密度被区分精学、略学、自学三种。

黑龙江常青老师的"写作基本功分格训练法"以其对基本功的细细切分而著名。常青是师范学校教师，他根据低水平师范生的实际情况，将写作基本

---

① 周服．学文基础［M］．上海：商务印书馆，1929：出版之话/1.

② 杨昌江．作文教学应该加紧研究［A］．《语文学习》丛刊（6）［C］，上海：上海教育出版社，1978：65.

③ 李杏保，顾黄初．中国现代语文教育史［M］．成都：四川教育出版社，2004：349.

④ 陆继椿．语文课智力训练的三个要素［J］．辽宁师院学报，1983（4）：66-77.

内容分为"五味七情"共 12 条，以此分别训练观察、想象、语言运用、主要文体基本表达等作文的四大教学内容。在四大教学内容下面又切分出许多个项目，也就是"格"，总共格数为 265 个，格格相联，由浅入深。这种序列与其他序列相比较，台阶更低更矮，有助于帮助起点较低的学生各个击破难点，树立写作信心。"写作基本功分格训练法"1980 年创立，曾经得到中学语文教学研究会的大力推广。

湖南新邵一中杨初春老师的"实用快速作文法"作为"快速作文教学"的滥觞，也曾轰动一时。杨初春的作文教学主要特点是限时（40 分钟 800 字），为了能够在限定时间内保质完成既定字数，他对学生进行了基础（材料积累、书写能力等）、思维（多向、逆向、外向等）、技巧（四十多种训练法）、速度、综合五步训练，并另外安排理论指导课与写作实践课并行推进。该模式的研究始自 1984 年，因为容易操作且能产生神奇的现场效果，所以，很快全国各地都开始了同类的实验，形成了 80 年代中期至 90 年代中期写作教学的一个热点。据曾祥芹（1996）统计，到 90 年代中期，已有"105 种快速作文技法"[1]。杨初春之外，广东惠阳一中毛雨先老师的"十步法"快速作文也非常成功，这十步指：一点灵犀、各抒己见（小组讨论）、出口成章（1～3 人面向全班口头作文）、有的放矢（引导学生对口头作文进行一分为二的评价）、一挥而成、泾渭分明（全班统一给最先交的五篇中的 1～3 篇打分）、好为人师（互批互改）、奇文共赏（欣赏优秀作文及其评语）、反躬自省（自评）、前车之鉴（教师的课后归纳，用做下次作文前的点评）。[2]

除上述几种以外，在综合写作能力的序列探索上，其他有名的尝试还有：辽宁省鞍山十五中欧阳代娜老师针对于初中的语文教学内容序列化，该序列含阅读、写作两条线，其中语文知识专题 40 个、听说读写能力训练点 98 个；[3] 中央教科所教改实验小组始自 1981 年的初中作文训练程序方案，该方案以文体为基本线索，其他各项写作能力项目的训练穿插于其中；北京章熊以"语言·思维"为核心以单元教学为形式的写作训练体系；北京月坛中学刘胐胐、高原夫妇 1981 年实验成功的"观察—分析—表达三级作文训练体系"，该体

---

① 曾祥芹. 快速作文原理论 [J]. 河南师范大学学报（哲学社会科学版），1996（6）：59 - 63.
② 毛雨先. 快速作文课堂训练十步法及其基本特征 [J]. 江西教育学院学报，1994（3）：71 - 75.
③ 季银泉，盛斌. 我国的中小学语文教改实验（十八）[J]. 教学与管理，1999（9）：7 - 9.

系有配套教材，共分三级六段四十四步，其中三级分别指着重培养观察能力、着重培养分析能力、着重提高语感与章法表达能力的三个基本阶段；与中央教科所 1981 年体系序列大同小异的人教社 1982 年编写的六年制重点中学《写作》教材；湖南师大附中邓日老师的"作文分项训练法"；北京王序良老师"以议论文题型为序的分段训练"，其中，议论文题型指论点型、论据型、寓意型、材料型和批驳型，六个环节是提供材料、启发思考、展开讨论、进行总结、指导练习和评议修改。

　　作文教学的序列化在取得巨大成绩之时，也带出了一些缺点。比如，有的人提出作文"不应'只思索作文的法度、技术等等问题'，而'必须探到根本，讨究思想、情感的事'"；① 有的批评快速作文"就如同按格式填空"②，丧失了学生自我；有的认为很快而来的第一感觉的语言往往是一些陈词套话，所以倡导要多想多推敲、字斟句酌，文不厌改。③ 其实，作文的序列训练就是单项训练的有机整合，之所以能有各种不同的序列产生，正缘于作文没有固定写法，也没有固定顺序。教师们积极探求一整套的方法，一是响应了当时中央发出的"积极进行教学改革"的号召，另一方面，也由于语文教学过去十几年受政治影响太深，想通过理性的科学化对此进行反拨。如果不小心矫枉过正，陷入了"科学主义"的泥潭，后来者也不应求全责备，因为这种序列化研究，至少为形成更加合理的作文教学提供了一些法度与前车之鉴。

　　总之，恢复期的学校母语教育，无论是语言知识的教学，还是综合写作能力的教学，人们都在致力于要探索出其科学化的途径。高校的语文教学论专家方面，李杏保（1986）认为语文教学现状的需求首先是"做好一系列科学化的基础工作"④，而且身体力行地带领一些青年教师用编卡教学法来探求教学内容系统的序列化；倪文锦 80 年代在《语文学习》上连续发表《语文教材应重视理论知识的统帅作用》（1985）、《教学目的设计的科学化》（1987）等几篇文章表示对科学化系统的探索。一线教师方面，陆继椿确定自己的"分类

　　① 李杏保，周南山.《作文论》与"做人论"——叶圣陶写作教学思想评述 [J]. 淮北煤师院学报（社会科学版），1983（1）：140-149.
　　② 廖有利. "快速作文"的格式化倾向分析 [J]. 齐齐哈尔大学学报（哲学社会科学版），2003（6）：71.
　　③ 汤国铣. 中学生快速作文法质疑 [J]. 贵州师范大学学报（社会科学版），1998（3）：122-125.
　　④ 李杏保. 语文教学怎样面向未来 [J]. 语文学习，1986（9）：8-10.

集中分阶段进行语言训练"是"探索语文教学科学化的尝试之一"①；魏书生的知识树尽管受到教材本身知识点的约束而并不完善，但影响却依然遍及全国；虽然也有一些有经验、修养高的教师对科学主义持有怀疑态度，如于漪、方仁工就在《对于语文教学的再思考》（语文学习，1986 年第 8 期）表达了这种怀疑，但文章一发表，就引发了《莫念"紧箍咒"——与〈再思考〉辩》（语文学习，1986 年第 11 期）等文章的一片反对之声，可见，语文教改要沿着科学化之路继续前行颇有群众基础。除了上述两类核心群体之外，教育管理层和出版机构也为语文教改的科学追求提供了很多便利，80 年代所举办的大量语文观摩活动和出版的大量教学实录、优秀教案选，都说明了这一点。可以认为，语言教学序列的科学追求是语言工具观再次兴盛的 80 年代最抢眼的一道风景线。

---

① 陆继椿．关于"分类集中分阶段进行语言训练"答疑［J］．语文学习，1984（2）：37－39.

第七章

现代汉语母语教育的转型期 （1990～）

历史上的重大事件往往会给整个社会带来巨变，变化之初，人们被新袭来的潮水裹胁着，不由自主地往前走。在这股洪流不断往前的过程中，途中继续加入的成分以及摩擦力的作用使得最初的冲力不断减小，身处其中的人们得以逐渐冷静下来，尤其在逢上可以被 10 整除的纪年之时，人们又大都会对多年前发生的这一重大事件进行集体性的纪念、回顾与反省。1990 年前后，改革开放的话题特别充盈，人们在充分享受经济搞活带来的物质利益的同时，对改革开放以来的各种现象进行了多方位的评价与重估。母语教育也是如此。经过恢复期的语言规范工作之后，社会整体语言面貌已经基本脱离"文革"中脏乱差、假大空的面貌，普通话推广事业也已经开始欣欣向荣。学校母语教育中，随着"双基"重新被重视，语法教学的力度大为增加，基本知识在教学中被提到了相当高的位置。于是，物极必反，1990 年底集中爆发了"语法无用论"的讨论，"语感中心论"几乎同时取而代之，听说教学随着科技使世界变小的社会环境也相应被改为口语交际。可见，从 1990 年开始的此期汉语母语教育，基本上对前一时期的通行做法持一种反思态度。不过，由于此期事实上还无法摆脱此前一贯做法的巨大向心力，所以被称为现代汉语母语教育的"转型期"。

第一节　人文复兴与母语教育的转型

促使母语教育进入转型期的时代背景，是 20 世纪 90 年代之后整个社会的人文复兴。

1. 人文复兴的时代

现在人们喜欢称 21 世纪为一个人文的世纪，或者说是人文复兴的世纪。

我们知道，历史总在朝前，任何事物都不可能回复到从前，所谓"人文复兴"，其实也只是一种对过往社会曾经有过的人文主流思想重新予以倡导。中国特别强调人文的时代，最近的一个应该算是五四时期。五四时期虽然中国的国际地位、经济水平都极其低下，但因为刚刚打破一种旧制度，整个社会心理是向上的，人们对未来充满希望，也愿意用完全开放的心态来接受西方文明的洗礼，科学民主的劲风，至少吹遍了整个文化上层社会。相应地，对人尤其是对普通人的关怀，成了当时的一种普遍风尚。历史的车轮碾过了七八十年，经过十余年改革开放后的90年代的中国，物质开始丰富，与西方的接触也在主动敞开国门后日渐增多，西方人文主义的主流思潮与先进科技一起，又一次蜂拥进入中国。

如果说五四时期与西方的大面积接触只停留在社会上层，那么，这一次的接触应该就可算是全民参与、全方位接触了。因为1978年开始的此次改革，推行力度比以往任何一次都大，而且从1980年开始又陆续划定一些特区和经济圈，给予角度更多的政策支持，从而使之起到对全国其他地区的示范和拉动作用。接下来，顺理成章地，民工潮涌起来了，第三产业发达起来了，经济血脉更加畅通了，高校开始扩招了，……各种各样的变化，用"翻天覆地"来形容已经不仅不觉为过，反而还感觉有点儿苍白无力。潮流滚滚，中国的经济已非往日所可相提并论，中国人的精神面貌也跟着日渐神采飞扬。

这一个时期，因为科技与教育的被看重，知识分子已经基本上被整合到上层之中，属于优先得到自我实现的一群。在知识分子的自我实现过程中，他们也通过思想产出对中国社会的前行做出了巨大贡献，而人文领域的知识分子，此期奉献给中国最丰盛的文化大餐就是倡导人文精神。中国百姓历来都被三纲五常的思想钳制着，中规中矩了几千年，没有多少自我；中国百姓又在谋求温饱的凄风苦雨中奔波了几千年，没有闲情来享受精神。现在，温饱问题已经解决，不少百姓已实现或正在实现小康，时间有了，心情也有了，人文精神的倡导又适逢其时地来了，所以，人的价值、人的自我实现、对外界的深层关怀、理性思考等等之前涉足很少的讨论，在文学界、教育界、哲学界乃至政界，都不一而足地纷纷呈现了。总之，对人性关怀的呼唤之声又一次在中国的大地上开始回响，中国人的文化思想正在发生着深刻的裂变与重组。

2. 母语教育的人文转向

当人文性开始成为中国人思考万物的一个新视角的时候，西方哲学领域已基本上完成了哲学研究的"语言转向"。语言不再仅仅作为人的交际工具，而是作为人的生命活动内容受到了先进哲学家们的深刻关注。这样，不仅语言与人的关系需要重新反思，语言与文化的关系也要重新书写，而母语教育刚好是由语言、人与文化三位一体构成的一种活动，当三者之间的关系需要重新定位的时候，这一活动的开展形式自然也就不得不重新设定了。

在这一背景之下，科学主义与人文主义的论争在语文教育界展开了。这场论争滥觞于80年代中期，活跃于90年代中期，最后以新课标的形式暂时结束于21世纪的第二年。80年代中期母语教育还处于在"文革"废墟上重建母语规律的时期，社会母语教育和学校母语教育的主流人群还在致力于以科学的方法高效率地收拾残局、开创新局面，但此时的上海已经发出了另类的一种声音，这种声音对当时的科学序列探索提出了理念上的质疑。

一般认为，最初的质疑者是上海市教育局教研室的陈钟梁，他在1987年就认为语文的内容不同于数理化等自然科学内容，其内在的感悟性、意会性、模糊性不可能通过科学化追求得以实现。① 接着，他又阐述了"语文教学决不能局限于精确领域，而忽略模糊领域"② 和语文教改的突破必然要以在"人本教育与科学方法之间找到其哲学上的相似之处"③ 为基础的观点。但是，虽然陈钟梁一再呼吁，他的观点却并没有引起当时主流思想及其践行者的注意，颇有影响的持同类观念者是王尚文先生，他在《语文教改的第三浪潮》（1990）中预言了人文性将成为语文教改的第三浪潮。也是在1990年，设计出了"知识树"的魏书生发表了《论语文教学的科学管理》一文，结果这种科学管理观引起了江西青年教师程红兵的注意，1991年11月，他在《语文学习》上发表了《语文教学"科学化"刍议——与魏书生同志商榷》，但是仍然孤掌难鸣，没有激起学界多少反应。

直到1993年，当语文追求科学序列的热潮已经基本回落，而社会整体思想与西方人文主义也接触得更密切之后，山东临邑师范的韩军适时地发表了《限制科学主义，张扬人文精神——关于中国现代语文教学的思考》一文，把

---

① 陈钟梁．是人文主义，还是科学主义——语文教学的哲学思考［J］．语文学习，1987（8）：2－4．
② 陈钟梁．模糊性在语文教学中的地位和作用［J］．语文学习，1988（5）：2－4．
③ 陈钟梁．"目标模式"有非现实性与非人性的一面［J］．语文学习，1989（8）：8－9．

几十年语文教学的低效归在"科学主义的泛滥，人文精神的消遁"① 之上。应该说，从今天的立场上来看，韩军的矫枉未免过正了，但一个新观点刚刚提出的时候，不管是主观上的为了振聋发聩还是客观上无法抑制的情绪激动，这种矫枉过正的表达法还是可以接受的。

并且，确实，继此之后，从1994年到1996年，围绕这一话题的文章就多起来了，这些文章大都发在《语文学习》上。《语文学习》1994年第3期发表了山西王朝清的《要辩证法，不要绝对化——兼与韩军商榷》和湖北毛光伟的《教育与训练兼顾，规范与自主统一》，两人都持较为中立的观点。接着，该刊在1995年第6期发表了于漪的《弘扬人文，改革弊端——关于语文教育性质观的反思》，第7期发表了钱梦龙的《期待"目中有人"的语文教学》，都支持向人文倾斜。但张志公在接受《语文学习》发刊200期纪念采访时仍然坚持认为，我们的语文教学，吃亏就在于没有科学性，没有真正地深入调查研究，随意性太强，当然他也不反对加强人文因素，但希望不要把它与科学性对立起来。② 后来为"语感中心论"做出重要贡献的李海林，则在1996年第5期发表了观点鲜明且理性思辨很强的《语文工具论批判》一文。

此时，人们还通过《语文学习》之外的其他渠道表达了对母语教学的人文关注。如王尚文先生把语言是工具更是人的生命活动的观点作为《语文教育学导论》（1994）一书论述的逻辑起点。知名学者刘国盈在评价自中语会成立十五年以来的教改时，认为"大谈甚而只谈布鲁纳、三论、知识更新及知识爆炸等洋玩艺儿"③ 是15年教改的最大缺点。这里所列举的"洋玩艺儿"，正是科学主义的理论源头。刘国正则与此相反，坚持认为"十多年来，语文教学改革的一个重要理论收获是肯定了语文学科的工具性"④。当然，争论归争论，之后，无论是"圣陶杯"论文的评奖取向，还是课纲的一步步修订，都反映了争论中所获得的理性成果很快就被整个社会对于人文的强烈渴求所淹没。

除此之外，不断产生的语言学分支学科也对母语教育的人文转向产生了较大影响。20世纪下半叶以来，把自然语言与逻辑学、认知心理学等学科萃合

---

① 韩军. 限制科学主义，张扬人文精神 [J]. 语文学习，1993（1）：12-15.
② 张志公. 提倡两个"全面发展"——答《语文学习》记者 [J]. 语文学习，1996（2）：4-5.
③ 刘国盈. 语文教改断想 [J]. 中学语文教学，1996（1）：2-3.
④ 刘国正. 我的语文工具观 [J]. 课程·教材·教法，1996（7）：25-26.

在一起的语义学，强调意义随语境流转、倡导用个体经验填充话语空白结构的语用学，始自 50 年代罗常培、盛于 80 年代申小龙、强调母语与传统文化交互融合的语言文化学，注重语言与社会发展、人类交际密切关联的社会语言学，把语言教学作为研究重点的应用语言学等语言学分支学科纷纷产生。这些新的分支学科更关注社会和语言使用者个体，对传统语言学的地位形成了强烈冲击，对社会母语教育和中小学母语教学也都产生了间接却深远的影响。

总之，人文关怀、语言学哲学转向、语言学分支学科交汇融合，形成了一股巨大的人文合力，汉语母语教育的人文时代在此合力的影响下随之到来。

第二节　社会母语教育：由匡谬正俗转向偏重引导

现代以来，国家层面的母语教育基本上都在围绕着书面语的文字改革和口语的标准音统一进行，到了此期，文字改革已经成为镶嵌在历史里的话题，而为达到标准音统一的推普工作也正沿着 80 年代的既定方针蒸蒸日上地发展着，也就是说，传统的规范工作到此时大体已定，剩下的只是一些维持与保养工作。这些维持与保养工作，书面语方面，主要是对少量汉字的形体微调（如2009 年对 44 个汉字提出微调式的修正意见等）与对规范汉字的广泛宣传（如2001 年发布、2002 年试行的《第一批异形词整理表》和 2009 年开始的全国大中小学生规范汉字书写大赛）；口语方面，就是继续在全国包括港澳地区的推普。总之，这些工作要么是维持性的，要么是修补性的，构不成本期社会母语教育的特色。但是，由于此期社会经济、文化、科技的高速发展，人们的思维变得极其活跃，社会新词新语层出不穷，对语言规范工作构成了新的挑战。

一、语言规范从匡正到引导

在以往的语言教育中，国家的语言规范工作主要是为了匡谬正俗。被《人民日报》连载半年的《语法修辞讲话》，开篇就明明白白表明了要"匡谬正俗"的态度，"文革"结束后一些报刊杂志的"文章病院"专栏与普遍可见的"更正"夹条，主要目的也在"匡谬正俗"，等等。在用于纠正不符合母语普遍规律的一些语言现象之时，这一性质的规范工作非常有用，可以使我们的语言更加纯洁规范。但是，这种规范很多时候又会碰上难题，比如，"爱着你的爱，梦着你的梦"这个结构，在语法上来看，是一个典型的动宾结构，没有语法错误，但是从语感上来看，却又不符合汉人的表达习惯。再比如，在

"哥吃的不是面，是寂寞"导引下的"V的不是N，是寂寞"结构，本来明明V的就是N却说不是N，所以这个结构不合日常事理；表感觉的"寂寞"通常只能接在"感觉""感到"等少数几个动词后，但现在却普遍地被用在其他普通动词之后，所以这个结构又不符合词语的搭配原则。可是，这一"错误"句式却得到了人们别样的宠爱，以至于一段时间之内从网络到日常生活都特别风行。那么，这样或者不合母语语感，或者不合既定语法规定的结构，要不要规范，又该如何去规范呢？

按照之前规范观念，肯定是要用理据来维护既有的规则。但是，语言的理据多半是从语言现象的形成渊源来讨论的，而既然是渊源，道理和依据当然就掌握在语言现象的历史状态手中。所以，语言规范有一种必然的潜在倾向，即：尽力维护既有的语言状况，如果可能，还希望尽力回到更悠远的时代。学校语言教育是社会语言教育的最直接应和者，社会语言教育通过语言政策、课程标准、考试制度等形式渗透到学校语言教育当中。所以，学校语言教育，尤其是中小学语言教育，通常以规范作为最高原则。但是，语言是无处不在的，尤其是对于母语学习而言，生活之所在，即是接受母语教育之所在。社会应用是语言发展的动力，它可以把外语的成分接纳进来，可以把其他方言的成分接纳进来，可以对已有母语进行创造性的应用，总而言之，语言在与社会同行。进入转型期之后，发达的网络使得语言的社会融合变得明显起来，语言发展变更的步伐也在加快，因此，就出现了许多令专家学者手足无措或视如洪水猛兽的诸多语言"变异"现象。

历史上，语言的社会约定与历史理据总在不断交锋。从连续体来看，语言的变化是点点滴滴的，每一个新的语言成分要被规范所接受而登入正统教育的大雅之堂，都必须经历艰辛的斗争与争论。但跳跃性地看，语言的变化又是巨大的，跳过几个历史阶段再进行对比，人们会惊讶地发现，今天的语言与先前的语言不少地方已经堪称陌路了。但几乎所有的语言工作者却习惯于站在正统的立场，维护语言的既有现状，做匡谬正俗者。有时，即使在语言变革（尤其是词汇变革）的狂风劲雨中不得不修正自己的态度，但骨子里却仍然不肯放弃自己的阵地。语言教学的内容与标准，基本上掌握在语言工作者手中，如果语言工作者不改变立场，鲜活灵动的生活语言就只能通过不断抗争以争取进入主流系统。

也就是说，在80年代中期以前的规范观下，一些特立独行的新奇语言现象肯定是一出现就会遭到社会主流的封杀，但随着社会生活的越来越丰富，语言创新现象也越来越多，如果还按照传统观点匡误正俗，那么一则会应接不暇，二则很可能匡而不正。这样，语言规范观念的转变就成为了一种时代的需要。

第一个明确提出规范观念必须变革的应该是戴昭铭（1986），他撰文认为语言规范工作的重点应该是对新的语言现象作出评价和抉择，语言规范工作应该变匡谬正俗的被动模式为动态规范的主动模式。① 这篇文章发表之初，不乏一些反对者，双方还各自发表了一些辩论文章。但从后面的发展情况来看，戴昭铭的这一炮是打得很准很及时的。接下来的几年，"承认规范，尊重创新""难免越出规范"等逐渐开始被学界承认。仲哲明（1994）提出的应把现代汉语语言文字应用现状调查研究作为语言规范的一个最重要课题②，严光文（1995）的"学语言既必须遵从语言规范，又不得不变异创新"③，以及高万云（1998）的"语言规范的整体性原则"④，等等，都说明匡谬正俗的语言规范观已经基本退居二线，对于变动不居的语言进行合理引导已经成为学界主流观点。

如果说一直到90年代末规范观的改变基本上还是针对文学语言而言的话，那么，进入21世纪之后，随着网络进入千家万户，网络语言这一新的社会方言中的大量变异与创新，很快就把语言规范工作研究者的目光牢牢吸引住了，张德鑫（2000）提出的"水至清则无鱼"的词汇规范观⑤和邹韶华（2004）语言规范工作中习性原则应该优先于理性原则⑥的观点先后出炉，产生了很大的社会影响。可以说，在气势磅礴、月新日新的网络语言面前，匡谬正俗的语言规范观已经完全被倾向引导的语言规范观取而代之。

受此影响，国家语言文字工作也做了重心转移。社会语言文字的软规范代替了硬规范，自2006年开始发布的国家语言生活绿皮书和年度中国语言生活状况报告，2000年起展开的全国城市语言文字水平分类评估，国家语言资源

---

① 戴昭铭. 规范化——对语言变化的评价和抉择 [J]. 语文建设，1986（6）：13-21.
② 仲哲明. 关于语言规划理论研究的思考 [J]. 语言文字应用，1994（1）：5-7.
③ 严光文. 文学语言的规范和变异 [J]. 西南民族学院学报（哲学社会科学版），1995（6）：79-82.
④ 高万云. 语言规范的整体性原则 [J]. 语文建设，1998（10）：20-22.
⑤ 张德鑫. "水至清则无鱼"——我的新生词语规范观 [J]. 2000（5）：106-119.
⑥ 邹韶华. 论语言规范的理性原则和习性原则 [J]. 语言文字应用，2004（1）：16-25.

监测与研究中心及南京大学中国语言战略研究中心等的先后成立，《第一批异形词整理表》用"推荐使用词形"作为对正体的称呼，等等，都可以作为国家语言文字工作重心转移的表征。就连以前最中规中矩的学校语言教育，也在2003年《普通高中语文课程标准（实验)》中发生了变化，该课纲在"语言文字应用"板块的课程目标中规定，要"了解语言文字法规的有关内容，增强规范意识，学会辨析和纠正错误，提高语言文字应用的正确性和有效性"，在"教学建议"要求"提高正确运用语言文字的自觉性。引导学生注意观察学习和生活中的语言文字现象，有计划地收集材料，学习表达的创新，思考语言文字应用与发展中的问题，展开专题研究"，在"评价建议"中倡导关注"是否能对语言文字的发展变化、对语言文字应用的创新和规范化有较好的理解和认识"。这些对于语言规范的关注，是以往语文课纲中前所未有的新现象。

二、网络语言成为讨论热点

从90年代中后期开始，网络渐渐进入百姓日常生活，"网络语言"这个名词也越来越为更多的人所熟悉。人们总结出了网络语言的许多特性，其中最大的两个特性是传播速度极快和创新能力极强。

因为传播速度快，所以时常会有一些新的概念、词汇或句式突然之间成为社会生活中的高频语言，像2010年年底的"给力"和"神马都是浮云"，就是几乎一夜之间为全国人民所熟知的。之所以如此，首先是因为网络具备即时传送功能，而无处不在的网民则为网络词语的热炒提供了人力资源，此外，广电传媒的娱乐化转向和通信设备的日益先进也为某些网络语言成为时尚语言提供了普及路径。当然，也并非所有新创的网络语都能得到高速传播，只有那些创新中含有继承（如"给力"）或者符合民众普遍心态（如"神马都是浮云"）的新成分，才能得到受众的广泛接纳。

网络词语又有极强的创新性，如2007年的"秒杀"一词，把"在极短时间之内痛快获取或制胜"的意思用简洁的两个字描述了出来；2008年的"囧"，一改上古汉语当中表示"窗户"的意思，用象形的方法描绘了一张窘迫的脸，而且语音还与"窘"字相同；2009年的"被V"结构，把"就业""涨工资"等表示主动态的动词结构接到了"被"字之后，用语言的异化和辛酸的幽默，把弱势群体的深深无奈表达得淋漓尽致。这些词语都有一个共性，那就是与人们内存的语言固定模式存在一定的距离，用术语来说，就是把平常的语言"陌生化"了。就像著名的《舟还长沙》中所描写的，要"今日忽从江上望"，才能"始知家在画图中"，只有处在一个带有一定陌生化的情境中，与熟悉的环境有了一定距离，美才能应运而生。陌生化作为一种体验美的普遍心理机制，对于玩味语言之美也同样起作用，网络语言的创新性也才因此容易获得人们的承认与追捧。

可以说，如果愿意去琢磨体味语言的话，每个人的言语创新能力都是极强的，但只有到了这个信息时代，人们的言语才智才获得了一个自由发表、择优传播的网络平台。而中国目前的网民还是以青年和中年为主，以具备一定文化知识的人为主，这些人就是目前网络语言的主要创制者。由于年龄代沟及文化差异的存在，网络语言一开始并不为人们普遍接受，但现在，网络语言作为一种特殊社会方言的影响力越来越大，以致于传统媒介都必须不断从其中吸纳养料然后再转手传播给习惯传统媒介的受众。在这样一种良性循环之下，目前人们对于网络语言的态度已经由倾向排斥到倾向接受或任其自然。

字母词应该算是网络词汇中最新潮的一个部分，而根据邹玉华等（2005）[①] 对学生、政府管理人员、教师、信息技术人员、媒体采编人员等五类人员的随机调查，被调查者中只有 16.9% 对字母词的使用持反对态度。除此之外，该研究还得出了"教育程度和性别都对字母词态度没有影响，年龄因素的影响也非常微弱"的结论。从这个结论可以推出，网络语言主体创制者的低年龄特征和一定程度文化人特征，都已经不再像当年那样是阻碍网络语言传播的因素。这种变化，在一些中学教师的相关论文中也得到了体现。中学教师通常被视为一个相对较为持重的群体，也曾一度视网络语言为语言教学中的洪水猛兽，但现在却普遍地从"堵塞"到"疏导"，认为对于流行于学生中的网络语言，教师首先自己要先加了解与学习，然后才有可能做出令学生心服口服的引导。

因此，从某个角度来说，网络语言能够成为大家关心和讨论的热点，还得益于目前的学习型社会。因为终身学习已经成为一种社会风尚，不学习者只能自然而然地落后，所以曾经以规范语言持有者与评判者为身份标志的语言学者和语文教师，才或主动或被动地敢于直面新词新语。而语言学者和语文教师的

---

① 邹玉华，等. 关于汉语中使用字母词的语言态度的调查 [J]. 语言教学与研究，2005 (4)：66 - 73.

这种态度转变，又反过来对社会语言教育和学校语言教育产生巨大影响。确实，流水不腐，语言也是一样，要想永葆活力，就必须不断创新和发展。对于网络语言这一当代最主要的新词新语之源，与其进行螳臂挡车式的抗拒，不如顺其自然，等待时间的流逝和语言约定俗成的规律将其慢慢淘沙留金。

第三节　　学校母语教育：母语特质与言语幸福的世纪探问

此时出现了两种与人文语文密切相关的观点，一种是"大语文教育观"，另一种是"贴近生活"的语文教改观。正如张锐（1994）所指出的那样，90年代的大语文教育观已经"深入人心"① 地成为此时最有影响的一种新兴语文教育观。而"贴近生活"的实用型语文教改观，虽然以前在新中国成立前和新中国成立后也曾提过，但当张志公（1994）在《语文学习》应邀发表《对当前中学语文教改的意见》一文，把"实用性不强"与"速度效率偏低"②一起作为当时语文教学存在的两个大问题提出时，还是引起了人们又一次的注目。几个月之后，不知是巧合还是受张志公的影响，吴心田就提出了"提高教学效率"和"面向实际应用"③ 两个响亮的口号。我们知道，对于语文效率的不满意已经是一个老生常谈的问题，但"实用性不强"作为对80年代科学主义的一种反拨，此时提出却比较醒目。所以，又过了几个月之后，最有影响的语文教育史研究专家顾黄初先生就大声呼吁，认为"贴近生活"应当作为"语文教学改革的一种趋势"。这样，随着大家的眼光不约而同地投向生活，语文生活化就与大语文教育观相互呼应，成为了此期语文教育的鲜明旗帜，人文偏向的课程结构改革设想也从纸上渐渐变成实际。

一、是否要"淡化语法"的讨论

早在50年代初提倡语法教学，提倡通过语法教学达到"正确地使用祖国语言，为语言的纯洁和健康而斗争"这一目的之时，就有不少人对语法教学能否达到这一目的感到怀疑。王力先生1953年《中学语法教学问题》一文开头处就谈到了这种怀疑与顾虑，并针对当时"大文学家也没有学过语法"、

---

① 张锐. 九十年代语文教学改革的特色与趋势 [J]. 中学语文，1994（1）：4-5.
② 张志公. 对当前中学语文教改的意见 [J]. 语文学习，1994（1）：2-3.
③ 吴心田. 对深化语文教学改革的思考 [J]. 中学语文教学参考，1994（6）：2-4.

"文章写不通是由于思想不通，不是语法不通"① 等否定语法学习的理由进行了逻辑上的一一批驳。由于 50 年代贯彻学习《暂拟系统》，语法教学迎来了史上的最好时光，语法无用论也在 50 年代末偃旗息鼓。不料，到了 80 年代，语法无用论又一次出现，在一部分知识分子当中还"相当流行"②，甚至连 60 年代提出语文教学"八字宪法"的吕型伟也经过反思后，认为当年"对语法的要求，显然是偏高、偏难的"③。这一次思潮最终导致了 90 年代初的"淡化语法"大讨论。

（一）主要内容述评

这一次大讨论在 1990 年底集中爆发，到 1991 年上半年结束，论战的主要阵地是《语文学习》，参与者主要是一线教师，也有一些语法研究者。这次爆发源起于钱汉东《语法教学弊多利少》一文，这篇文章在《语文学习》1990年第 10 期上发表之时，前面加了编者按："近年来，中学语文教学界有同志提出要'淡化语法'。对于这个提法，赞成者有之，反对者也有之。本期发表两篇文章，就'淡化语法'问题提出了不同的意见。究竟要不要'淡化语法'，能不能'淡化语法'，这是争论的焦点。欢迎读者赐稿，以理服人。"④这里所说的两篇文章中的另一篇是董金明的《正确对待语法教学》。这次讨论气氛热烈，据编辑部统计，从 1990 年第 10 期到 1991 年第 4 期之间，《语文学习》发表的讨论文章达到近三十篇之多。⑤

这些文章，主要涉及两个问题，一个是"淡化语法"的问题为什么会在此时提出，另一个是在目前的情况下，语法教学应该何去何从。

对于为什么此时会出现"淡化语法"问题，论者们提出了 7 个原因：第一，对于教学语法新体系不熟悉；第二，教学语法新体系本身不够完善；第三，大纲对于语法教学的要求有所降低；第四，人们对语法提升语言能力的期望值过高；第五，教学内容安排的时间不对，应该由主要安排在初中改为安排至高中；第六，长期以来语法教学没有得到应有的重视，导致教法不成熟；第

① 王力. 中学语法教学问题［A］.《王力文集（第 19 卷）》［C］. 济南：山东教育出版社，1991：351 - 360.

② 吕叔湘. 怎样跟中学生讲语法［A］. 全国语法和语法教学讨论会. 教学语法论集——全国语法和语法教学讨论会论文汇编［C］. 北京：人民教育出版社，1982：12 - 13.

③ 吕型伟. 对当前中学语文教学改革的几点看法［J］. 语文学习，1986（10）：2 - 7.

④ 钱汉东. 语法教学弊多利少［J］. 语文学习，1990（10）：23.

⑤《语文学习》编辑部. 为什么要组织这场讨论［J］. 语文学习，1991（4）：29.

七，教材中的语法知识短文有不少疏漏；第八，学生普遍不喜欢语法课。谈及原因的文章不少，朱宝元《试析当前语法教学的尴尬局面》（1990 年第 12 期）一文谈得最为透彻，他提及了上述七种原因当中的六种，算得上是较为全面的归纳。

上述八个原因，真正回答为什么"此时"出现的，是前面三条。在现代汉语母语教育的恢复期我们已经介绍过，教学语法新体系颁布于 1984 年，1988 年的新编统编教材才开始统一使用这一体系，离这一次论争才仅仅两年时间，对于新体系的不熟悉确实在情理之中。而由于新体系本身不完善的观点，就显得有些牵强，因为新体系和《暂拟系统》一样，都是集体智慧的结晶，也就是说，这个新体系原本志在杂取各家之长，作为一个杂合体，内部肯定会有一些衔接不很严密之处，但教学语法又不同于理论语法，它的目的在于提供一个既较为前沿又能够为中学生接受的体系，因此"不够完善"是在所难免的。不过，新体系的推行过程中，发动推广工作相较《暂拟系统》来说要少得多，这个体系之外的缺憾，却原本是可以避免的。至于"大纲对于语法教学的要求有所降低"，我们前面比较过 1978、1986、1990 三个大纲，可以明显看出这一降低趋势。从某种程度上说，正是因为大纲尤其是 1990 年新大纲的要求降低了，一线教师才心态放松，敢于提出"淡化语法"的强烈要求。

八个原因中的其他四条中，第四、五两条虽然不是对"此时"淡化语法的解释，却是母语教育史上各次要求淡化语法或认为语法无用的一个通适性解释。从语法最初从西方引进开始，学习者和语法教材编写者都是抱着一种提升语言能力、提高母语学习效率的心态，《马氏文通》的写作目的如此，解放初普及语法知识如此，80 年代的语法教学依然如此。过高的期望往往容易变成奢望，于是语法的教者、学者们普遍地都感受到了一种挫折感。至于语法教学安排在初中还是高中，三四十年代和新中国成立之后有所不同，三四十年代基本上在高中和师范学校，新中国成立之后才以初中学生为主要的教学对象。傅惠钧在分析初中生心理特征之后，引用吕叔湘在全国语法和语法教学讨论闭幕式上发言所说的"系统地讲语法，放到高中去。……初中讲语法，可以选择一些对提高学生阅读能力，特别是对提高写作能力有用的东西讲一讲，并且给以充分的练习，这就是实用"作为支撑，提出应"把语法知识的教学分成初中、高中两个阶段，而将系统的知识安排在高中"。① 这一观点应该说是比较科学的，但在此次"淡化语法"的讨论中，似乎没有第二个持同类观点者。

第六、七两条原因，可以作为语法教学的改进方向，也可以作为学生不太喜欢语法的原因，但却不是要淡化语法的原因。而第八条理由，就简直不是理由了，因为学生喜不喜欢并不能成为衡量某一内容值不值得教的标准，况且，同一内容，因为教师与教法不同，学生的喜欢程度也会有很大差异。

另外一个没有提及但却最重要的原因，是内心的轻视。我们轻视语法教学，主要是因为汉语没有形态变化，或者说形态变化比较少，由此导致以前传统的语言研究认为不研究语法也无所谓，导致语法研究成了一个舶来品，导致语法教学的先天不足以及人们内心深处对于汉语语法学习作用的怀疑。确实，汉语作为一种非形态语言，它的主要表现手段是语序和虚词，因为古往今来的语序基本统一，所以即使到了清代，人们已经非常重视虚词研究之时，语序研究仍然处在几乎被完全忽略的地位。

下面谈谈此次讨论中"语法教学应该何去何从"的问题。

对于这一问题，首先，大家基本一致的态度是必须要改进。比如，邵敬敏联系 1987 年史有为所倡导的现代汉语课的需要改革，疾呼整个语言教学尤其是语法教学"已到了非改不可的地步"②。王兴伟也提出，"必须尽快改变中学语法教学的状况，提倡'优化语法教学'，而不是简单化地说句'淡化语法'就了事"③。董金明则把改进的内容归纳为"教什么"和"如何教"这两个问题。④ 如此等等，不一而足。

而对具体如何对教学内容和教学方法加以改革，提出对策的并不多。在教学内容改革方面，濮侃认为教材应该"不求全，不求细，不必太强调'系统'"，教法上"不必从词的定义开始，按部就班地讲下去，而是有所选择，有所侧重。侧重跟教材有关的知识，跟学生日常用语和作文有关的知识"。⑤ 谢逢江同意"不应该用语法的术语去考学生，而应该侧重应用"，但同时强调

---

① 傅惠钧. 中学语法教学有待改进 [J]. 语文学习，1990（12）：6 - 7.
② 邵敬敏. 语法教学非改不可 [J]. 语文学习，1990（12）：3.
③ 王兴伟. 中学生不喜欢学语法，就该"淡化"吗 [J]. 语文学习，1990（12）：4.
④ 董金明. 正确对待语法教学 [J]. 语文学习，1990（10）：24 - 25.
⑤ 濮侃. 淡化是对繁化的否定 [J]. 语文学习，1990（12）：3 - 4.

"这不等于说，学生不必明确基本概念，只有明确基本概念才能应用得好"。① 俞敦雨的意见是对于教学内容既要简化，又要深化。② 教学方法方面的改革意见也不多，且大多像赵洪勋一样，说"语法教学的方法应当改进"③，或者跟汪周望持同样观点，提出"语法教学要深入浅出"④。综合起来看，基本上没有超越吕叔湘先生1981年5月《怎样跟中学生讲语法》一文的思想，因为该文中已经就"要不要跟中学生讲语法""讲什么""怎么讲"三个问题做了比较深刻的阐述。出现这种情况，一则可能跟编辑部的"编者按"把讨论焦点确定为"要不要"和"能不能"有关，二则此期还是一个思想争鸣期，热闹的争鸣容易出思想，但具体对策却往往需要用冷静的事实说话，也许这就是此时具体对策极少出现的原因。

（二）后续影响

这一次"淡化语法"的争鸣，产生了积极与消极两种后续影响。积极的影响表现为：此后几年中人们对于语法教学的性质与应然内容做了比较深入的思考，同时也对教法的改进做了一些实践的尝试。消极的影响表现为：继1990年大纲之后，课纲对于语法的要求又有几次新的降低，而一线教学中，语法也在渐渐淡出课堂。

1. 语法教学性质、内容与方法的思考

对课程性质的认定直接决定了对课程内容的安排，语法教学也是这样。在"淡化语法"的讨论之前，也曾有少数人提到过应该要改变语法教学的主要内容，如吕叔湘（1984）认为应该把主要精力放在"各种语法现象即用例的探索上"⑤ 而不是放在体系的讨论上，张静（1988）认为任何语法规则都繁杂难学、不能立竿见影是语法教学难学、不管用的客观原因，但是，"语法教材过于强调语言表态结构的描写，而且越来越全，越来越细"也是不可回避的主观失误。⑥ 也就是说，80年代中后期，就已经有了语法教学应该侧重应用，语法教学的内容应该重点讨论用例和动态分析的观点产生，但"淡化语法"讨

① 谢逢江.语法教学不宜淡化［J］.语文学习，1990（12）：4-5.
② 俞敦雨.中学语法既要简化，又要深化［J］.语文学习，1990（12）：8.
③ 赵洪勋.只能强化 不能淡化［J］.语文学习，1990（12）：7-8.
④ 汪周望.关键在教什么，怎么教［J］.语文学习，1990（12）：9-10.
⑤ 吕叔湘.中学生需要学习的是哪种语法知识［J］.语文学习，1984（2）：2-4.
⑥ 张静.语言的学习和运用（增订本）［M］.上海：上海教育出版社，1988：358-359.

论之后的相似观念，却要成熟和系统得多。因为此时对于语法教学性质与内容安排方面的讨论，虽然表达方式各不相同，但都已经开始自觉地运用或接受语法（句法）、语义和语用"三个平面"理论。

成系统的表述者是胡裕树和庄文中两位先生。作为一名杰出的语法学家，胡裕树曾在其主编的《现代汉语（增订本）》（1981）中第一个提出汉语语法要区分三个平面。1992年，"淡化语法"的讨论结束不久，胡裕树发表了《语法研究的三个平面——从"淡化语法教学"说起》一文，认为以往单纯从句法平面进行分析的做法，无法使语法教学达到实用的目的，从而提出应在语法教学中强调语义分析（分析不同结构中的不同语义）和动态的语用分析。为了直观地说明问题，胡先生在文中举了不少例子，比如"我们打败了敌人"和"我们打胜了敌人"虽然句法结构一致，但进行语义分析，却可发现动词"打"的补语语义指向有差异；再比如通过对"墙上挂着她的彩照"和"她的彩照挂在墙上"进行语用的分析，可以发现这两个句子的主题和述题不同，主题出现于句首，表示旧信息，述题则表示新信息。① 读了文中所举的例子之后，可以明显地感觉到，把句法、语义和语用三者结合起来，能让母语学习者在知其然的同时还能知其所以然，能让学习者产生一种豁然开朗的满足感。

庄文中（1995）提出语法教学要进行全面的根本性的变革。具体变革的路向是："变语法科学体系为语法教学体系"，"变侧重传授语法知识为侧重训练语法能力"，"变静态教学为动静结合的教学"。② 庄先生在此提出的"语法教学体系"实际上是指"语法应用体系"，"静态教学"是指重点关注显性意义的、没有进入交际活动的语言结构，"动静结合的教学"指关注语用义和情态义的、进入交际活动的语言结构。应该可以看出，作为专注于中小学语法教学研究多年的教学语法专家，庄文中敏锐地抓住了"三个平面"这一新的语法理论，从句法、语义、语用三个维度为语法教学改革提供了一个立体体系。

除了上述两位的建构之外，胡明扬（1995）也提出要纠正中学语法课的性质，"把知识课改为实践课，把传授理论知识改为提高学生运用语言文字的实际能力"，胡先生还为实现这一目的做出了大胆的预测——"假定原来作为

---

① 胡裕树. 语法研究的三个平面——从"淡化语法教学"说起 [J]. 语文学习，1992（11）：36 – 38.

② 庄文中. 中学语法教学的新思路——谈谈《中学语法教学实施意见（试用）》[J]. 课程·教材·教法，1995（4）：19 – 20.

知识课的语法教学课时为100%，其中传授语法知识的课时为90%，练习用的10%。那么作为实践课的语法教学，传授语法知识的课时不宜超过20%，传授修辞和逻辑思维方面知识的课时不宜超过10%，而70%的应用以结合语言实践来提高学生理解和运用语言文字的实际能力。"① 该项预测，除要突出实践之外，还表达了修辞、逻辑须融合到语法教学中去的意思。修辞、逻辑融合进语法的赞同者不少，比如吕叔湘、朱德熙在《语法修辞讲话》（1951）中就已有了把修辞整合到语法教学的较好实践，而逻辑与语法不分家的思想，除了张志公要"把语法、修辞、逻辑综合起来研究"② 外，吕冀平、王力也都做过类似的表达，认为要"通过语法分析进行逻辑思维的训练"③，与语法相比，"重要的是你用什么语言来表达你的意思，更重要的是你的逻辑思维能力"④。

应该说，"淡化语法"集中讨论的前前后后，教学内容的修正已经得到比较充分的关注，而教法上面的改革则正如邵敬敏（1993）所说，"还未受到应有重视"。因为还未受到应有重视，邵先生就自己做了探讨，提出"教学方法应注意几点，如补充新内容、增加信息量；着眼比较、加强辨析；加强语言实践；精心选择用例；课堂用语通俗风趣"。⑤ 陈一（1994）提出可以尝试"问题贯穿法"，把"复句到底是一个句子，还是几个句子？单句是否永远只作为复句的一部分出现？"⑥ 之类相关的问题串在一起集中讨论解决。

值得一提的是，在所有的后续工作中，《中学语文教学》做得最为突出。该刊从1995年第1期起，针对不断接到的各地教师对于语言教学的讨论与咨询，特辟"语言教学答问专栏"，由副主编庄文中先生主笔，重点讨论语法教学当中出现的问题，持续了整整一年。

2. 课纲降低难度与语法淡出课堂

跟1990年比较，课纲对于语法知识的要求确实是降低了。1992年《九年

---

① 胡明扬. 中学语法教学会议 [J]. 语文建设, 1995 (4)：24 - 26.

② 张志公. 关于汉语语法体系分歧问题 [A]. 庄文中编. 张志公汉语语法教学论著选 [C]. 太原：山西教育出版社, 1997：610.

③ 吕冀平. 句法分析和句法教学 [A]. 全国语法和语法教学讨论会. 教学语法论集——全国语法和语法教学讨论会论文汇编 [C]. 北京：人民教育出版社, 1982：157.

④ 王力. 需要再来一次白话文运动 [A]. 王力文集（第19卷）[C]. 济南：山东教育出版社, 1991：372 - 373.

⑤ 邵敬敏. 现代汉语课教学方法改革刍议 [J]. 语文建设, 1993 (9)：20 - 21.

⑥ 陈一. 现代汉语教学可试行"问题贯穿法" [J]. 语文建设, 1994 (9)：11 - 12.

义务教育全日制初级中学语文教学大纲（试用）》对于语法的要求比较笼统，只在"基础知识"当中说要"了解一些必要的语法修辞知识"，2000 年《九年义务教育全日制初级中学语文教学大纲（试用修订版）》对词的分类，并列、偏正、主谓、动宾、补充五种短语结构，主、谓、宾、定、状、补六种单句成分，二重关系的并列、递进、选择、转折、因果、假设、条件七种复句类型和常见关联词语的用法都做了要求。而到世纪末的时候，受到倡导素质教育和社会信息化的影响，2001 年《全日制义务教育语文课程标准（实验稿）》在"基本理念"部分规定了"不宜刻意追求语文知识的系统和完整"。因为语法知识是语言知识的主体，所以，可以把这种转变认为也是课纲对于语法知识的态度转变。而王策三和钟启泉的笔战，《认真对待"轻视知识"的教育思潮》和《发霉的奶酪》这两个标题即已集中体现了先后两种课纲对于知识的不同理念的碰撞。当然，笔战归笔战，语文教育界还是在大纲的影响下，认为语言知识不再需要系统的学习。由此，随着新课程不断推行，专注于从事语法教学研究的人逐渐减少，而大纲的淡化，也正遂了不少教师因为语法难教而不想教的心愿，以致"现在报纸杂志上关于语法教学的文章几乎绝迹了。……有些班级在学习'语法知识'时，仅仅花了 10 来分钟就把课本上知识短文简单地过目了一遍"①。好在，2011 版课标将 2001 年的"语法、修辞知识不作为考试内容"改为"语文知识……概念不作为考试内容"，把"不应考察对词法、句法等知识的掌握程度"改为"词法、句法等方面的概念不作为考试内容"。第二，基本理念中，删掉了之前的"不宜刻意追求语文知识的系统和完整"；阅读教学建议中，增加了"不能脱离语文运用的实际"和"不应要求学生死记硬背概念、定义"：增删之间，表述变得缓和，不再给人突兀与尖锐之感。第三，在具体教学建议中，增加"关于语法修辞知识"一大条，进一步集中明确：语法修辞知识教学不是为记忆知识系统，相关名称术语只是方便称说，要避免围绕概念定义进行系统完整的讲授与操练；须在丰富积累与良好语感的基础上逐步体味语言结构与规律，要结合语言实例以点拨方式进行语法修辞知识教学。

母语语法学习会遇到以下几种情况：语法规律总会有很多例外；受语境影响，易呈现出模糊多义性；语法教学周期长、收效慢；母语语境，似乎不学自

① 刘小华."淡化"语法不等于"摒弃"[J].语文教学之友，2004（6）：49.

会。这儿种情况导致人们轻视或害怕语法学习。而且，中国人历来就比较轻视理性训练，一代一代积淀下来，也导致了我们倾向于感性感受而畏难理性思考的思维特点。语言与思维同在，在汉语母语能力的获得过程中比较充分地学习语法，有益于补足我们民族思维的这一天生缺憾，从而培养出一种打破沙锅问到底的理性探究精神。

当然，语法教学也要考虑母语学习的特性。母语学习者对语料有相当的感知，然而却又有相当多一知半解的误区，所以语法教学应该引导学生以丰富的"已知"去推知"未知"。术语的学习方面，吕叔湘、王力等都反对大讲特讲术语，认为"得兔忘蹄""得鱼忘筌"的语法学习方法都比较可行。不过，要注意的是，"得兔忘蹄""得鱼忘筌"首先还是要有"蹄"和"筌"，也就是说，如果没有"蹄"和"筌"这些工具，"兔"和"鱼"就无从获得，所以，术语的学习还是非常必要的。不过语法教学的目标在于掌握语言结构规律，而不在于记住名词术语，因此术语的学习要适时适量、循序推进。此外，还要摒弃急功近利的思想，学了不能立即看到功效是很多文科内容的共同特点，语法之所以独独被挑出来大加讨论，一个主要的原因是人们总认为语言是工具，想通过掌握语法规则来把这个工具运用得更为得心应手一些，却没有考虑到，任何规律的学习都是一样，仅仅记住原理是不够的，真正掌握关键还是得靠不断的运用与总结。如果光是死记硬背而不加以应用，语法规律就如挂在墙上的美人图一样，永远不会走进我们真正的语言生活。

二、"语感中心说"的提出与质疑

徐云知在《语感与语感教学》一书中把重视语感的教学思想分成"语感训练说"和"语感中心说"两种类型，认为二者的教育哲学基础与心理学基础都不相同，以致"语感训练说"走向关注实践的探究而"语感中心说"却走向对教学目的理论性的终极关怀。① 诚然，徐云知先生所集中讨论的"语感训练说"代表人物洪镇涛的思想确实是重在语感培养，但在阅读完作为"语感中心说"代表人物王尚文的《语感论（第三版）》之后，可以发现"语感中心论"并不是不关注实际教学，而是首先关注为什么要在教学中以语感训练为中心。徐云知先生没有花多少笔力讨论李海林先生的《言语教学论》，其

---

① 徐云知. 语感和语感教学研究 [M]. 北京：高等教育出版社，2004：170-204.

实，作为"语感中心说"的又一重要论著，《言语教学论》的思想更加深刻，论述也更加严谨，也就是说，"终极关怀"的理论色彩更加浓厚。但即便在如此一章章严谨到近乎苛刻的论述当中，也能始终感受到"语感中心说"者李海林先生对于实际语感培养的炽热关怀。正如徐云知也承认的那样，这两种类型"都是从语感的本质这一根本问题出发的"①。如果要谈及二者的区别，那么可以体现为两点：一是成熟时间不同，"语感训练说"的成熟时间比"语感中心说"大约要早十年左右；二是语感中心说对原理挖掘得更深，期待以不可撼动的基础来建造一座理想中的语言教育大厦，而"语感训练说"看重的却是速度，因为之前没有这类建构，所以管他木屋还是钢筋水泥房，先建起来再说。

（一）语感训练说的大致发展轨迹

目前已知的语感训练的最早倡议，应该是夏丏尊 20 年代初的《我在国文科教授上最近一信念——传染语感于学生》一文。在这篇简短的文章里，夏先生因为"无论如何设法"也无法使学生作文改变"简单空虚"，于是想到应该由"对于文字应有灵敏的感觉"（语感）的教师，通过"自己努力修养"，获得知、情方面的强烈语感，"使学生传染了，也感得相当的印象"。② 然后，30 年代，叶圣陶在《文艺作品的鉴赏》中说，"必须在日常生活中随时留意，得到真实的经验，对于语言文字才会有正确丰富的了解力，换句话说，对于语言文字才会有灵敏的感觉。这种感觉通常叫做'语感'"。③ 此后，到了 80 年代前期，倡导者就多起来了，如谌耀李（1980）指出语感是双基训练的重要一环，④ 李心得、肖应剑（1981）从"人们平时说话、写文章、遣词造句、表情达意，一般也是靠语感的"这一判断出发，提出要引导学生培养和训练语感；⑤ 雷一宁（1983）针对学生作文用词不确切、教师拘泥于词典来解词释义

① 徐云知. 语感和语感教学研究 ［M］. 北京：高等教育出版社，2004：170.

② 夏丏尊. 我在国文科教授上最近一信念——传染语感于学生 ［A］. 夏丏尊，刘薰宇. 文章作法 ［M］. 北京：教育科学出版社，2008：147 – 150.

③ 叶圣陶. 文艺作品的鉴赏 ［A］. 中央教育科学研究所. 叶圣陶语文教育论集 ［C］. 北京：教育科学出版社，1980：267.

④ 谌耀李. "语感"是双基训练的重要一环 ［J］. 山东师院学报（哲学社会科学版），1980（6）：83 – 84.

⑤ 李心得，肖应剑. 语文教学中的语感训练 ［J］. 辽宁师院学报，1981（6）：75 – 78.

的现状，提出一些训练语感的方法；① 林运来（1984）用回顾叶圣陶对于语感训练相关阐述的方式来建议要加强语感训练；② 吕叔湘（1985）在接受刘连庚采访时，说学语法"最重要的是培养语法感"，认为语感能促进理解和表达能力不断前进。③这些不断增多的关注，使得到 90 年代初时，关于语感问题的讨论终于集中爆发，《中国现代语文教育百年事典》对此有详细的介绍④。

与理论探讨相得益彰的是语感教学践行。80 年代的刘朏朏、高原夫妇和 90 年代洪镇涛老师就是践行中的佼佼者。刘朏朏、高原夫妇创建了一种三级作文训练体系，其中第三级就是训练语感和章法。而洪镇涛则针对人们重视双基、一味多讲的弊病，提出要变"研究语言"为"学习语言"，变"讲堂"为"学堂"，创立了"感受—领悟—积累—运用"的语感教学模式，并最终由武汉走向全国，影响甚大，被人们称为教改中的"语感派"。"语感派"形成的标志就是"洪镇涛语文教学思想与教学艺术研讨会"的召开和《中学语文》杂志《构建"学习语言"语文教学新体系》专辑的出版。⑤

语感训练已经备受关注了，那么，究竟什么是语感呢？这是一个十分难以回答的问题，各种语感概念非常之多，李海林（2006）做了个大概的归纳，说"目前人们提出的定义多达二十余种"⑥，徐云知（2004）则详细列举了吕叔湘等对于语感本质做出的共计 22 种不同界定。在做了详尽列举与观察之后，徐云知自己给语感下了一个定义："语感是言语能力的重要组成部分，语感的本质是一种类化了的个体言语经验，是个体在其生活中进行言语活动的产物。"⑦ 并接着介绍了语感的三个本质特征：稳定性、主体性和累积性。其中，稳定性是指主体的语感形成之后，基本上不随言语活动对象、时空等条件发生变化（可能受语境熟悉度影响，但一旦原有语境出现则极易恢复），主体性指语感是一种无法传递的个体经验，累积性指语感要经过不断体验、模仿、反复的练习与积累才能形成。诚然，这里对于语感累积性的分析是正确的，而认为

① 雷一宁. 漫谈"语感——兼谈如何改进中学语文教学的问题 [J]. 青海师专学报，1983（2）：89 - 94.
② 林运来. 叶圣陶论语感训练种种 [J]. 教育与进修，1984（6）：14 - 17.
③ 刘连庚. 学习语法和培养语感——访吕叔湘先生 [J]. 语文学习，1985（1）：54 - 55.
④ 顾黄初. 中国现代语文教育百年事典 [M]. 上海：上海教育出版社，2001：801 - 803.
⑤ 张正君. 当代语文教学流派概观 [M]. 北京：中国社会科学出版社，2000：356.
⑥ 李海林. 言语教学论（第二版）[M]. 上海：上海教育出版社，2006：224.
⑦ 徐云知. 语感和语感教学研究 [M]. 北京：高等教育出版社，2004：13 - 14.

语感不能改变和无法传递的判断，却可能并不符合人们的日常感受。所以，语感概念的真正解决恐怕还是要到"语感中心说"论者那儿去寻找答案。

（二）语感中心说的核心内容

相对于"语感训练说"，"语感"在"语感中心说"里的地位更高一些，他们认为："语文能力是语文教学的终极目的；语感是语文能力结构的核心要素；所以，语感教学也就成为语文教学的轴心。"① 对于这种轴心地位作出认定的第一人是王尚文，他第一个提出了语文能力核心是语感的这一论断。② 王尚文认为，"语感中心说"基于"人文说"，是基于"工具说"的"知识中心说"深陷全民声讨困境之时而崛起的一种语文教育思想，这种思想为人们树起了一个新的路标。③ 语感中心说的另一核心人物李海林也表示过，现代语文教学经历了"语言的觉醒"和"语用的觉醒"两次飞跃，"语言的觉醒"实现了语文教学从经义教学到语言教学的重大转变，"语用的觉醒"即将带动语文教学实现从语言知识教学到语言功能教学的重大跨越，而语感中心就是语用觉醒的重要标志。④ 当然，两人都不否认知识对于语感的意义。王尚文先生认为在语感这一中心的外围，语文素质还包括了语文知识的积淀、语文思维的发展、语文情趣的养成、语文潜能的蓄积四个其他因素。⑤ 李海林也认为："语感教学论否定的并不是知识教学本身，而是知识教学在语文教学中的主体地位和目的意义，他们强调的，是知识教学应该为语感培养服务，语感是知识教学的目的之所在。"⑥

语感既然被确认为是"语文能力的核心"，是"语文教学的轴心"，那么，相较于前一阶段的语感训练说，语感的概念对于后起的语感中心来说当然更为至关重要。那么，语感中心说者是如何定义语感的呢？

王尚文在 2000 年《语感论（修订版）》第 35 页中说："语感是思维并不直接参与作用而由无意识替代的在感觉层面进行言语活动的能力，即半意识的

---

① 李海林. 言语教学论（第二版）[M]. 上海：上海教育出版社，2006：295.

② 梅新林. 语感论·修订版序一 [A]. 王尚文. 语感论（第三版）[M]. 上海：上海教育出版社，2006：3.

③ 王尚文. 语感论（第三版）[M]. 上海：上海教育出版社，2006：340-343.

④ 李海林. 语感论·修订版序二 [A]. 王尚文. 语感论（第三版）[M]. 上海：上海教育出版社，2006：7-9.

⑤ 王尚文. 语感论（第三版）[M]. 上海：上海教育出版社，2006：371-373.

⑥ 李海林. 言语教学论（第二版）[M]. 上海：上海教育出版社，2006：300-301.

言语能力"，到 2006 年《语感论（第三版）》第 33 页中，对上述定义作了改正，把"即"字改成了"也许可以简称之为"。这简单的一个更改，虽然反映了王先生在经过几年思考之后，对于"半意识的言语能力"这个概念的迟疑心态，但其对语感这整个概念的核心定义仍然一字不改。李海林的语感概念则经历了一个比较明显的发展过程。李海林（1992）认为语感是"对语言与语境的关系的感受"，"对言语行为意义的感知"，"对语表意义与隐含意义的关系的感知"。① 很明显，这时他的定义跟后来被他批评的大多数定义一样，只揭示了言语主体对言语材料的信息接受过程，没有太逾越"感受论"的范畴。但在《言语教学论（第二版）》中，李海林先生对于语感的认识有了质的飞跃，达到了几近炉火纯青的地步，他认为"语感"就是"对言语对象的一种直觉同化"②，为了避免误会，他对"直觉"做了进一步阐述，认为直觉具备知情合一、身心合一、理解和观照合一三个特点，能够对事物外部特征与本质特征、个别属性与整体特征均有所反映。③

从逻辑上看，上述定义确实比较能折服人，但是无论是"半意识的言语能力"还是"对言语的直觉同化"，都重在定性，而只能定性的事物往往是很难把握的。那么，语感又是如何实现其与"教学"这一具体行为之间的联系的呢？王尚文和李海林给出的答案都是：通过图式。"图式"的概念来自于皮亚杰，而"语感图式"的概念则来是王尚文 1995 年《语感论》初版时的原创。当然，李海林对于"语感图式"的解说似乎要更清晰一些。他认为，语感图式是认知主体对外来语料的加工改造机制，外来语料在这一加工改造过程当中被重新整合。每个个体都具备的天赋被认为是"初始图式"，通过语感教学之后，图式会发生不断构建，而每一次构建都需要输入内涵大于原有图式的言语作品，但新输入的言语作品内涵不能过大，否则会产生同化失败，只有当言语对象的内容结构与言语主体的原有语感图式结构相同之中又有适当的距离之时，才最容易让原有图式顺应新的言语输入。语感教学的作用，就在于提供这种合适的言语材料，并在教学活动中使新材料与原有图式之间的距离消失，从而在对言语对象的顺应中实现对个体语感图式的重构。④

① 李海林. 语言的隐含意义、语感与语感教学［J］. 语文学习，1992（10）：13－16.
② 李海林. 言语教学论（第二版）［M］. 上海：上海教育出版社，2006：226.
③ 李海林. 言语教学论（第二版）［M］. 上海：上海教育出版社，2006：301－303.
④ 李海林. 言语教学论（第二版）［M］. 上海：上海教育出版社，2006：226，307－313.

（三）"语感中心说"断想

虽然 2000 年初中语文教学大纲已经有所突破，在"教学目的"中提出了"要发展学生的语感和思维"，2001 年义务教育课程标准又进一步把"语感"当作"语文素养"的重要组成部分，而继续坚持 2001 年课纲基本理念的 2003 年高中课标则明确地把"感受·鉴赏"当作五大课程目标之一，2011 年版课标也承续了在语言积累基础上发展语感的理念。但正如"语感中心说"者自己也承认的那样，"语感教学目前还停留在一种教学思想的层次上"①，缺乏具体的可操作手段与授课方式，也正是因为这种缺乏，才使得即使如李海林先生自己的课堂，也只能像黄耀红所观察到的那样出现"用得最多的一个词是'感觉'"② 的窘境。也许在李先生看来，使用"感觉"一词是为了引导，但在普通老师们的体验中，学生们很可能会在教师频频使用的"感觉"当中失去感觉。

我们以为，语感中心说这一新的教学思想，也许并不需要炭炭于寻求操作手段。因为正如李海林已经进行过充分论证的那样，语感教学的实现主要是依靠个体语感图式的不断重新构建，而促进其构建的主要手段就是提供合适的言语材料。那么，这提供合适言语材料，就是教材编写者和语文教师所真正要着力的部分，前者在教材编撰过程中要充分考虑教材使用者的普遍语感图式水平，而后者则应在关注所教学生语感图式水平的基础上为之不断挑选语料作为教材的补充。物质形态的言语材料挑选好了，语感教学可以说就已经向成功迈出了第一步。接下来同样重要的是言语材料的"输入"，同一份材料，选择什么作为重点输入，如何输入，涉及很多的教学理念与教学艺术，但是，如果是以培养学生语感能力作为核心目的，那么，在言语材料的"输入"阶段，应该着力注意以下三点：

第一，以语境感知为重点。"鲜活"一词经常被用来形容处于使用状态中的语言，这个词语用得很准确，因为几乎所有的语料，在具体运用过程中都会随语境发生意义偏移。而语感教学所要实现的，正是要提高在灵动不居的言语活动中把握核心语义的能力，因此，语感教学必须强化对语境的感知。虽然

① 李海林 . 言语教学论（第二版）[M] . 上海：上海教育出版社，2006：320.
② 李海林，黄耀红 . 言语教学的课堂实证——高中语文《中国当代诗四首》课堂实录 [J] . 教师之友，2002（11）：48 – 52.

《语感论》和《言语教学论》也都提到了这一观念，前者还举了一些例子，但我们以为，作为语感教学思想始祖的开明同人们在民国时期的一些实践，更能作为当代语文教师学习如何带领学生感知语境的最佳教材。

以《文章例话：叶圣陶的二十七堂作文课》（辽宁教育出版社，2005）为例，叶圣陶先生对于所选文章的赏析与评价，全部都以文章的语言与结构为凭借，基本没有揉搓进写作背景、作者简介之类的东西。比如，他在导读朱自清《背影》一文时，共用了11段文字：第一段说明选文出处；第二段讲每一句里的词的划分；第三段讲要辨明句中哪些是最主要的词；第四段讲要交代时间和地点；第五段讲只选取跟主脑有关的材料；第六段讲要把话写得明白而没有多余；第七段讲在弄清了时间、地点和内容后要注意归纳全篇的主旨；第八段讲人物语言的选择；第九段讲人物动作的叙述；第十段讲叙述者的心理；最后一段归纳《背景》的特点是语言极其干净。

当然，高明的叶老先生不会如上所述那样一条条刻板介绍，他的解说充分考虑到了《新少年》读者的语感图式（虽然当时没有这一术语），他好像一个导游，结合着文章内容在跟读者一块儿读书，读到这儿，用手指指，读到那儿，又回过头来归纳归纳。如：

> 至于"我那时真是聪明过分"，"那时真是太聪明了"，"太聪明了"，换句话说就是"一点也不聪明"。为什么一点也不聪明？因为当时只觉得父亲"说话不大漂亮"，暗笑父亲"迂"，而不能够体贴父亲疼爱儿子的心情。

不仅没有一二三四、高高在上的学究气，而且还看似随意却又十分精到地把词句意义与用法全都融合了进去。叶老先生的这种语言分析方法是顺手拈来、随在都是的。下面再引用评价茅盾《浴池速写》的一段话，看看叶老是如何把语词放回语境、让它们自己发声的：

> 推测不一定就准，所以看见左边一个"挺起了眼睛往上瞧"，说他"似乎颇有心事"，看见矿泉水池里的一个"晃着头"，说他"似乎想出来"，看见"两个小女孩子都转过头去了"，说他们"大概是惊异那边还有人"，看见拿肥皂盒的一个"慢慢地举起手来搔了几

225

下"，说"她似乎觉得有些痒吧"。读者试想；这些地方假如去掉了"似乎"跟"大概"，有没有什么不妥当？

　　把语词放回语境、让它们自己发声，其实也就是充分考虑和利用读者原有图式的一种做法。《文章例话》之所以受欢迎，既跟叶圣陶高超的文章把握能力有关，也跟这种利用原有图式调动语感的方法很有关系。

　　第二，以近义结构的辨析为手段。对于母语学习者来说，很多情况下的语感培养，其实就是要靠对近义词或其他近义结构的辨析。在词典的解释里意义几乎完全相同的几个词，到了现实生活中一用，语言感觉甚至可以完全不一样。比如，"告诉""通知""告知""汇报""报告"这几个基本义差不多的词，隐含意义却因相关汉文化的日积月累而有很大差异，那么，什么人对你使用哪个词你可以接受，你对什么人使用哪个词才比较得体，对于母语学习者来说，语感灵不灵敏，关键就是看语感图式里是否已经整合了这些近义结构的内部差异。再以语气词为例，同一句话，有没有用语气词，用了哪一个语气词，语感灵敏的信息接受者都会从中读出许多微妙的含义。教师应该抓住母语学习的这一特性，多带领学生辨析近义结构，从而一步步提升母语感知力。

　　至于辨析的方法，李兴亚认为，与外语教学不同，母语教学最重要的是要"通过例证（举例子证明）、解释（为什么这样）和评价（是通顺还是不通顺？是好还是不好？……）来激活、强化、校正中国人的语感"①。李兴亚先生不仅在理论上如此认为，还用辛劳的实践对这一理念加以了服人、感人的证实，因为他针对中国人写文章容易出现的语病、易生困惑的问题、尚需斟酌之处、少见的语言现象和言说中的微妙之处，耗时 13 年，写出了 183.7 万字的《应用汉语指南——母语学习新观念》一书。阅读这本煌煌巨著，可以发现，作者所使用的语例当中，至少有超过一半属于近义结构的辨析，诸如"十来尺长"与"十尺来长"之类的深入讨论与细致感觉，全书触目皆是。我们完全相信，通过这种"感知语例→进行理性辨析→感悟新语例"的辨析训练，母语学习者的语感图式必定会得到不断地刷新与提升。

　　除了上述两点之外，在新语料的输入过程中，还应多培养学生玩味语言的兴趣。儿童两三岁时就已具备了基本的母语语感，这个令学者们十分着迷的问

①　李兴亚. 应用汉语指南——母语学习新观念［M］. 北京：中国文史出版社，2001：893.

题，到目前为止，答案已经给出了不少，但却没有一个能解决所有的疑惑。不过，令所有人都毫不怀疑的一点是，儿童们高效率地获得语言能力的一个重要因素是为了生存需要，他们全身心地学习语言，根本目的就是为了与这个崭新的环境进行交际，把自己吃喝拉撒等需求告知给周围的人们。那么，依此反推，中小学学生已经掌握了最基本交际能力，大多数情况下，除了升学与考试，他们没有更多的语言获得动力。跟升学与考试这些容易消遁的外在动力相比，在玩味语言的过程中不断获得乐趣，才是一种让中小学学生不断追求语言学习的深刻动力。

确实，生活中无处不是语言，而所有的语言，小到一个字、一个词，大到句式的选择、内容表达的先后排列，都是值得玩味的。比如说"窗户"，如果教师只是告诉学生这是一个轻声词，当然也可以通过记忆达到语言学习的工具性目的，但这种仅仅以功利为支撑的学习往往很难衍生出源源不断的学习动力，所以，还不如引导学生多问几个"为什么"，从而抛砖引玉地告诉学生，"窗户"必读轻声，是由于最初联合成义的内部结构已在历时发展中发生了意义倾斜，今天"窗户"一词中的"户"不再表义，而声调脱落则是语音对词义变化的一种常用调适手段，"妻子""动静""休息"等读为轻声的原因都是如此。再比如说，评价某个学者"著作等身"之后，如果再轻描淡写地加上一句"而且他个子不矮"，那么不仅可使褒扬之情得到更明确的表达，也易让听众对"著作等身"一词产生更加感性的认识。通过教师诸如此类的一次次熏陶感染，学生们必然会在豁然开朗或会心一笑中逐渐培养出一种玩味语言的习惯与乐趣。

三、从聚焦能力的"听说"到兼及言语幸福的"口语交际"

（一）"口语交际"比"听说"更关注言语幸福

2000 年的 3 个课纲，不约而同地把小学、初中、高中的"听说"（"听话、说话"）都改成了"口语交际"。那么，什么是"口语交际"？根据 2003 年高中语文课纲的解释，"口语交际"是"在一定的语言情境中相互传递信息、分享信息的过程，是人与人之间交流和沟通的基本手段。"以前的"听说"虽然也强调信息的传递与接受，但不关心这里所出现的"情境"与"分享"，同时，虽然"听说"事实上就是一种交流和沟通，但是，之前的课纲却几乎不使用"交流""沟通"之类突出双向活动的词语。而 2000 年课纲，则正是通过"情境""分享""交流""沟通"这 4 个词语，让"口语交际"在

"听说"的基础上发生了质的飞跃,从仅仅聚集于能力发展到兼及说话者的言语幸福。

"情境"是一个并列结构的词语,"情"与"境"同时在场才能称为情境,但二者又并非简单的相加。因为说话过程当中,交际双方所有的"情"都会融入说话之"境",而"境"又反过来可以带出交流之"情",所以强调"情境"就是强调话轮过程当中的双方互动,强调交际过程的全身心投入。

"分享"在中国应该算是个比较新的词汇,比它更新的是近两年才仿造出来的"专享"一词。"专享"与"分享"相对,通常用于广告当中,被看作是某种尊贵地位的标签。在"专享"造出来之前,还有个与"分享"意义相反的词,叫"独霸"。从与两个反义词的比较中可以看出,"分享"的基础是平等,是交际双方心理上的平等,而平等是给交际带来幸福感的基石。

"交流"的中心语素是"流",但特征性语素却在"交",因为液体的流动一般都会受到势能的影响,往往自上往下,而"交流"则强调"交互流动",也就是说,只有交际双方的势能大致相等,才有产生"交流"的可能。这样"交互流动"的结果,必然是你中有我、我中有你的共同分享。

"沟通"是个偏正结构,意指"经由沟渠而相通","沟渠"对于"通"而言,起着一个导引的作用。要想把原本的阻塞变成畅通,"沟"就必须足够深而且相对缓和、坡度较小,换句话说,就是人与人之间要想沟通,就必须以深度交流、平等交流作为基础。

从上述四个洞察世理而且富有人情味儿的词语当中,应该可以深刻感受到真正口语交际当中,参与主体所能够获得的那份快乐与幸福。

(二)新中国各课纲对口语教学要求的演变

自 1923 年以后,听说能力尤其是对说的能力的培养一直是民国时期各课纲的固定模块,但这一良好趋势在汉语母语教育进入突进期之后,却没有得到有效的持续发展,为明确起见,我们以延续民国大纲风格的 1950 年课纲为对照基点,对此后历次课纲中的口语教学要求,做出一一述评。

1950 年《小学语文课程暂行标准(草案)》要求小学五年当中逐步学习的内容包括:组织成套的演进语、对照图画或实物的讲述、日常活动报告、日常会话、讲述与演讲故事、新闻报告、普通演说、简易辩论、舞台剧练习和说话的改进与提高研究。可以发现,该课纲的口语教学的重点在于"说",从其"教材大纲"与"教学要点——教学方法方面"等相关规定来看,虽然要求的重点只在说什么和如何说，但却无时无刻不体现了对学生心理的关注，明显保留了民国时期大纲的风格。尤其值得注意的是，该大纲"写话教学的注意点"里有"尤其是批评的语句，要特别注意事理的分明，态度的谦逊，语气的和缓；并且要注意说这句话的目的何在，对象是什么人，是否能对这个对象达到要说的目的，收到一定的效果"的特别说明，反映出该大纲已经具备了朦胧的口语交际教学意识。

此后，从1954年起，"说话"不再单独出现，而只是作为"作文"（或"阅读"）教学内容中的一个小项出现。1954年《改进小学语文教学的初步意见》虽然要求把"说话教学"当成是"叙述和作文课的首要任务"，要求充分利用儿童自身语言和教材语言的相互促进，以达成语言与思维的共同发展，但已不再具备独立的地位。1955年和1956年的小学语文教学大纲在"作文课"部分要求作文教学"从说到写、从述到作"，似乎较关注"说"而忽视了"听"。1963年课纲要求六个年级逐步达到："能清楚地说话"、"能连贯而有条理地口述所见所闻"、"能当众报告自己的见闻"、"发表自己的意见"，语句非常简短，比1950、1954年课纲的表述含混得多，操作性不强，也不太关注儿童的语言发展特点。1978年和1980年两个课纲对于听说教学的规定完全相同，表述也跟1963年的一样，比较简短粗略。

1986年《全日制小学语文教学大纲》修正了1963年、1978年、1980年大纲对听说训练的忽视，虽然对于听说的要求仍然包含在"作文"的内容当中，但却鲜明地提出"听话"与"说话"的名称。此外，该大纲受"语言美运动"影响，"礼貌"一词出现了9次，在听的方面5次强调要"认真"，还提出了要"边听边思考""不随便插话"，说的方面5次强调"口齿清楚"，3次强调"态度自然"（1～2年级要求"声音响亮"，3～5年级要求"态度自然"），同时还提出了"声音适度"的要求。① 1988年《九年制义务教育全日制小学语文教学大纲（初审稿）》在1986的基础上进一步把"听话、说话"作为与"识字、写字""阅读""作文"并列的一项单独学习内容，还提出"听话要耐心，说话要得体""语调适当""能创造性地复述课文"的要求。1992年课纲虽然说明"听话、说话训练是语文教学的重要任务"，但没有

---

① 此时在城市试行六年制，在农村实行五年制，这里的数据是六年制的。五年制的总体要求一样，不过因为少了一学年，上述有些词语的频次相应地也减少一次。

1986 年、1988 年的重视，而且 1986 年、1988 年课纲中关于语言态度的词句只留下了"礼貌"（1 次）、"要专心"（1 次）和"养成边听边想和先想后说的习惯"（1 次），其他的又全都删掉了。

2000 年课纲把"听说"改成了"口语交际"。除了传统的对于语音标准、表达简要、条理清楚、围绕中心等听说能力的核心要求之外，出现了一系列阐述口语听说态度的词语，即："愿意""大方""礼貌""倾听""请教""商量""耐心"和"主动积极"。2001 年课程标准涉及交际态度的词语更多一些，包括了"倾听""表达""交流""沟通""交往""合作""自信心""打动""尊重""理解""乐于""敢于""耐心专注""自信""负责""感染力""说服力"共 17 个词语。同时，还出现了关注语用的句子，比如注意"对象和场合"、"语气、语调适当"，调整"表达内容和方式"，"理解对方的观点与意图"，"文明得体"地交流、提高"应对能力"等。

中学部分与小学部分一样，也是在 80 年代中后期，即 1986 年《全日制中学语文教学大纲》和 1990 年《全日制中学语文教学大纲（修订本）》中，出现了对"听说能力"的规定，同时出现的还有"态度大方""声音清晰""仪态大方"的要求。1988 年和 1992 年的课纲则把"听话能力"和"说话能力"分开，但要求比全日制小学语文的还要简单，并且没有分年规定，两个大纲表述基本相同。接下来全国通用的课纲，就是 2000 年《九年义务教育全日制初级中学语文教学大纲（试用修订版）》和 2000 年《全日制普通高级中学语文教学大纲（试用修订版）》了，前者规定了"文明和修养""态度自然""尊重对方""注意对象和场合""耐心专注地倾听"等除听说能力以外的说话态度训练要求，后者除了继续对普通话做出要求以外，就是"根据不同场合的需要，恰当机敏地进行口语交际（包括交谈、发言、演讲、讨论、辩论等）"。2003 年高中新课标规定"表达与交流"的"课程目标"是"增强人际交往能力，在口语交际中树立自信，尊重他人，说话文明，仪态大方，善于倾听，敏捷应对"，同时还要求，在口语交际之时，要"注意口语的特点，能根据不同的交际场合和交际目的，恰当地进行表达。借助语调和语气、表情和手势，增强口语交际的效果"。另外，在该部分的评价建议中，也提出了要关注对"态度""倾听""捕捉重要的信息""自信"等的评价。可见，2003 年课纲对于话语态度的要求比以前更为明确。

不过，虽然直到 2000 年的各个课纲才统一出现"口语交际"这一名称，但像"口语交际"一样关注个体话语幸福的精神却在 90 年代中期已经出现。此期发表的《母语交际教学法》（庄文中，《中学语文教学》1995 第 7 期）、《再谈母语交际教学法》（庄文中，《中学语文教学》1995 年第 8 期）、《"语言得体"的解析操作》（王福河，《中学语文教学》1996 年第 5 期）等论文，都已经超越了纯粹听说教学的研究范畴，直接指向语言的交际性。而 1996 年发布、1997 年秋季起在天津、江西、山西两省一市进行试验的《全日制普通高级中学语文教学大纲（供实验用)》，虽然对于"听说"要求的表述也很简单，但却明显地体现出了交际意识，做出了诸如"领会说话意图""适合不同场合""应对机敏"之类的规定。

（三）口语教学的困惑与出路

张志公在《传统语文教育初探》中总结传统语文教育局限时，认为"最突出的一点是前人绝少注意到说话能力的培养"。① 但迈入现代之后，无论是从前文已经描述过的课纲的规定，还是从叶圣陶、吕叔湘、张志公等语文前辈的相关论述，都可以看出，口语能力培养已经开始受到理论上的重视。但是，事实上，中小学语文课堂花在口语能力培养上的时间却仍然少之又少。而且，目前又有一种新的论调，认为听和说在日常生活中就可进行，没进过学堂没读过书的人也同样能听懂说出，所以语文课的核心任务仍然只能是培养书面的阅读与写作能力。

口语教学之所以不断遭遇上述窘境，根据张志公、王本华的归纳，是由于考试没有口语、人们重文轻语和缺乏真正的口语研究这三个原因。② 确实，到目前为止，口语考试还没有设计出科学而简便实用的考试方法，因此高考一直不考口语；高考一不考口语，下面的一系列考试也就很少对口语进行考核；既然语文考试重文轻语，教师、学生、家长，当然也大都跟着重文轻语；既然重文轻语者多，那么，口语研究者及口语研究成果的研读者也就不会很多。张志公、王本华先生所归纳出来的三个原因，归根结底都源于"考试不考"这一个原因。不过，除此之外，历史影响和理念偏差也是造成口语教学不受重视的两个重要因素。

历史影响方面，因为以前一直不重视，留下的现成办法就很少，教学起来

---

① 张志公. 传统语文教育初探 [M]. 上海：上海教育出版社，1962：146.
② 张志公，王本华. 关于口语研究和口语教学的三个问题 [J]. 语文建设，1994 (10)：14－15.

必须从头摸索，而摸索就难免会遭到一些挫折，像王荣生先生所批评的教学内容过分生活化，仅仅是教一些招待客人、买卖东西，或者是把它理解成是普通话练习或舞台表演等，① 都是在摸索过程中难免会出现的一些情况。这些情况导致了口语教学的低效，而效率低下又容易使探索者产生受挫感，所以说，单薄的历史经验使得口语教学起点过低，对于口语教学寄予热望者必须要有十分的耐心，要像人们对待孩子那样对待口语教学，才有助于它在慈爱、宽容与矫正中从步履蹒跚走向健壮有力。

理念偏差的影响更大一些。由于各方呼吁，目前大多数教师已经非常了解口语教学的重要性，但却仅仅止于"了解"而非"理解"。就像刚才所说的最近新兴的那种论调一样，有些人打心眼儿里认为读写训练才是语文课的正经任务，口语学习在生活中处处可以进行，课堂上不学完全"不伤大雅"。这个"不伤大雅"，集中反映了人们对于口语教学的理念偏差。因为他们没有认识到口语训练对于青少年未来生活的重要性，没有认识到口语能力与交际态度将直接影响到他们的未来幸福。这么说的理由有两个：

第一，随着社会现代化进程加快和现代通信科技日益发达，口语交往中的注意、记忆、理解能力的威力越来越大。如果说历史上不重视口语教学，这无疑是可以理解的，因为传统时代，除了"王侯将相之种"，普通人要想获得处于社会顶层的"士"的地位，靠的就只有科举考试，而科举只在最高阶段的殿试中才有口才展示的机会，所以一般追求出仕成士者也就不需重视口语学习。古代交通不便，农民安土重迁，口语能力不能变成生产力，农民也就无须重视口语学习。古代工业极少，偶尔有的作坊，也多局限于家族之内或本乡本土，人际交流圈子也不大。只有经商之人，不管是行商还是坐贾，生意能否做成经常直接受制于口头表达能力，因此生意经会引导他们历练自我的听说能力。可惜，商人在儒教社会里地位很低，学校教育基本不会把培养商人作为教育目的。总之，古代的"士农工商"，或者行业本身不太需要口语学习，或者行业需要却因地位卑微而不被人仿效。但是，世易时移，到了现代社会，商人的地位自不用说已经发生翻天覆地的变化，而且行政事业单位、工矿企业等，也全都在社会化大生产的影响下分工越来越细，以致人际交往越来越不可缺少，越来越成为个体能力的一部分。同时，随着通信技术水平的日益提高，手

---

① 王荣生，谋求口语交际教学的改善 [J]．全球教育展望，2003（9）：27-30.

机通话、网络聊天也越来越成为人们日常生活的重要组成部分。也就是说，现代社会的"即时性交际"越来越多，口语能力的强弱也就越来越成为社会评价个体能力的一项重要指标。从个体发展的角度来看，口语表达不仅比书面表达拥有更多的展示机会和现实实用性，也更能给个体带来随在的交际成功感。

第二，在口语能力越来越重要的时候，口语态度也就相应地成为制约个体人生幸福的重要指数。即时性交际越来越多，积极沟通者就将比等待机会者获得更多机会，乐观的口语态度将会为言说者带来更多好人缘，随机应变的交际能力则将不仅仅是一种机智，更是一份财富。所以，教师在教学过程当中必须注重培养青少年积极、乐观、冷静的交际态度，传递给学生"交际幸福"的理念，让彼此更幸福地生活在语言之中，并通过随在的言语活动不断地实现自我。

当前，课纲的口语交际把训练重点从仅仅关注听说能力转移到更多地关注学生的言说幸福上，这种理念完全符合时代发展需要，教师如果能真正理解课纲的这一理念，就一定会着力训练自己的言语态度，然后在改变自己的同时，用飞扬的激情和对于言语的热爱去打动学生、鼓舞学生、激励学生、带动学生。

第八章

现代汉语母语教育的历史评析与未来之路

从原始资料入手研究历史，感觉就像是走进了一片森林，丛林蔽日，树海茫茫，不知路在何方，而相关的既有研究则又如透过树荫的点点日光，用它若隐若现的光亮给人不断前行的勇气与力量。现在，经过一路的披荆斩棘，终于站到了一个比较开阔的山头，脚下的整体山势清晰而又明朗，虽然不能心安理得地说已了解这片森林，但当初在暗林里摸索的一筹莫展与焦灼纠结似乎已基本褪去。现代汉语母语教育史的研究也与此类似，虽然所读史实仍为冰山一角，但走笔至此，总该煞尾作结了，那么，且以走过荆棘、立于山头的心情，对现代汉语母语教育史做一个概括性的评析与展望。

第一节　回顾：现代汉语母语教育的历史分期

现代汉语母语教育可以归纳为特征比较明晰的六个阶段，分别是：开创期（1897～1928）、探索期（1929～1950）、突进期（1951～1965）、畸变期（1966～1977）、恢复期（1978～1989）和转型期（1990～）。

一、各期起点的标杆性事件

现代汉语母语教育史六个时期的起点界定，都有一个标杆性的历史事件。它们依次是：1897年，出现了公认的第一本白话性质教科书——南洋公学自编的《蒙学课本》；1929年，诞生了一个新的课标，该课标较1923年课标更重视"说"的能力，且把语言能力明确区分为听、说、作、写四部分，这种划分在此后几十年得到了稳定传承；1951年，该年6月6日的《人民日报》社论带领汉语母语教育进入了一个追求纯洁、健康语言的突进期；1966年，"文革"的发动使各项事业均陷入梦魇之中，语言教育更因其与生活同在的特质而因此进入了不进反退的畸变期；1978年，发布了"文革"结束后的第一个语文课纲，该课纲全面体现了将语言教育恢复到建国十七年时期的取向；1990 年，"语法无用"大讨论爆发，标志着人文精神开始了对风行整个 80 年代的语言工具观的反拨，汉语母语教育由此进入转型期。

二、各期的主体风格与总体特色

现代汉语母语教育史各时期中的主要事件，都集中反映了某一主体风格，体现了某一总体特色。

汉语母语教育的现代转向缘起于清末国运衰微，当时的有志之士在将西方之先进与我国之落后深度对比之后，认定普及教育为改变国运的第一大事，于是在此思路指引下开始了汉语改革的一系列活动。其中，书面语改革方面，旨在实现拼音文字的切音字运动和旨在打破言文分离的白话文运动，共同目标都在降低教育门槛、实现文化下移；口语方面的国语运动，则希望通过统一的标准语音以联合大一统的民族精神。学校母语教育与此呼应，所发生的巨大变化包括：白话文进入学校，小学首先实现"国文"改"国语"；母语听说能力首次成为教学培养目标之一；体现母语本体规律的汉语知识教学开始受到重视；以探求母语教学高效化为目的的科学实验出现一个高潮，等等。总之，1897年到 1928 年之间，母语教育在科学、民主观念的影响下，基本上实现了从文字的（文言的）教育到语言的（语体的）教育的转变，体现了从传统到现代的根本变化，所以称之为"开创期"。

此后一直到新中国成立之前，国内政权分治，教育因此出现了较大的不平衡，但由于各政权都很重视母语这一臣化民众的利器，所以总体上看，此期母语教育还是呈现出了在探索中前行的态势，是为"探索期"。其中，社会母语教育的核心目标是帮助民众扫除语言文字障碍。为了实现这一目标，国统区进行了大规模的大众语辩论和平民母语教育，中国共产党也领导了新文字运动和扫盲运动，这几项活动声势都造得很大，但不安定的社会形势与低下的经济水平使其效果大打折扣。因为政府的重视与优秀师资的引领，此期国统区制定了前所未有的优秀课纲，说读作写各项母语能力的训练都受到了关注，汉语知识教学也开始了系统化尝试，中学写作也在"国文程度讨论"之后确定了语体化走向。革命根据地的母语教育，综合考虑了时代需要与实际条件，实施了一种以服务战争实际为主旨的实用型母语能力教育。

新中国成立，中华民族表现出前此几百年所未有过的自信，民族精神特别振奋。这种振奋情绪酝酿了两年之后，于 1951 年集中喷射而出，母语教育也因此进入了"突进期"。此后，以改变工农群众落后的文化面貌为目标，国家大刀阔斧地实施了一系列母语教育改革：切实可行地以简化作为汉字拼音化的第一步，用革命精神在全国城乡推广普通话，彻底改变沿袭了几千年的竖排右起书写方式，进行了今天看来谜一般的汉语独立设科实验，在所有学校开展拼音教学或补习拼音知识，试点并推行识字教学改革，为建设"健康纯洁的祖国语言"而全力普及语法修辞知识、推进学校语法修辞教学。虽然这一系列高歌猛进的改革在左倾路线影响下遭遇了一定挫折，但政治风波稍一平息，语言工具观就再次凸显并连带语文学科被定性为工具学科。

但接下来的"文革"时期，母语教育不进反退，进入了一个令人触目惊心的"畸变期"。此期基本上没有正面意义的母语教育：一切政治挂帅，学校语文课程有的不再存在，侥幸存在的也基本不涉及母语教育，语言知识与语言能力的教学基本退场，教材语言僵化俗化；浓厚的斗争氛围让人们集体忘却了曾经着力追求的健康纯洁，斗争化成为普遍的语言风格，话语模式也呈现出"假大空"趋势。如果要寻找一点安慰，那么，可以把"文革"后一大批青年作家的早熟归结为"文革"的促产，而此期农村倾向的教育体制也曾给偏远地区的母语教育带来一丝惠泽。

"文革"结束，母语教育慢慢进入了一个"恢复期"，其主要任务与功能就在于使母语教育恢复至"文革"前的目标导向及教育水平：社会母语教育方面，重谋健康纯洁语言的"语言美运动"得到全面开展，汉字拼音化在掀起了最后余波之后完美谢幕，推普工作在逐渐恢复的基础上进行了方针调整；学校母语教育也与此相应，注重基础知识的风气得到恢复并渐次达到鼎盛，教学语法也在重拾语法教学的过程中得到了体系更新，部分教师更是为了快速弥补"文革"损失而开始在"三论"思想指导下追求语文教学的科学序列。

进入 90 年代之后，经过十余年恢复的各项事业都呈现出欣欣向荣的面貌，但同时人文思想也开始了对"科学主义"的反拨，母语教育走进了"转型期"。其中，社会母语教育的转型体现为语言规范观念从此前的"匡正"转变为了"引导"，新的网络语言成为语言界与语文教育界时论时新的持续热点；学校母语教育的转型体现为持续发展了近百年的语法教学受到了"语法无用论"的集体质疑，取而代之的是"语感中心说"的崛起，而对于口语教学的要求也从仅仅聚焦听说能力开始转向关注个体言说幸福。

第二节　评价：现代汉语母语教育的成就与缺憾

现代以来的社会母语教育和学校母语教育都取得了辉煌的成绩，但也留下了一些历史缺憾。

一、社会母语教育致力于全面普及

整个现代时期的汉语母语社会教育，都围绕着汉语书写形式、汉语书面语体和汉语共同语音三者进行，而这三者的运动发展又都以致力于母语普及为根本宗旨。

1. 汉语书写形式的选择

围绕汉语书写形式展开的社会母语教育活动有：切音字运动、别字文运动、新文字运动、汉字简化运动和新时期汉字调整工作。这些活动的中心思想是要改变汉语的书写形式，推行汉字拼音化。

摒弃沿袭了三四千年的表意汉字而选择置换成一种新的表音汉字（为了区分原来的"汉字"，一般把"表音汉字"说成是"表音文字"或"拼音文字"），必须要有十足的动力与强大的决心。因为创造出文字是社会走向文明的象征，掌握文字是人之成为文明人的标志，对于一个民族而言，文字是凝聚民族精神的黏合剂，是一种无处不在的可以缩小民族个体差异而扩大民族共性的作用力。不过分地说，就算国家首都搬迁、朝廷更替之类的极等大事，如果拿来跟强行置换民族文字相比，都只是一些带来短暂阵痛的小事。也许可以认为，一个民族的文字，就如同一个民族的宗教，已经深深地嵌入到整个民族的灵魂当中，成为民族血脉的最核心因子。但是，尽管知道改革会如此艰难，开风气之先的中国文化人还是在国难不断的深刻反思中，痛定思痛地做出了应该从根本上改革汉字的决断。做出这一决断的不是一个人，而是一群人，是一群原本已经熟练掌握汉字的文化人，并且这一决定的做出，完全不是为了一己私利而是志在民族千秋大业。当然，经过百年曲折实践之后，汉字拼音化运动失败了，今人回首此前所经历的这段风云际会的岁月，可能会不太理解甚至嘲笑这些先哲们当年的冲动与激情，但如果用慢镜头回放历史，所有"身临其境"的人们，都一定会为这些先人的胸怀与意志深深打动。

因为，切音字运动初露端倪之时，我们的民族深陷内忧外患之中，推行切音字是为了减少文盲、提高民众文化水平，并最终拯救水深火热中的中华民族。看起来显得有些幼稚可笑的倡导写别字的别字文运动和由中共元老们所创制的北拉新文字推行，都起始于上世纪 30 年代初，当时，正所谓"国体初定"而复古思潮波涛汹涌之际，这两类拼音化的相继发动无疑是为了把新文化倡导的民主主义运动继续推向前进。新中国成立之后，文盲众多的事实成为建设社会主义精神文明的最大阻碍，推行拼音化成为帮助中国人民彻头彻尾"站起来"的历史举措，不过，跟以往相比，这一次拼音化由于是在国家整体规划之下而显得更为理性，它采取了先把汉字简化作为第一步的渐进措施，取得了辉煌的成就。十年动乱结束，中国走进了新时期，百废待兴之际，要把汉字沿着简化道路继续推向前行的拼音化思想又被重新提出，不过，因为国家的整体精力已经转向了经济发展，而民众的文化水平在汉字简化及经济快速发展的双重惠泽之下也得到了史无前例的提高，拼音化运动终于在完成了它历史性的伟大使命之后完美谢幕。

2. 汉语书面语体的变迁

同汉语书写形式的变迁一样，现代汉语母语教育的汉语书面语体变化走的也是一条平民化道路。

最根本的一次变化当然是"五四"时期的文言转化为白话。废除文言，倡导白话，首先要实现观念上的改变。在传统时期，中国白话的地位极低，班固在《汉书·艺文志诸子略》中评论诸子百家，提到小说一家之时，说大概源出于记野史的小官之行为，是"街谈巷语、道听涂说者之所造也"，虽有可观者，但"致远恐泥"，"君子弗为"，"如或一言可采，此亦刍荛狂夫之议也"，轻蔑之情溢于言表。但班固的轻蔑只是反映了当时的主流思潮而已，并且，不仅汉代如此，这一思潮一直延伸到清末乃至整个民国时期，那些仍在顽强地发展的稗官野史，一直只能以与"雅文化"相对的"俗文化"地位存在着。终于，随着 20 世纪来临，在洋枪洋炮接连不断的攻击下，在外国文化居高临下的入侵下，泱泱大国尊严扫地、颜面尽失，对于"雅文化"的反思也就正式开始。这一次反思的结果之一，就是使作为"雅文化"书面表现形式的文言，在第一时间受到了饱学诗书而又深受外来文化影响的人们的反戈一击。

承续观念转变而来的是具体践行。据史所载，最早的践行者并非中国人，而是一些洋传教士。当然，洋传教士们的践行并没有经过观念转变的前奏阶段，他们国家的炮火一轰开中国大门，传教士们就随之而入，致力于用他们国家的主导文化来影响中国。传教士们给中国带来的影响，福兮祸兮，已很难具体评定，但其用通俗白话发行报刊、进行教学这两件事，却无疑曾给中国普通百姓带来一定的福音。中国人自己对白话文的践行，虽然在之前的俗文化中也有一定程度的体现，但即使是《三国演义》《金瓶梅》《三侠五义传》等通俗小说中的白话，与十八九世纪的活语言比较起来，还是有着较明显的差异。与此相类，发轫于19世纪末的中国白话报纸，虽然秉持了让普通群众能够看懂的办报理念，但所用语体给人的感觉仍如同梁启超《少年中国说》一样，只能算作是浅易文言或文言气息浓厚的白话。只有到了胡适等新文化倡导者手里，白话与活语言的距离才缩小到历史最低水平。当然，跟观念转变相比，践行的难度要更大一些，尤其是对于有着深厚古典背景的反戈一击者们来说，做一百八十度的转身确实不是十分容易。但即便这样，为了普及文化，他们或文白夹杂，或土洋结合，终于渐渐把原本概念化的白话语体运用到游刃有余。在这样最有说服力的转型影响下，白话文终于不仅取得了观念上的胜利，而且进军文学界，进军教育界，为白话语体获得汉语书面表达的正统地位奠定了坚实基础。

为了使这一变化更彻底、更接近百姓口语，30年代发起了"大众语运动"。该运动的名字就昭示了运动的指向，也就是说，要把仍然存在于白话语体当中的欧化与文言化这两种弊病扫除殆尽，实现真正的"白之又白"的大众语体。那么，大众是谁呢？按照当时的解释，体力劳动者就是大众，粗识文字的人就是大众语作品的阅读者。或者说，大众语所倡导的就是真正的"街谈巷语、道听途说"，是彻头彻尾的文化普及。

经过从文言到白话到大众语的系列运动之后，汉语书面语体的转变已经基本完成，而新中国工农群众的地位提升又使这种语体转变得到了固化，从此，即使国学复兴、倡导读经、孔子像进入天安门等思潮与事件连续出现，也再也难以像民国时期一样掀起新的复古思潮。白话这一书面语体已经取得了任尔东西南北风、我自岿然不动的中正地位。

3. 共同语音的确定与推广

民族共同语音的形成，一是通过较大面积移民的自然融合，二则源于国家的标准音确定与推广，前者取意于浑然天成，所以形成速度极慢，后者则因为有行政权力的参与而速度较快、影响更大。从历史上看，从春秋时代的"雅言"到明清之际的"官话"，虽然出现过雍正帝要求闽粤两省官员学习官话的零星推广行为，但总体来看，此时汉民族共同语音的发展都处在缓慢的自发融合状态当中，到清末民初，还没有形成一种统一的民族共同语。

不过，承继汉字改革风潮而起的国语运动，开始将共同语音的确定与推广演化为一种国家层面的政策。1904 年和 1910 年，学部先后两次对学校做出了"习官话"的要求，第一次是要求附设官话科，第二次进一步要求增设官话科。接着，在蔡元培、王璞、吴敬恒等人的推动之下，1913 年正式成立了读音统一会，经过艰苦辩难之后，读音统一会大会诞生了 39 个注音字母（因为"ㄛ"表两个音素，故 1920 年在国语统一筹备会提议下又以"ㄛ"为基础分化出一个"ㄜ"，字母数增加到 40 个），该套字母 1918 年被教育部公之于众。同一时期，各类国语讲习所也相继招生开学，国语统一运动终于蔚然成风。但由于标有注音字母的出版物极少，声讯传播水平又低，注音字母并没有产生理想的国语推广之效，于是，十年之后，赵元任等创制了与国际接轨的《国语罗马字拼音法式》，但政府对此并无多少热心，所以只停留在创制者小圈子内试用。真正改变国语统一低迷状态的是新中国成立后《汉语拼音方案》的制定发布与国家推广普通话的巨大决心，可以说，除了"文革"时期的短暂中断之外，新中国"双推"的动力从来没有减弱过。即使推广汉语拼音的终极目的已经在 80 年代中期从实现拼音文字转变为帮助学习普通话，但推广普通话的国家行为却一直在强力进行，作为民族统一的重要标志和把汉语推向世界的必要桥梁，普及普通话已经成为家喻户晓的稳定的国家政策。

二、学校母语教育实现了螺旋提升

除"文革"时期之外，现代汉语母语学校教育一直在不断向前发展，但这种发展不是直线式的拉升，而是在多种因素形成的合力下螺旋式向上推升。

1. 母语教学观念的整体轮回

就基本观念来看，现代汉语母语教学大致经历了"传统的混沌一体→萌芽期的科学追求→探索期的两相结合→突进期与恢复期的工具独立→转型期的人文复兴"这样一个整体轮回过程。

我们知道，传统母语教学的最大特色是强调学生自己在混沌中的摸索，希望通过多读多背以达到最终能够"自悟"。这种以接触实际言语材料为主要手段的教学理念，虽然具有帮助学生形成一定语感的优势，但因缺少理性分析的辅助而显得十分耗时费力。所以，当科学之风随着外国大炮和国内新文化运动一起吹进母语教育界的时候，混沌一体的传统母语教学观念首当其冲地遭到了批判，起而代之的是与之基本对立的对科学化手段的强烈追求。科学最讲究尊重事物的内在规律，作为母语内部规律载体的汉语知识也就因此第一次走进了学校母语课程，实现了"语言的觉醒"。但汉语知识只是汉语母语教学物质对象的科学表征，汉语母语教育开创期最可贵的，是开始探求把教学中"物质对象"和"人的对象"联结起来的最佳方法。在这一探求当中，刘廷芳、俞子夷等人把心理测量等科学的量化手段广泛应用于识字教学、写字教学、作文教学等汉语教学的各个领域，较之知识的介入来说，这种量化更能凸显母语教育手段的"现代性"，促进了母语教育与"混沌一体"教法之间的决裂。

从1929年开始的母语教育探索期中，这种引人注目的科学追求之风没有保持强劲势头，它采取一种较为折中的方式，把传统教育注重整体的读背抄与开创期精确的科学化两相结合，其结果就是制定出了比较科学的课程大纲。一方面，汉语知识体系开始得到了系统化教学的尝试，量化手段也以字汇研制和小实验教学的方式继续呈现，但促进学生多加阅读也成了叶圣陶等当时较有影响的语文教育家的努力方向。值得注意的是，由于此期政权分裂，国民经济水平仍然相当低下，上面所叙只是母语教育界先进们的倡导，只在较大城市里才可能得到实现，广大农村及边远地区的母语教学依然处在春风不度玉门关的状态当中，即使有的已使用新型的国语教材，冬烘先生们的教学方法也依然以生读师讲为主，没有多少科学的成分。

到了突进期，这种分裂状况得到了最大程度的改变。毛泽东的工农思想和建设大一统国家的双重要求，使得此期农村母语教育基本上与城市母语教育在观念上达到了同一水平，识字教学、拼音教学、汉语独立设科等也都得以在城市和农村同步普及性推行，可以说，此期农村的学校母语教育实现了史无前例的突进。另外，从全国来看，要快速建设社会主义文化，就必须先改变建国前留下的普遍的低水平语言状态，再加上苏联学校语言教育的影响，语言工具观顺理成章地成为了此期学校母语教育的基本理念，城里乡下，从普及语法教学到汉语学科独立到工具观的确立，处处显现出一派激情澎湃、热烈亢奋的语言学习热潮。此期对于汉语知识的这种高度重视，不管其最终效益到底如何，至少已把语言规律这一概念洒向全国每个角落，改变了20世纪前半世纪时城乡母语教育冰火两重天的基本状况。

到了"文革"时期，因为一切要突出政治，学校母语教育几乎遭到灭顶之灾，语言教育完全退出了语文课堂，有的地区甚至连语文课都被拆并到其他课程当中。并且由于知识的地位严重下滑，工宣队师傅上讲台，小将上讲台，"三老"上讲台，人人都可上的"讲台"真正成了课堂里的一种摆设。不过，非常戏剧性的是，由于"文革"中所倡导的政治斗争对城市的冲击要远远大于农村，此期不少农村尤其是偏远农村的学校母语教育还基本上能够维持其原有水平，而工农兵文艺受重视、全国普及样板戏的氛围，也使农村竟然意外地享受了先前难有机会视听的语言艺术"盛宴"。

纷扰的"文革"结束之后，被中断了十年的母语教育工具观又重新得到恢复。与突进期较大的不同是，恢复期开始倡导"让一部分人先富起来"，教育界也与此类似，采取了向重点学校、重点地区（城市）倾斜的一些政策措施，1986年小学分别实行五年、六年两种学制就是这些措施中重要的一种。但因为课程大纲全国统一，所以虽然管理力度有所倾斜，工具观在学校母语教育中的统治地位却是同样的。这种现象维持到了80年代后期才开始随着"科学与人文"的争论逐渐发生变化。

如果说语言工具观在学校母语教育中的地位，从突进期的叱咤风云到畸变期的全面放逐再到恢复期的雄风重振，发生了两次一百八十度大转弯的话，那么，到了转型期，这一观念则在人文复兴的歌谣里遭遇了四面楚歌的困境，迎接它的是下一个拐点。

2. 口语交际教学的地位沉浮

口语交际教学最近十来年得到了特别的关注，但对于现代汉语母语教育史来说，口语交际教学却并不是第一次出现的新鲜事物。

我们知道，在传统母语教育时代，服务科举的学塾教育是没有口语教学的，当时少见的口语教学都发生在上层社会里，而且通常完成于上层社会成人间的语言游戏当中。比如流行于魏晋时期的清谈，与其说是一种哲学辩论，不如说是一种利用语言进行的斗智游戏，而唐以后开始盛行的在今人看来十分雅致的对对联儿与和诗，对于当时的文人雅士来说，也不过只是日常生活中经常玩的一种游戏。

母语教育进入现代之后，口语教学很快就从上层阶级的专利变成了要向所有国民推行的教育普及品。国家课纲的要求始自1904年的习官话，但这还不能算是口语教学，或者说，只能算是口语教学当中层级最低的标准音教学。这一要求在国语运动及新中国成立后的推普活动的推动之下，成为了所有统一课纲的一个保留项目。不过，虽然课纲对于真正意义的口语教学从1923年才做出明确规定，但教育界的口语教学研究却几乎与教习官话同时发展了起来。"听法"和"话法"这两个概念，1914年即由徐特立明确提出，对"口语作法""国语话"的研究也蓬蓬勃勃地开展了起来。此时人们对于口语教学的称呼虽然很不统一，但总体精神却是一致的，就是要把口语教学作为与书面语教学同等重要的教学内容来看待。1923年的课纲中，口语教学被称为"语言"，正式成为了与读写并列的母语教学内容。此后，口语教学得到了持续的关注，除了标准音的发音方法和说话的方式与态度之外，说话时的音量音调、说话过程中的思维训练等都开始被当作口语的教学内容，应当说，此期的口语教学已经带有一些较明显的交际意味。而当时大量出版的辩论术、演说术之类的著作，则说明了在口语教学的持续推进当中，人们对于口语能力的要求也已随之水涨船高。

不过，在母语教育突进期乃至其后的畸变期和恢复期里，口语教学的独立地位又被取消，仅仅作为一个小的项目被列在"作文"（或"阅读"）当中，对于具体内容的规定也是简而又简，大多情况下是一两句话带过，可以说，这三个时期的口语教学基本上都处于一种被消弭的状态当中。在这长达40年的教育里，唯独除外的是1988年课纲，因为它重新恢复了口语教学的地位，把"听话、说话"作为一项单列内容并做出了相应规定，这些规定虽然没有分年级列出，但却体现了多年不见的对于交际能力的一些要求，十分难能可贵。

口语教学要求的变化，是我们把进入90年代之后的母语教育命名为转型期的各缘由中比较重要的一个。进入转型期之后，口语教学先还只是沿着1988年课纲精神继续发展口语交际能力，但到了90年代末20世纪初，则开始与遍在的人文精神相呼应，提出了热爱说话、喜欢表达、有意义地表达等各项要求，实现了从仅仅关注表达效果向同时也关注表达者的自我实现与言说幸福的方向性转变，昭示着母语教育的新一轮提升已经从此开始。

三、母语综合素养的培育有缺憾

（一）重语言规范，轻言语态度

20世纪的母语教育在语言规范的训练上确实做出了不朽努力，主要表现在：第一，从黄宗羲"我手写我口"倡导白话文，到1920年小学"国文"改"国语"，书面语和日常交际语规范到一起的理想终于实现，此后虽然曾有一些倡导读经的反复，但对于把母语教育用语规范到白话而言，已无异于蚍蜉撼树。第二，从1913年"读音统一会"，到1918年公布注音字母，到50年代制定切实简易可行的《汉语拼音方案》，到80年代真正开始普及普通话，百年努力之后，现代汉语普通话已经成为我国基本的通用交际语。第三，汉字改革在经历了一个漫长而跌宕起伏的过程之后，最终确定了规范简体这一标准。上述三项语言规范化运动，虽然都起自于社会母语教育，但一旦在社会上形成思潮，学校母语教育就会第一时间受到波及。夸张一点儿，甚至可以认为现代汉语母语教育史在某种层面上就是一部汉语规范教育史。

与重视语言规范相对的，是对于言语态度培养的忽视。可以观察到，无法说话的哑巴们总会设法用其他各种"言语"来表情达意，表情达意即是人的生存技能，也是人的内在欲求。如果不是哑巴而不能发声，那该是一种多大的痛苦？既然每个人都有表达欲望，那么又为什么有那么多人止而不说？除了情境所迫之外，主要原因就在于不具备良好的言语态度，在于母语课程没有设置相当的内容来训练一种敢于表达、乐于表达并在表达中塑造自我的积极态度。

我国传统母语教育对于言语态度培养，遵循的基本上是孔子"敏于事而讷于言"的古训，《增广贤文》等蒙学教材也一而再地提醒人们一定要敬慎言语，所以中国人多崇尚"沉默是金"，生怕多说一言就"祸从口出"。进入20世纪以后，学校母语教育开始注意引导课堂发言，但因为我国一贯实行大班制，所以生均机会并不多，且仅有的少量机会也往往为优胜者所占据，结果两极分化现象明显，敢于表达者更其佼佼，其他学生在对照之下更显自卑。而自1978年以来就通用的"简明、连贯、得体"等语言能力评价标准，虽然都有其合理的一面，但细究起来，却几乎都是在"工具论"思想指导下的一种分类描述，忽略了语言在个体生命意义实现方面的价值。所以，我们必须关注言说过程所能带给言语主体的幸福感受，要通过教师的言传身教，把一部分注意力转移到积极言语态度的培养上来。2000年以来的几个语文课纲已经透出言说幸福的一些气息，也许它能引领我们慢慢走进幸福言说的芝兰之室。

（二）重书面表达，轻口语素养

1920年教育部下令改"国文"为"国语"后，真正意义上的语言而不仅仅是文字开始成为普遍学习对象。然后从1923年新学制课纲开始，语言与读文、作文、写字一起成为了国语科的教学内容，演讲、辩论等公开场合的言说能力均被列入训练项目。也就是说，从课纲来看，似乎整个20世纪都比较重视言语交际，但历史资料却告诉我们，受各种因素的影响，除三四十年代的一些局部辉煌外，在因吸纳了语用学思想精髓而将"听说"改成"口语交际"

的 2000 年义务教育语文课纲诞生之前，20 世纪的母语教学着重关心的仍然是书面表达，口语素养的地位虽然较传统时代有了极大提升，但真正的即时性口语交际能力——如口语感知能力、话语控制能力——的培养仍然几乎是一片空白。

口语感知能力的专门训练，较早的史实是 1913 年北京政府教育部对中学和师范第三学年所规定的一门听力课，具体方法是选择一门课来让学生根据教师的口授来做笔记，这是一个可贵的尝试，可惜此后没有了下文。20 年代以来一直贯穿课纲的"听说"或"口语交际"教学，当然理论上也会培养口头语言感知能力，但从各课纲的具体规定来看，其所关注的更多是口头信息的输出而非感知。受口头言语的即时性的制约，口头言语感知能力主要是通过词语、句式而非篇章的揣摩来得到提升，因此，同义词辨析、修辞变异等动态练习应作为培养口头言语感知力的常用方法，我们之前对此的关注明显不够。

话语控制力的境遇与此类似。祝敏青（2000）年曾从控制论的角度，提出过"言语交际过程也是一种话语控制过程"①，虽然她重点论述的是话语施受双方在话轮中地位转换所构成的语境，但却为话语控制能力的提出提供了思路。再往前追查，可以发现早在 20 世纪 70 年代法国哲学家福柯就已提出话语既是手段又是目的、话语的目的直接体现为权力的观点。可惜的是，虽然不知从何说起的尴尬、附和他人的无聊仍然是日常交际的常见阴影，但话语控制理论却还未引起母语教学界的关注，话语控制能力的培养至今仍然处于缺位状态。

（三）重单项序列，轻宏观层级

在科学化、工具性的引领之下，现代汉语母语教育较传统教育更注重母语教学的序列性，比如，常用字汇研究，集中识字与分散识字的分向实验，拼音教学程式探索，教学语法研讨，写作序列追求，等等，都是重视序列的表现。但我们的重视，基本上都着眼于单项知识或能力的发展，缺乏宏观层级的母语能力把握。

宏观上来说，母语能力当由言语规范能力、言语修饰能力、言语感知能力、言语享受能力、言语应对能力、话语控制能力六个要素构成。现代汉语母语教育在教学时间的安排上，从小学到大学，一直都以言语规范与修饰能力为

---

① 祝敏青. 主持人话语调控与语境 [J]. 修辞学习，2006（1）：55 - 58.

培养重点；转型期开始关注言语感知与应对能力，但相关讨论还没有深入到"何时培养、如何培养"的层面；言语享受与话语控制能力的教学，则几乎在母语教育中还没有自己独立的空间，更谈不上应在什么时候重点培养、如何培养的问题。其实，母语能力六要素间有一定的层级性，相关的课程内容安排，应该充分考虑各要素间的层级差异和层积关系。因本章第三节将重点讨论这一问题，不赘述。

第三节　展望：母语能力培养体系的未来建构

由于个体生活所不可避免的局限性，纯粹依靠日常生活发展得来的母语能力肯定有所缺损，而学校母语教育却能通过系统的课程安排，补足日常母语习得的不足，培养出个体高端而完美的语言能力。

一、理想的母语能力结构

这里首先就遇到了一个难题，因为"语言能力"是一个非常有争议的概念。以于根元、夏中华、赵俐等所著《语言能力及其分化——第二轮语言哲学对话》一书的归纳来看，参加第二轮语言哲学对话的学者们，包括于根元、夏中华、王世凯、徐建华、刘本臣等，都十分关心"语言能力"这个概念，但理解起来却各不相同，甚至还出现了同一人先后不同次发言中观点发生改变的情况，所以，很难从他们几十页的相关会谈中得出一个关于"语言能力"的确定的定义。而从他们所引证的资料来看，不管是先行的国外还是后起的国内，相关研究者对于语言能力的定义与切分也十分纷繁芜杂。[①] 如此，一一罗列先行者对于"语言能力"的界定就变得不太可能，所以，这里打算不讲定义，仅从外延入手，来对母语能力结构进行探讨。

"语言能力"所包括的下位概念常见的是：语言知识能力、语言交际能力、语言应用能力、语言创造能力、语言习得能力、语感、语言研究能力、发挥语言能力的能力，等等。这里有两点必须要说明：第一，同一个下位概念对于不同的研究者而言，所指称的具体内涵可能不太相同。比如，同样地用的是"交际能力"一词，有的把它理解为"语法能力、社会语言学能力、话语能力

① 于根元，夏中华，赵俐，等．语言能力及其分化——第二轮语言哲学对话 [M]．北京：北京广播学院出版社，2002：1 - 6.

和策略能力"四者的综合,① 而在这一词语的首创者海姆斯（D. Hymes）那儿，交际能力包括的是语言能力和语言的运用②。第二，除上述语言能力的子项之外，还可看到一些比较另类的划分所带来的新子项名称。比如，徐杰（2007）就把语言能力划分为语言运算能力、词汇项与书写能力和文化语言能力三项，其中，语言运算能力幼儿和文盲也都具备，是语言知识的核心部分。③

我们发现，对于"语言能力"做出的不同种划分都有一定的理据，都受到了同领域前期研究及研究者本人学科兴趣的影响，孰优孰劣，很难做出评判。但从系统性的学校母语教育的角度来看，理想化的母语能力应该有一种新的划分方式，即，理想母语能力由六个部分组成，分别是：言语规范能力、言语修饰能力、言语感知能力、言语享受能力、言语应对能力、话语控制能力。

其中，（1）言语规范能力，主要针对言语的社会规范度而言，指通过学习获取符合社会规范的、适于跨地区交往的现代汉民族共同语的标准语音、正确语法和规范词汇。（2）言语修饰能力，主要针对言语的美化度而言，指通过一些修辞手段使原本中规中矩的话语言辞具备一定的文学色彩。（3）言语感知能力，主要针对言语授受过程中的敏锐度而言，这种敏锐可以让所获得的话语信息得到恰当的解读，或让所要表达的信息在瞬息之间得到合理释放。（4）言语享受能力，主要针对个体言说之时的享受度而言，指向是否具备较强的自我表达欲望，以及表达时是否能获得能量释放所带来的快乐享受。（5）言语应对能力，主要针对言语的得体度而言，指能不能根据不同对象、时间、地点等话语场景做出合适的言语抉择，从而使得言语交际能够和谐地向前推进。（6）话语控制能力，主要针对话语的影响度而言，意指言说主体的话语行为能否对言说对象产生预定的心理或行为影响。

做出如上划分，是因为我们理想中的高端母语能力，必须要满足以下两个条件：第一，要能适应人际完美沟通的需要。上述六个子项中，言语规范能力是完美沟通的基本条件，言语感知能力是完美沟通的快速通道，言语应对能力

---

① Jack C. Richards 著. 林立注. Communicative Teaching Today ［M］. Beijing: People's Education Press，2008：2.

② 参见彭佩璐. 交际能力对口语运用的影响 ［J］. 湖南大学学报（社会科学版），1997（1）：62－63.

③ 徐杰. 语言规划与语言教育 ［M］. 上海：学林出版社，2007：48－57.

是完美沟通的人际润滑剂。可能并非每一次完美沟通都需要这三种能力的同时到场，但有了这三种能力，就有了构建每一次完美沟通的充分条件。第二个条件是要能满足言说主体的自我需要。我们认为，良好的言语享受能力可以使言说者愉悦地享受整个表达过程，较高的言语修饰能力可以让言说者在美的创造中提升自我，而优秀的话语控制能力则使得言说主体能够通过言说来提升个体影响力，并且这种影响力的产生，凭借的只是话语本身的吸引力、说服力或慑服力，而不是通常意义上依靠社会地位或其他外在因素获取得来的话语权。

不过，六个要素虽然分别可与两个条件一一对应，但两个条件本身之间却也并没有鸿沟。因为：对于不同表达个体、不同交际目的来说，尽管有时达到了沟通的高效性也就满足了言说主体的需求，满足了言说主体的需求也就达到了沟通的高效性，但二者却并非总能同步。举例来说，有所欲求者的唯唯诺诺，有时确能产生高效的沟通结果，但对表达者本人来说，所能感受到的表达愉悦却应该微乎其微；再比如夸夸其谈者，其本人在高谈阔论当中应该能充分享受到表达带来的轻松与写意，但其个人形象却在言说幸福的过度享受中遭受了损失。也就是说，要全面评价一个人的语言能力，应该从社会沟通和言说者个体需要两个角度出发，只有既具社会沟通高效性又能满足言说主体内心需求的语言能力，才是完美的理想语言能力。

从纵的角度来看，母语能力各要素间虽然有相互融合，但也存在着一定的层级关系。

其中，言语规范能力属于较低层级的母语能力。因为言说是每个社会人展示自我的最重要途径，社会语言系统先于个体存在，个体如果想被先在的社会系统接纳，就必须首先接受该系统的语言基本规则，通过学习与合作获得最基本的语言准入。这是一个亘古未变的规则。在只注重书面语言的传统时代，"文从字顺"一直被当作规范性言语的经典表述，病句和错字则是书面表达的最大硬伤；进入现代之后，口头表达地位升高，"前言不搭后语"就又成了不规范口语的最低评价。言语是否规范，是评价一个人是否具备最基本文化的重要标准，但由于规范本身是合同化的，如果仅仅囿于规范，则多半会扼杀言说主体鲜活的生命体验，使个体语言慢慢变得迟钝、失去生气，最后导致言语僵化、千人一面。

言语修饰能力能够令人耳目一新。如果说规范是为了沟通信息而着力在话语间促成平衡，那么，言语修饰就是要打破这种平衡，或者，用王希杰的理论来说，是要造成一种正偏离，让人在陌生化的语言中感受一种新奇之美。当然，跟"美人是鲜花"一样，任何一个精妙动人的修辞，都只有在初次出现时能够让人产生美感，如果用到变成了凝固态，那就再也不能产生流动的诗意之美了。所以，言语修饰能力并不等同于修辞格的运用能力，它注重的是对新意象的多角度营造。

言语感知能力也是中层级的一种能力。前面说过，言语感知是针对信息输出与接收的敏锐性而言的，这种敏锐性来自于对规范的熟练运用以及熟练运用基础上才能实现的多角度瞬时联想。言语感知能力增强了，阅读时更能跟作者达到精神共鸣、获得审美愉悦，交流时能更加快捷地推进话轮往前发展，实现交流的话语乐趣与深层沟通。

言语享受能力是在人文之风已经吹遍中华大地之时才开始进入人们视野的一种语言能力。优良的言语享受能力，是促进个体实现完整生命的有力手段，是人之所以为人的重要表征。实际上，没有"不想"说话的人，只有迫不得已"不能"说话的人，或者是认为说了也白说所以才不说话的人。作为单独概念的每一个生命个体，没有谁不渴望表达自我并在表达过程中部分地实现自我。

言语修饰能力、言语感知能力和言语享受能力，已涉及美与愉悦，但这还没有到达母语能力的顶峰。因为培养言语修饰、感知和享受能力的意义在于通过顺畅、优美的语用以实现个体的言说幸福，但拥有了言说幸福，并不等于已能在语言社会里游刃有余，而再诗意的言说者，也必然要追求语用的社会价值，即，要追求可以促进个体在享有言说幸福的基础上实现生命与社会双重价值的言语应对能力和话语控制能力。相较而言，话语控制能力比言语应对能力要求相对更高，因为优秀的言语应对能美为基础的和谐，而话语控制则像皇冠顶上的那一颗珍珠，是对规范、美、愉悦、和谐的圆融统一。需强调的是，这里的"控制"，确实具备该词"掌握住不使任意活动或超出范围"的基本意义，但所凭借的不是利用较高的社会地位或其他强势力量来逼人屈服，而仅仅是言说者话语行为本身所产生的高端势能，是用散发迷人气息的话语魅力让言语对象自甘称臣。

二、母语能力培养体系的未来建构①

理想母语能力的纵向层级主要是针对该语言能力因素在语言能力结构中的地位而言，但事实上也大致体现出一种培养的层积性，即，当前一层级的整体水平积累到某个高度之后，对后一层级的培养才更具正面意义②。构建这种具备"层积"特性的立体化母语能力培养体系，首先要依据母语能力各子项的内部特征确定相应的学习材料与方法，然后再根据学习者的年龄与心理特征确定母语能力各子项的重点学习时段。下面是一些较为具体的设想。

言语规范能力处于较低层级，掌握普通话标准音、不违背基本语法法则、拥有阅读普通书报的词汇量就是这一能力的基本要求。从这一培养目标来看，学校里的言语规范能力培养可以从一入学就开始，从幼儿园到小学毕业，言语规范能力都应该作为学校母语教学的培养重点。从理论上来说，学校里训练言语规范能力的语料无处不在，语文教材及教师日常口语都是极利于学生仿效的可靠资源。语音的规范是一种口耳之学，主要以多听多说以及熟练运用汉字拼音作为途径。至于修正词汇、语法错误，目前通用的修改病句、填词造句以及指正学生作文、作业或课堂答问中表现出来的错误，都是依旧可以坚持的办法。另外，还要适当地建立激励机制以激发学生自主的规范意识。比如，可以设立"语言病院"，要求学生把生活中听到、看到的错音、错字、错词、错句集中记录在一个本子上，同时要求把出现错误的大致语境描述下来，以防一次性从相关资料里抄写，并为中层级的语言能力培养打下良好的基础。这样，隔一段时间统一交换一次，做月冠军之类的评比。值得注意的是，因为规范语言能力往往跟语言知识联系在一起，所以教学时一定要时刻把握好语言能力教学的核心目标，要树立莫尔顿（Moulton）1961年就已说过的"教学的真正目的是讲这种语言的能力，而不是谈论有关这种语言的能力"③ 这一观念。

言语感知能力较早的集中训练可从小学高年级开始。敏捷的言语感知能力就跟敏捷的身手一样，除了少数源自天赋以外，大部分都由训练得来。80年代以来的教学试验已经证明，书面的敏捷表达可以通过快速作文训练"逼"

---

① 本部分谈及母语能力各要素的训练或培养，指的都是集中的教学而非零星的积累。
② 言语享受能力和方言区的标准语音规范能力是例外。
③ 转引自［美］卡尔·康拉德·迪勒著. 孙晖，葛绳武译. 语言教学论争［M］. 天津：南开大学出版社，1992：21.

出来，同样，快速的口语能力也就可以通过限时抢答训练出来。不过，为了避免单纯追求速度而忽略了思维的丰富度，可多利用"蒙太奇"手法把几个不相干的镜头剪辑在一起，以快速联想来保证思维的多向性。当然，电影"蒙太奇"使用的是影像镜头，而语言训练中的镜头则最好用语音的方式，把原本看似不相干的一句句话放在一起，通过对所有句子之间的组合与聚合关系进行有声表达，来完成言语感知能力的有效训练。一般来说，言语感知敏捷度到高中已大致定性，成为个人语言品质的重要组成部分。

言语修饰能力的集中训练也以从小学高年级或初中开始比较合适。因为，言语的主动修饰需要一定的语言审美意识，在约略懂得为什么这样用比那样用要好之后，集中的训练才能产生突飞猛进的效果。目前，不少教师倾向通过辞格学习以培养言语修饰能力。弗雷曼（Freeman，D.）谈到语法教学时曾说，"如果语言教师把语法和知识等同起来"，那么"学生学到的可能仍是惰性语法，不懂运用"，① 修辞能力的获得与语法能力有很大相似性，所以，修辞教学也一定不能只局限于辞格的学习。况且，语言的修辞远远不止体现在修辞格的运用上，"修辞"的原始语义"修饰言辞"才是我们应持的修辞观，重音的确定、词语的选择、句子的组合等，都是言语修饰能力的培养内容。下述设想也许可以帮助学生更自主地培养言语修饰能力：教师挑选适合本班学生的文艺性文章，订成五十页左右（每页六七百字）的薄薄一本发给每一个学生自读、评点，要求学生边读边把所欣赏的部分标出来，并把理由写在周围空白处，要求在规定时间内反复读、反复评点，并在预定时间上交。上交之后有一些后续工作，一是教师用"你我"的平等心态细细欣赏学生所做评点，在精妙处打上钩，然后发还给学生，要求把教师打钩处的原文及评点用统一大小的小纸卡抄好（有条件的地方可以输入电脑）上交，然后由教师整理，做成一个粘贴本或统一文档在班上展示，也可分送到同年级或全校传阅。这种独立完成的精读训练，大概需要集中训练三年左右，每学期 2 本，暑假 1 本，每年计 5 本，三年下来就是 15 本，每本按平均 50 页计，大约 50 万字的反复阅读评点量。

关于言语享受能力的培养，可以用全国优秀班主任湖北武汉小学教师桂贤

---

① ［美］Diane Larsen - Freeman 著．董奇译．语言教学：从语法到语法技能［M］．北京：北京师范大学出版社，2007：26.

娣作为典型事例,《人民教育》曾用较大篇幅报道了她的"幸福人生"。① 桂贤娣老师从小在乡村长大,普通话并不太标准,但却具备很高的言语享受能力。桂老师的授课与讲演所产生的巨大魅力,百分之八十以上来自于她优异的言语享受能力。访谈发现,桂老师班上的孩子都深受其影响,个个活泼爱说,桂老师的演讲也让几乎所有听讲者都为之折服,可见,言语享受能力是完全可以通过学校教育改变的,而影响力最大的学习材料则是教师本人的言语态度。如果教师言语享受能力原本不强,首先要有意识地提高这种能力以增强自我幸福感,同时通过音像资料、人物传记等感性材料的展示,让学生明了优良的言语享受能力之于成就优秀表达者的重要意义。

言语应对能力指把握话语是否符合交际身份和交际场所的能力度。学生们过的是三点一线式生活,交际身份绝大多数时候是学生、子女或同学,交际场所多数在家庭或学校。学生身份的交际常常体现为顺从,同学身份的交际往往体现为率性,而作为子女的家庭交际则常游移于顺从和率性两者之间。打个比方,如果说言语应对能力是一条抛物线,那么,顺从与率性心理支配下的应对就分别是这条抛物线的两个最低的端点。既然在顺从与率性心理支配下的应对水平都处于较低层次,那么单纯依靠纯自然的日常生活,就很容易导致学生形成极低水平的言语应对能力。这样,积极的引导就变得极为重要,而引导的方法主要有两点:首先是观念更新,要意识到应对不得体容易导致交际失败,得体的应对对于个体发展有许多切身的益处;其次就是提供材料来拓展其单调的生活体验。比如,搜寻不同语境尤其是学生很少接触到的语境或学生生活中也会遇到但很难应对的语境,在班上进行模仿演练。演练要安排专门的课时,教师课前预先设计仿真情境。言语应对训练的课时不需太多,一个月一次即可,关键是一次要有一次的效果,安排时可从一般情境开始渐次安排到困窘语境,要体现出一种序列。对于言语应对的集中训练,除基本礼貌用语外,从初中高年级或高中一年级开始比较合适,因为此时的学生已开始产生较为强烈的交际需要,这种自觉意识是良好教学效果的有力保障,而且这个年龄段的孩子通常已开始被当作"准成人"看待,其交际能力也开始接受社会常规标准的评价。

话语控制能力的起点要求比较高,规范、美、流畅、坚定乐观的态度是其良好的基础,同时,它也需要得体应对的有力帮助。可以说,话语控制是一种

---

① 白宏太,任国平.武汉班主任的幸福人生[J].人民教育,2008(24):14-23.

语言运用能力，但更是一种语言分析能力。靳洪刚把这种语言分析能力称为"语言意识"，他引用利德（Read）"人类基本语言能力是知道怎么做某事，而语言意识则是知道本人具有做某事的能力"①以证明语言意识的难以获得。确实，话语控制能力起于一种经常性的反思，反思对象涉及自身遭际或外界视听到的典型交际（控制力最强和控制力最弱的），反思项目比较广泛，例如，是哪些因素导致了成功？某些因素的增加能否导致更进一步的成功？为什么失败？如果导致失败的因素不可避免，那么可用哪些因素来加以弥补，如何弥补？如此等等，都需要比较深入的思考与分析。当然，也正是因为话语控制能力难以获得，我们才把它比作"皇冠上的珍珠"，而有组织的训练也以从高中高年级甚至大学阶段开始比较合适。

韩礼德曾经说过，"母语学习可以帮助个体实现所潜藏的巨大能量。如果学校能认真对待母语教育，挡在学生发展之路上的人为障碍将会因此减掉不少。"② 我们深深赞同这一观点，对母语教育之于人的作用也寄予了较大期望。为了使学生在言语中走向完善，未来的母语课程一方面应当增加言语交际、言语感知、言语享受、话语控制方面的课程内容，同时在确定课程先后次序时，还应对母语能力各个子项的层级性加以充分考虑。我们期待着母语能力培养体系的日臻完美。

---

① 靳洪刚. 语言获得理论研究［M］. 北京：中国社会科学出版社，2004：76－77.

② M. A. K. Halliday. Language and Education［M］. Beijing：Peking University Press，2007：48.

参考文献

（一）资料汇编

[1] 北京师范大学教育系资料室.中小学教学论文索引（1949－1965）［M］.北京：北京师范大学出版社，1984.

[2] 北京图书馆.民国时期总书目（1911－1949）·语言文字分册［M］，北京：北京图书馆出版社，1993.

[3] 北京图书馆，人民教育出版社图书馆.民国时期总书目（1911－1949）·中小学教材［M］，北京：书目文献出版社，1995.

[4] 陈学恂.中国近代教育大事记［M］.上海：上海教育出版社，1981.

[5] 陈元晖，璩鑫圭，邹光威.老解放区教育资料（一）·土地革命战争时期［C］.北京：教育科学出版社，1981.

[6] 费锦昌.新时期语言文字工作记事（1978－2003）［M］.北京：语文出版社，2005.

[7] 皇甫东玉，宋荐戈，龚守静.中国革命根据地教育记事（1927.8－1949.9）［M］.北京：教育科学出版社，1989.

[8] 教育部.第二次中华民国教育年鉴·初等教育［M］.上海：开明书店，1948.

[9] 教育科学研究所筹备处.老解放区教育资料选编［C］.北京：人民教育出版社，1959.

[10] 课程教材研究所.20世纪中国中小学课程标准·教学大纲汇编语文卷［M］.北京：人民教育出版社，2001.

[11] 李桂林.中国现代教育史教学参考资料［M］.北京：人民教育出版社，1987.

[12] 李桂林，戚名琇，钱曼倩.中国近代教育史资料汇编·普通教育［M］.上海：上海教育出版社，2007.

[13] 陕甘宁边区政府秘书处.陕甘宁边区重要政策法令汇编［M］.西安：陕甘宁边区政府秘书处，1949.

[14] 上海教育出版社.老解放区教育工作回忆录［M］.上海：上海教育出版社，1979.

［15］商务印书馆编绎所．中华民国教育新法令（第一册），（第二册），（第三册），（第四册），（第五册），（第六册）［M］．上海：商务印书馆，1912，1913，1913，1913，1913，1914．

［16］宋荐戈．中华近世通鉴·教育专卷［M］．北京：中国广播电视出版社，2000．

［17］文字改革出版社．清末文字改革文集［M］．北京：文字改革出版社，1958．

［18］《汉字改革》杂志编辑部．建国以来文字改革工作编年记事［M］．北京：文字改革出版社，1985．

［19］赵家璧．中国新文学大系·建设理论集（影印本）［C］．上海：上海文艺出版社，2003．

［20］赵家璧．中国新文学大系·文学论争集（影印本）［C］．上海：上海文艺出版社，2003．

［21］《中国教育年鉴》编辑部．中国教育年鉴（1949－1981）［M］．北京：中国大百科全书出版社，1984．

［22］中国语文编辑部．语文教学篇目索引（1950－1980）［M］．上海：上海教育出版社，1982．

［23］中华民国教育部．第一次中国教育年鉴（上、下）［M］．上海：开明书店，1934．

［24］中华人民共和国教育部．全日制义务教育语文课程标准（实验稿）［M］．北京：北京师范大学出版社，2001．

［25］中华人民共和国教育部．普通高中语文课程标准（实验）［M］．北京：人民教育出版社，2003．

［26］中华人民共和国教育部．义务教育语文课程标准（2011年版）［M］．北京：高等教育出版社，2011．

［27］中华人民共和国教育部办公厅．教育文献法令汇编（1949－1952），（1956），（1957），（1958），（1959），（1960），（1961），（1962），（1963）［C］．北京：人民教育出版社，1958，1957，1958，1959，1960，1961，1962，1963，1965．

［28］中央教育科学研究所．老解放区教育资料（二）·抗日战争时期（上、下）［M］．北京：教育科学出版社，1986．

［29］中央教育科学研究所．老解放区教育资料（三）·解放战争时期［M］．北京：教育科学出版社，1991．

［30］解放军报［N］．1956～1973．

（二）新中国成立前的语文教材

［1］庄俞，沈颐编纂．高凤谦，张元济校订．共和国教科书新国文（第四、六册）

255

［M］．上海：商务印书馆，1912．

　［2］商务印书馆编译所．通俗新尺牍［M］．上海：商务印书馆，1913．

　［3］沈颐，范源廉，杨喆．中华女子国文教科书［M］．上海：中华书局，1914．

　［4］俞明谦编纂．陈宝泉，庄俞校订．新体国文典讲义［M］．上海：商务印书馆，1918．

　［5］何仲英．白话文范［M］．上海：商务印书馆，1920．

　［6］朱荟忱．国语发音学概论［M］．福州：实进季刊社，1922．

　［7］章士钊．中等国文典［M］．上海：商务印书馆，1925．

　［8］言文对照学生新尺牍（上、下册）［M］．上海：世界书局，1927．

　［9］余楠秋．演说ABC［M］．上海：世界书局，1928．

　［10］江恒源．新学制高级中学教科书国文读本［M］．上海：商务印书馆，1928．

　［11］郭步陶．文法解剖ABC［M］．上海：世界书局，1929．

　［12］周服．学文基础［M］．上海：商务印书馆，1929．

　［13］赵景深．初级中学混合国语教科书［M］．上海：北新书局，1930．

　［14］薛祥绥编著．陆翔校订．中学师范教本修辞学［M］．上海：世界书局，1931．

　［15］汪震．中等国文法（中等国文典之改造）［M］．北京：北平文化学社，1931．

　［16］杜天縻，韩楚原．杜韩两氏高中国文［M］．上海：世界书局，1933．

　［17］罗根泽，高远公编．黎锦熙校订．初中国文选本（第一册）［M］．上海：立达书局，1933．

　［18］杜天縻，韩楚原．杜韩两氏高中国文（第一册）［M］．上海：世界书局，1933．

　［19］孙俍工．中学国文特种读本［M］．北京：国立编译馆，1933．

　［20］傅东华．复兴初级中学教科书国文（第四册）［M］．上海：商务印书馆，1933．

　［21］傅东华．复兴初级中学教科书国文（第六册）［M］．上海：商务印书馆，1935．

　［22］傅东华．复兴高级中学教科书国文［M］．上海：商务印书馆，1934．

　［23］夏丏尊，叶圣陶，宋云彬，陈望道．开明国文讲义［M］．上海：开明书店，1934．

　［24］赵景深．高中混合国文（第一册）［M］．上海：北新书局，1935．

　［25］郑业建编．孙俍工校订．高中国文补充读本［M］．上海：商务印书馆，1935．

　［26］何炳松，孙俍工．复兴高级中学国文课本［M］．上海：商务印书馆，1935．

　［27］蒋伯潜．蒋氏高中新国文［M］．上海：世界书局，1937．

　［28］宋文翰，张文治．新编高中国文［M］．上海：中华书局，1937．

　［29］教育总署编审会．高中国文［M］．新民印书馆，1939．

　［30］边区初级国语课本（第六册）［M］．（封面、封底、版权页残缺）

　［31］谭正璧．国文阶梯·国文必读（第一辑）［M］．上海：世界书局，1944．

［32］吴鼎，俞焕斗，陈伯吹，张超，潘仁．小学高级国语课本（第一册）［M］．上海：商务印书馆；南京：正中书局，1945．

［33］朱自清，吕叔湘，叶圣陶．开明文言读本（1－2册）［M］．上海：开明书店，1948．

［34］庄俞等编．张元济校．商务国语教科书（上、下）［M］．上海：上海科学技术文献出版社，2005．

［35］魏冰心等编．薛天汉等校．世界书局国语读本（上、下）［M］．上海：上海科学技术文献出版社，2005．

［36］叶圣陶编．丰子恺绘图．开明国语课本（上、下）［M］．上海：上海科学技术文献出版社，2005．

［37］闫苹，张雯．民国时期小学语文课文选粹［M］．北京：语文出版社，2009．

（三）专著

1. 思想类

［1］［英］安东尼·吉登斯著．李康译．社会学（第五版）［M］．北京：北京大学出版社，2009．

［2］哈佛燕京学社．启蒙的反思［M］．杭州：江苏教育出版社，2005．

［3］海德格尔著．郜元宝译．张汝伦校．人，诗意地安居——海德格尔语要［M］．上海：远东出版社，1995．

［4］海德格尔著．孙周兴译．在通向语言的途中［M］．北京：商务印书馆，2004．

［5］姜义华．理性缺位的启蒙［M］．上海：三联书店，2000．

［6］［德］卡尔·雅斯贝尔著．王德峰译．时代的精神状况［M］．上海：上海译文出版社，2005．

［7］刘精明．国家、社会阶层与教育：教育获得的社会学研究［M］．北京：中国人民大学出版社，2005．

［8］米歇尔·福柯著．莫伟民译．词与物——人文科学考古学［M］．上海：三联书店，2001．

［9］申小龙．汉语与中国文化（修订本）［M］．上海：复旦大学出版社，2008．

［10］盛晓明．话语规则与知识基础——语用学维度［M］．上海：学林出版社，2000．

［11］石鸥．教育困惑中的理性追求［M］．长沙：湖南师范大学出版社，2005．

［12］石中英．知识转型与教育改革［M］．北京：教育科学出版社，2007．

［13］斯大林．马克思主义与语言学问题［M］．北京：人民出版社，1953．

［14］汪晖．现代中国思想的兴起（下卷）第二部·科学话语共同体［M］．上海：三

联书店，2008.

　　［15］［德］威廉·冯·洪堡特著．姚小平译．论人类语言结构的差异及其对人类精神发展的影响［M］．北京：商务印书馆，2008.

　　［16］许纪霖．智者的尊严——知识分子与近代文化［M］．上海：学林出版社，1991.

　　［17］雅克·德里达著．汪家堂译．论文字学［M］．上海：上海译文出版社，1999.

　　［18］张楚廷．课程与教学哲学［M］．北京：人民教育出版社，2004.

　　［19］张楚廷．教育哲学［M］．北京：教育科学出版社，2006.

　　［20］张君劢．民族复兴之学术基础［M］．北京：中国人民大学出版社，2006.

　　［21］郑文东．文化符号域理论研究［M］．武汉：武汉大学出版社，2007.

　　［22］周庆元．语文教育哲学研究［M］．长沙：湖南师范大学出版社，2009.

　　［23］宗白华．美学与意境［M］．北京：人民出版社，1987.

2. 史学类

　　［1］白戈．1966－1976 中国百姓生活实录［M］．北京：警官教育出版社，1993.

　　［2］北京师范学院中文系汉语教研组．五四以来汉语书面语言的变迁和发展［M］．北京：商务印书馆，1959.

　　［3］巢峰．"文化大革命"词典［M］．香港：港龙出版社，1993.

　　［4］陈必祥．中国现代语文教育发展史［M］．昆明：云南教育出版社，1986.

　　［5］陈黎明，林化君．20 世纪中国语文教学［M］．青岛：青岛海洋大学出版社，2002.

　　［6］陈青之．中国教育史［M］．上海：东方出版社，2008.

　　［7］陈贤庆．文革死亡档案［M］．北京：中国大地出版社，1993.

　　［8］陈翊林．最近三十年中国教育史［M］．上海：上海太平洋书店，1930.

　　［9］陈元晖．老解放区教育简史［M］．北京：教育科学出版社，1982.

　　［10］刁宴斌．现代汉语史概论［M］．北京：北京大学出版社，2006.

　　［11］［美］费正清编．杨品泉等译．谢亮生校．剑桥中华民国史（1912－1949）·上卷［M］．北京：中国社会科学出版社，1993.

　　［12］［美］费正清，费维恺编．刘敬坤等译．谢亮生校．剑桥中华民国史（1912－1949）·下卷［M］．北京：中国社会科学出版社，1993.

　　［13］顾黄初．中国现代语文教育百年事典［M］．上海：上海教育出版社，2001.

　　［14］顾黄初，李杏保．二十世纪前期中国语文教育论集［M］．成都：四川教育出版社，1990.

　　［15］顾黄初，李杏保．二十世纪后期中国语文教育论集［M］．成都：四川教育出版社，2000.

［16］胡适．胡适自传［M］．南京：江苏文艺出版社，1995.

［17］黄耀红．百年中小学文学教育史论［M］．长沙：湖南师范大学出版社，2009.

［18］姜国钧．中国教育周期论［M］．北京：北京大学出版社，2005.

［19］蒋廷黻．中国近代史［M］．上海：上海古籍出版社，2006.

［20］金石开．历史的代价——"文革"死亡档案［M］．北京：中国大地出版社，1993.

［21］李伯棠．小学语文教材简史［M］．济南：山东教育出版社，1985.

［22］李钢，王宇红．汉语通用语史研究［M］．北京：中国广播电视出版社，2007.

［23］李国强．中央苏区教育史（修订本）［M］．南昌：江西教育出版社，2001.

［24］李树．中学语文教学百年史话［M］．济南：山东人民出版社，2007.

［25］李杏保，顾黄初．中国现代语文教育史［M］．成都：四川教育出版社，2004.

［26］李焱胜．中国报刊图史［M］．武汉：湖北人民出版社，2005.

［27］林治金．中国小学语文教学史［M］．济南：山东教育出版社，1996.

［28］刘英杰．中国教育大事典（1840－1949）［M］．杭州：浙江教育出版社，2001.

［29］陆锡兴．汉字传播史［M］．北京：语文出版社，2002.

［30］罗平汉．墙上春秋：大字报的兴衰［M］．福州：福建人民出版社，2001.

［31］吕思勉．中国史（下）［M］．北京：中国社会科学出版社，2008.

［32］［美］麦克法夸尔，费正清编．谢亮生等译．谢亮生校．剑桥中华人民共和国史（1966－1982）·中国革命内部的革命［M］．北京：中国社会科学出版社，1998.

［33］［美］麦克法夸尔，费正清编．谢亮生等译．谢亮生．校．剑桥中华人民共和国史（1949－1965）·革命的中国的兴起［M］．北京：中国社会科学出版社，1998.

［34］濮之珍．中国语言学史［M］．上海：上海古籍出版社，2001.

［35］宋恩荣．近代中国教育改革［M］．北京：教育科学出版社，1994.

［36］石鸥，吴小鸥．百年中国教科书图说（1897－1949）［M］．长沙：湖南教育出版社，2009.

［37］上海师范大学教育系．无产阶级教育革命万岁［C］．上海人民出版社，1976.

［38］［美］坦纳著．崔允漷等译．学校课程史［M］．北京：教育科学出版社，2006.

［39］王富仁，郑国民．当代语文教育论争［M］．广州：广东教育出版社，2006.

［40］王均等．当代中国的文字改革［M］．北京：当代中国出版社，1995.

［41］王予霞，汤加庆，蔡佳伍．中央苏区文化教育史［M］．厦门：厦门大学出版社，1999.

［42］吴齐仁．章太炎的白话文［M］．上海：上海泰东图书局，1927.

［43］武占坤，马国凡．汉字·汉字改革史［M］．长沙：湖南人民出版社，1987.

［44］熊明安．中华民国教育史［M］．重庆：重庆出版社，1990.

［45］叶再生. 中国近代现代出版通史（第一卷）［M］，北京：华文出版社，2002.

［46］张传燧. 中国教育史［M］. 北京：高等教育出版社，2010.

［47］张传燧. 中国教学论史纲［M］. 长沙：湖南教育出版社，1999.

［48］张隆华. 中国语文教育史纲［M］. 长沙：湖南师范大学出版社，1990.

［49］张隆华，曾仲珊. 中国古代语文教育史［M］. 成都：四川教育出版社，2000.

［50］郑国民. 从文言文教学到白话文教学：我国近现代语文教育的变革历程［M］.
北京：北京师范大学出版社，2000.

［51］郑谦. 被"革命"的教育［M］. 北京：中国青年出版社，1999.

［52］周予同. 中国现代教育史［M］. 上海：上海书店，1934.

［53］庄明水等. 台湾教育简史［M］. 福州：福建教育出版社，1994.

3. 教育学类

［1］北京师范大学中文系教学法教研室. 学生语文能力与心理调查——语文教学调查
报告选［M］. 北京：北京师范大学中文系，1981.

［2］北京市语言学会. 语文知识丛刊（2）［C］. 北京：地震出版社，1981.

［3］北京市语言学会. 语言学和语言教学［M］. 合肥：安徽教育出版社，1984.

［4］曹明海. 语文教学解释学［M］. 济南：山东人民出版社，2007.

［5］常宝儒. 汉语语言心理学［M］. 北京：知识出版社，1990.

［6］常春. 现代汉语教学与测试研究［M］. 武汉：华中师范大学出版社，1996.

［7］陈恩泉. 汉语拼音教学法［M］. 武汉：湖北教育出版社，1983.

［8］池小芳. 中国古代小学教育研究［M］. 上海：上海教育出版社，1998.

［9］［美］Diane Larsen－Freeman 著. 董奇译. 语言教学：从语法到语法技能［M］.
北京：北京师范大学出版社，2007.

［10］董宝良. 陶行知教育论著选［C］. 北京：人民教育出版社，1991.

［11］董奇，申继亮. 心理与教育研究法［M］. 杭州：浙江教育出版社，2005.

［12］董远骞，施毓英. 俞子夷教育论著选［M］. 北京：人民教育出版社，1991.

［13］［加］范梅南著. 李树英译. 教学机智（教育智慧的意蕴）［M］. 北京：教育
科学出版社，2001.

［14］冯伯麟. 教育统计学［M］. 北京：人民教育出版社，2005.

［15］复旦大学语言研究室. 陈望道语文论集［M］. 上海：上海教育出版社，1997.

［16］高更生，王红旗等. 汉语教学语法研究［M］. 北京：语文出版社，1996.

［17］韩雪屏. 语文教育的心理学教育［M］. 上海：上海教育出版社，2001.

［18］韩雪屏. 中国当代阅读理论与阅读教学［M］. 成都：四川教育出版社，2000.

［19］何克抗. 语觉论——儿童语言发展新论［M］. 北京：人民教育出版社，2004.

［20］何克抗. 儿童思维发展新论——及其在语文教学中的应用［M］. 北京：北京师

范大学出版社，2007.

［21］洪宗礼，柳士镇，倪文锦.中国百年语文教材评介［M］.杭州：江苏教育出版社，2007.

［22］洪宗礼，柳士镇，倪文锦.外国学者评述本国语文教材［M］.杭州：江苏教育出版社，2007.

［23］胡怀琛.作文研究［M］.上海：商务印书馆，1927.

［24］胡绪阳.语文德性论［M］.长沙：湖南师范大学出版社，2010.

［25］江苏母语课程教材研究所.当代外国语文课程教材评介［M］.杭州：江苏教育出版社，2004.

［26］蒋仲仁.思维·语言·语文教学［C］.北京：人民教育出版社，1988.

［27］教育杂志社.现代教育思潮批判［M］.上海：商务印书馆，1925.

［28］教育资料丛刊社.中学语文教学的改进［C］.北京：人民教育出版社，1951.

［29］靳洪刚.语言获得理论研究［M］.北京：中国社会科学出版社，2004.

［30］［美］卡尔·康拉德·迪勒著.孙晖，葛绳武译.语言教学论争［M］.天津：南开大学出版社，1992.

［31］李海林.1978－2005语文教育研究大系·理论卷［M］.上海：上海教育出版社，2005.

［32］李海林.言语教学论（第二版）［M］.上海：上海教育出版社，2006.

［33］李海林.语文教学科研十讲［M］.杭州：浙江教育出版社，2006.

［34］李兴亚.应用汉语指南——母语学习新观念［M］.北京：中国文史出版社，2001.

［35］黎泽渝，马嘯风，李乐毅.黎锦熙语文教育论著选［M］.北京：人民教育出版社，1996.

［36］刘淼.当代语文教育学［M］.北京：高等教育出版社，2005.

［37］刘要悟.教育评价导论［M］.兰州：甘肃文化出版社，1995.

［38］刘占泉.汉语文教材概论［M］.北京：北京大学出版社，2004.

［39］吕敬先.教儿童观察、说话、写话［M］.北京：教育科学出版社，1986.

［40］吕叔湘.吕叔湘论语文教学［C］.济南：山东教育出版社，1987.

［41］吕叔湘全集（第七卷）·吕叔湘语文论集［C］.沈阳：辽宁教育出版社，2002.

［42］马秋帆，熊明安.晏阳初教育论著选［C］.北京：人民教育出版社，1993.

［43］倪文锦，欧阳汝颖.语文教育展望［M］.上海：华东师范大学出版社，2002.

［44］欧阳复生.怎样用标点符号［M］.武汉：湖北人民出版社，1956.

［45］全国汉语拼音教学分会秘书处，全国小学语文教学研究会.小学汉语拼音教学

研究［C］. 北京：人民教育出版社，2003.

［46］全国语法和语法教学讨论会. 教学语法论集——全国语法和语法教学讨论会论文汇编［C］. 北京：人民教育出版社，1982.

［47］上海师大《语文学习丛刊》编辑组.《语文学习》丛刊（6）［C］. 上海：上海教育出版社，1978.

［48］沈厚润. 民众语文教育［M］. 上海：中华书局，1948.

［49］盛炎，沙砾. 对外汉语教学论文选评1949－1990［C］. 北京：北京语言学院出版社，1993.

［50］石鸥. 教学病理学基础［M］. 济南：山东人民出版社，2006.

［51］石鸥. 教学别论［M］. 长沙：湖南教育出版社，1998.

［52］S. 皮特·科德. 著. 上海外国语学院外国语言文学研究所译. 应用语言学导论［M］. 上海：上海外语教育出版社，1983.

［53］陶本一. 学科教育学［M］. 北京：人民教育出版社，2001.

［54］田小琳，黄成稳. 语法逻辑修辞教学论集［M］. 天津：新蕾出版社，1984.

［55］田正平，肖朗. 中国教育经典解读［M］. 上海：上海教育出版社，2007.

［56］王步高. 大学母语教育的现状及其对策研究［M］. 南京：南京大学出版社，2007.

［57］王力. 王力文集（第20卷）［M］. 济南：山东教育出版社，1991.

［58］王培光. 语感与语言能力［M］. 北京：北京大学出版社，2005.

［59］王荣生. 语文科课程论基础（第二版）［M］. 上海：上海教育出版社，2005.

［60］王荣生. 听王荣生教授评课［M］. 上海：华东师范大学出版社，2007.

［61］王尚文.《语感论》（第三版）［M］. 上海：上海教育出版社，2006.

［62］王松泉，王柏勋，王静义. 语文教学心理学基础［M］. 北京：社会科学文献出版社，2002.

［63］［加］W. F. 麦基. 语言教学分析［M］. 北京：北京语言学院出版社，1990.

［64］夏丏尊，刘薰宇. 文章作法［M］. 北京：教育科学出版社，2008.

［65］夏丏尊，叶绍钧. 国文百八课［M］. 上海：三联书店，2008.

［66］夏丏尊，叶圣陶. 文章讲话［M］. 北京：中华书局，2007.

［67］夏丏尊著. 张圣华主编. 夏丏尊教育名篇［M］. 北京：教育科学出版社，2007.

［68］［美］小威廉姆E. 多尔著. 王红宇译. 后现代课程观［M］. 北京：教育科学出版社，2006.

［69］谢先模，徐冰云. 语文教学法集锦［M］. 南昌：江西人民出版社，1981.

［70］辛安亭. 辛安亭论教育［M］. 长沙：湖南教育出版社，1983.

［71］熊承涤.中国古代学校教材研究［M］.北京：人民教育出版社，1996.

［72］徐云知.语感和语感教学研究［M］.北京：高等教育出版社，2004.

［73］严育开，关恂.历届高考优秀作文选评（1952－1991）［M］.武汉：湖北教育出版社，1992.

［74］叶克.怎样学习国语［M］.沈阳：东北人民出版社，1952.

［75］叶圣陶.文章例话：叶圣陶的二十七堂作文课［M］.沈阳：辽宁教育出版社，2005.

［76］叶圣陶.叶圣陶语文教育论集（上、下）［M］.北京：教育科学出版社，1980.

［77］于根元等.语言能力及其分化——第二轮语言哲学对话［M］.北京：北京广播学院出版社，2002.

［78］于源溟.预成性语文课程基点批判［M］.北京：社会科学文献出版社，2007.

［79］张楚廷.教学论纲（第2版）［M］.北京：高等教育出版社，2008.

［80］张春泉.论接受心理与修辞表达［M］.北京：中国社会科学出版社，2007.

［81］张静.语言的学习和运用（增订本）［M］.上海：上海教育出版社，1988.

［82］章熊，张彬福，王本华.中学生言语技能训练［M］.北京：人民教育出版社，2005.

［83］张正君.当代中国语文教育流派概观［M］.北京：中国社会科学出版社，2000.

［84］张志公.传统语文教育初探［［M］.上海：上海教育出版社，1979.

［85］张志公著.庄文中编.张志公语文教育论集［M］.北京：人民教育出版社，1992.

［86］张志公著.庄文中编.张志公汉语语法教学论著选［M］.太原：山西教育出版社，1997.

［87］赵寄石，楼必生.学前儿童语言教育［M］.北京：人民教育出版社，2003.

［88］浙江省立民众教育实验学校.民众教育季刊·民众语文教育专号［M］.杭州：民众教育季刊社，1933.

［89］郑桂华，王荣生.语文教育研究大系（1978－2005）·中学教学卷［M］.上海：上海教育出版社，2007.

［90］中央教育科学研究所.朱自清论语文教育［M］.郑州：河南教育出版社，1985.

［91］周谷平，赵卫平.孟宪承教育论著选［M］.北京：人民教育出版社，1997.

［92］周健.汉字教学理论与方法［M］.北京：北京大学出版社，2007.

［93］周庆元.语文教育研究概论［M］.长沙：湖南人民出版社，2005.

［94］周庆元.中学语文教育心理学研究［M］.长沙：湖南师大出版社，1999.

[95] 周庆元.语文教学设计论［M］.南宁：广西教育出版社，1996.

[96] 周庆元.中学语文教材概论［M］.长沙：湖南出版社，1994.

[97] 周庆元.中学语文教学原理［M］.长沙：湖南教育出版社，1992.

[98] 周勇.大师的教书生活［M］.上海：华东师范大学出版社，2008.

[99] 朱伯石.中学语文教学中的语言因素［M］.武汉：湖北人民出版社，1956.

[100] 朱翙新.教育测验 ABC［M］.上海：世界书局，1928.

[101] 朱作仁.小学语文教学法原理［M］.华东师范大学出版社，1988.

[102] 庄文中.中小学语言教学概论［M］.北京：商务印书馆，2006.

[103] 庄文中.中学语言教学研究［M］.广州：广东教育出版社，1999.

4. 语言改革类

[1] 曹伯韩.论新语文运动［M］.上海：上海东方书店出版，1952.

[2] 蔡永良.美国的语言教育与语言政策［M］.上海：三联书店，2007.

[3] 第一届全国普通话教学成绩观摩会秘书处.第一届全国普通话教学成绩观摩会文件资料汇编［C］.北京：文字改革出版社，1959.

[4] 革命样板戏论文集（第一辑）［C］.北京：人民文学出版社，1976.

[5] 龚鹏程.读经有什么用——现代七十二位名家论学生读经之是与非［M］.上海：上海人民出版社，2008.

[6] 《胡乔木传》编写组.胡乔木谈语言文字［C］.北京：人民出版社，1999.

[7] 林汉达.文字改革是怎么回事［M］》.北京：工人出版社，1956.

[8] 卢戆章.北京切音教科书（首集、二集）［M］.北京：文字改革出版社，1957.

[9] 倪宝元.语言学与语文教育［M］.上海：上海教育出版社，1995.

[10] 钱玄同.钱玄同文集（第三卷）·汉字改革与国语运动［M］.北京：中国人民大学出版社，1999.

[11] 全国高等院校文字改革研究会筹备组/全国高等院校文字改革学会.语文现代化（第1－8辑）.［M］.北京：语文出版社/知识出版社，1980~1985.

[12] 文字改革出版社.清末文字改革文集［C］.北京：文字改革出版社，1958.

[13] 文字改革出版社.汉语拼音论文选［M］.北京：文字改革出版社，1988.

[14] 吴玉章.文字改革文集［M］.北京：中国人民大学出版社，1978.

[15] 徐杰.语言规划与语言教育［M］.上海：学林出版社，2007.

[16] 宣浩平.大众语文论战［M］.上海：上海启智书店，1934.

[17] 姚亚平.中国语言规划研究［M］.北京：商务印书馆，2006.

[18] 张中行.文言与白话［M］.哈尔滨：黑龙江人民出版社，1997.

[19] 张世禄.汉字改革的理论和实践［M］.北京：文字改革出版社，1957.

[20] 之光.新文字入门［M］.北京：新文字研究会，1936.

[21] 中国文字改革委员会. 汉字简化方案草案说明——汉字简化的目的和方法 [Z]. 1955 – 01 – 07

[22] 中国语文杂志社. 拼音形声字批判 [M]. 北京：中华书局, 1956.

[23] 中国语文杂志社. 简化汉字问题 [M]. 北京：中华书局, 1956.

[24] 周恩来. 当前文字改革的任务（注音本）[M]. 北京：文字改革出版社, 1958.

[25] 周庆生. 国外语言政策与语言规划教程 [M]. 北京：语文出版社, 2001.

[26] 周有光. 汉字改革概论 [M]. 北京：文字改革出版社, 1964.

[27] 周有光. 新语文的建设 [M]. 北京：语文出版社, 1992.

[28] 黎锦熙. 国语运动史纲 [M]. 北京：商务印书馆, 2011.

（四）论文

1. 学位论文

[1] 杜晓沫. 当代儿童文学的文化大革命十年——1966 – 1976 文革儿童文学史研究 [D]. 长春：吉林大学图书馆, 2009.

[2] 胡虹丽. 坚守与创新_ 百年中小学文言诗文教学研究 [D]. 长沙：湖南师范大学图书馆, 2010.

[3] 胡向东. 民国时期中国考试制度的转型与重构 [D]. 武汉：华中师范大学图书馆, 2006.

[4] 金鹏. 符号化政治——并以"文革"时期符号象征秩序为例 [D]. 上海：复旦大学图书馆, 2002.

[5] 李海平. 论意义的语境基础——语用分析语境与诠释语境的实践论整合 [D]. 长春：吉林大学图书馆, 2005.

[6] 刘超. 民族主义与中国历史书写 [D]. 上海：复旦大学图书馆, 2005.

[7] 刘颖贤. 1956 年汉语、文学分科改革述评 [D]. 金华：浙江师范大学图书馆, 2005.

[8] 曲丽娟. 语言学习中的模仿与创造 [D]. 哈尔滨：东北林业大学图书馆, 2006.

[9] 荣华. 汉语母语教育意识的觉醒 [D]. 呼和浩特：内蒙古师范大学图书馆, 2007.

[10] 汪楚雄. 中国新教育运动研究（1912 – 1930）[D]. 武汉：华中师范大学图书馆, 2009.

[11] 王伦信. 清末民国时期中学教育研究 [D]. 上海：华东师范大学图书馆, 2001.

[12] 吴小鸥. 清末民初教科书的启蒙诉求 [D]. 长沙：湖南师范大学图书馆, 2009.

[13] 熊南京. 二战后台湾语言政策研究（1946－2006）[D]. 北京：中央民族大学图书馆，2007.

[14] 张哲英. 清末民国时期语文教育观念考察——以黎锦熙、胡适、叶圣陶为中心 [D]. 上海：华东师范大学图书馆. 2009.

2. 公开发表论文

[1] 白宏太，任国平. 武汉班主任的幸福人生 [J]. 人民教育，2008（24）.

[2] 班弨. 论母语与"半母语"[J]，暨南学报（哲学社会科学版），2008（5）.

[3] 谌耀李. "语感"是双基训练的重要一环 [J]. 山东师院学报（哲学社会科学版），1980（6）.

[4] 陈一. 现代汉语教学可试行"问题贯穿法"[J]. 语文建设，1994（9）.

[5] 戴庆厦，何俊芳. 论母语 [J]. 民族研究，1997（2）.

[6] 戴汝潜，郝家杰. 识字教学改革一览 [J]. 人民教育，1997（1）；（2）；（3）；（4）；（5）.

[7] 戴昭铭. 规范化——对语言变化的评价和抉择 [J]. 语文建设，1986（6）.

[8] 习晏斌. 略论"文革"时期的"语言暴力"[J]. 江南大学学报（人文社会科学版），2007（4）.

[9] 冯胜利，王洁，黄梅. 汉语书面语体庄雅度的自动测量 [J]. 语言科学，2008（2）.

[10] 冯学锋，李晟宇. 母语与母语教育 [J]. 长江学术，2006（3）.

[11] 高万云. 语言规范的整体性原则 [J]. 语文建设，1998（10）.

[12] 顾黄初. 贴近生活：语文教学改革的一种趋势 [J]. 中学语文教学参考，1994（10）.

[13] 胡明扬. 中学语法教学刍议 [J]. 语文建设，1995（4）.

[14] 胡苏珍. 穿越历史的诗性之光——论"文革"时期青年"地下诗歌"[J]. 内蒙古社会科学（汉文版），2008（2）.

[15] 黄爱. 试论我国新闻大众化的变迁 [J]. 青年记者，2009（12）.

[16] 黄耀红，周庆元. 教师专业发展的问题反思 [J]. 中国教育学刊，2007（6）.

[17] 季银泉，盛斌. 我国的中小学语文教改实验（十八）[J]. 教学与管理，1999（9）.

[18] 蒋华. 新中国历次教育方针变革及评论 [J]. 四川师范大学学报（社会科学版），2007（3）.

[19] 解放日报 [N]. 1941～1949.

[20] 靳玉乐，罗生全. 课程论研究三十年：成就、问题与展望 [J]. 课程·教材·教法，2009（1）.

[21] 开封师范学院函授部. 语文教学参考：高中版 [J]. 1976～1978.

[22] 雷一宁. 漫谈"语感——兼谈如何改进中学语文教学的问题 [J]. 青海师专学

报，1983（2）.

[23] 李刚. 毛泽东和 1971 年《全国教育工作会议纪要》[J]. 淮阴工学院学报，2005（2）.

[24] 李海林，黄耀红. 言语教学的课堂实证——高中语文《中国当代诗四首》课堂实录 [J]. 教师之友，2002（11）.

[25] 李心得，肖应剑. 语文教学中的语感训练 [J]. 辽宁师院学报，1981（6）.

[26] 李杏保，周南山.《作文论》与"做人论"——叶圣陶写作教学思想评述[J]. 淮北煤师院学报（社会科学版），1983（1）.

[27] 李行健."语言美"漫谈 [J]. 天津师大学报，1984（2）.

[28] 李宇明. 论母语 [J]. 世界汉语教学，2003（1）.

[29] 李宇明. 切音字的内涵与外延 [J]. 福建师范大学学报（哲学社会科学版），2005（3）.

[30] 廖有利."快速作文"的格式化倾向分析 [J]. 齐齐哈尔大学学报（哲学社会科学版），2003（6）.

[31] 林运来. 叶圣陶论语感训练种种 [J]. 教育与进修，1984（6）.

[32] 凌德祥. 语言应用的国家战略与汉语教育的历史思考 [J]. 浙江工商大学学报，2008（4）.

[33] 刘大为. 语言知识、语言能力与语文教学 [J]. 全球教育展望，2003（9）.

[34] 刘国正. 我的语文工具观 [J]. 课程·教材·教法，1996（7）.

[35] 刘连庚. 学习语法和培养语感——访吕叔湘先生 [J]. 语文学习，1985（1）.

[36] 刘铁芳. 语言与教育 [J]. 河北师范大学学报（教育科学版），2001（2）.

[37] 刘小华."淡化"语法不等于"摒弃"[J]. 语文教学之友，2004（6）.

[38] 刘兴策，黄赛勤. 毛泽东语言文字思想研究简述 [J]. 语文建设，1993（12）.

[39] 刘要悟. 教学目标的意义、分类与陈述 [J]. 西北师大学报（社科版），1993（2）.

[40] 刘正伟，顾黄初. 关于中国语文教育史研究的对话 [J]. 中学语文教学，2000（10）.

[41] 陆继椿. 语文课智力训练的三个要素 [J]. 辽宁师院学报，1983（4）.

[42] 陆义彬. 走出"双基"教学中的误区 [J]. 吴中学刊（社会科学版），1994（1）.

[43] 毛雨先. 快速作文课堂训练十步法及其基本特征 [J]. 江西教育学院学报，1994（3）.

[44] 南京师范学院附属小学. 我们进行识字教学的情况和体会 [J]. 人民教育，1963（6）.

[45] 潘涌. 论全球化背景下母语教育的普世价值 [J]. 北京大学教育评论，2009，（3）.

[46] 彭佩璐. 交际能力对口语运用的影响 [J]. 湖南大学学报（社会科学版），1997

（1）.

［47］彭泽平.1958－1965 年我国基础教育课程改革的重新考察与评价［J］.东北师大学报（哲学社会科学版），2005（2）.

［48］齐兴文，房崇光.课堂教学中构建"知识树"的尝试［J］.当代教育科学，2009（8）.

［49］［日］森纪子.民国时期尊孔运动的两条路线［A］.中国社会科学院近代史研究所.中华民国史研究三十年（下卷）［M］.北京：社会科学文献出版社，2008.

［50］邵敬敏.现代汉语课教学方法改革刍议［J］.语文建设，1993（9）.

［51］社论.用革命精神扫除文盲.人民日报［N］.1958－5－20.

［52］社论.最新最美的人.解放军报［N］.1969－2－19.

［53］石鸥.最不该忽视的研究——关于教科书的几点思考［J］.湖南师范大学教育科学学报，2007（5）.

［54］石鸥.我国最早的现代意义的教科书——南洋公学的《（新订）蒙学课本［J］.书屋，2008（1）.

［55］石鸥，吴小鸥.清末民初教科书的现代伦理精神启蒙［J］.伦理学研究，2010（5）.

［56］石鸥，曾艳华.小课本大宣传——根据地教科书研究之一［J］.湖南师范大学教育科学学报，2010（5）.

［57］宋伯尧.建国前的语文工作［EB/OL］.http：//www.k12.com.cn，2009－08－19.

［58］苏培成.汉字研究和汉字教学［J］.中学语文教学，1997（2）.

［59］谭学纯.人是语言的动物，更是修辞的动物［J］.辽宁大学学报（哲学社会科学版），2002（5）.

［60］汤国铣.中学生快速作文法质疑［J］.贵州师范大学学报（社会科学版），1998（3）.

［61］陶本一.语文教育和语言素质［J］.语文教学通讯，1996（4）.

［62］庹修明.应该抓好语文课的"双基"教学［J］.贵阳师范大学学报（自然科学版），1977（4）.

［63］王宁.汉语语言学与语文教学［J］.中国社会科学，2000（3）.

［64］王宁，孙炜.论母语与母语安全［J］.陕西师范大学学报（哲学社会科学版），2005（6）.

［65］王尚文.语文教学的错位现象［J］.教育研究，1991（10）.

［66］王兆苍.不要使汉语教材落后于学生的知识水平［J］.人民教育，1956（10）.

［67］王振昆，谢文庆.语言美在社会生活中的作用［J］.语文研究，1981（2）.

［68］温晓虹.语言习得与语法教学［J］.汉语学习，2008（1）.

［69］吴小鸥，向黎．艰难的规整——解放初期教科书之研究［J］．湖南师范大学教育科学学报，2009（5）．

［70］吴心田．对深化语文教学改革的思考［J］．中学语文教学参考，1994（6）．

［71］吴玉章．中国文字改革的道路．光明日报［N］．1956 - 1 - 18．

［72］吴忠豪．小学低年级学生识字能力的调查与研究［J］．课程·教材·教法，2003（10）．

［73］徐林祥．融斋龙门弟子与中国早期现代化［J］．史林，2006（5）．

［74］严光文．文学语言的规范和变异［J］．西南民族学院学报（哲学社会科学版），1995（6）．

［75］杨成章．语感与语文教育［J］．重庆师院学院（哲学社会科学版），1997（1）．

［76］叶苍岑．论语文基础知识教学和基本能力训练紧密联系的原则［J］．北京师范大学学报，1983（5）．

［77］印京华．探寻美国汉语教学的新路：分进合击［J］．世界汉语教学，2006（1）．

［78］于根元．语言是开放的梯形结构［J］．汉语学报，2005（2）．

［79］余何知．"语言美"的标准及其他［J］．语文研究，1982（2）．

［80］《语文学习》编辑部．语文学习［J］．1952～1960；1978～2009．

［81］曾祥芹．快速作文原理论［J］．河南师范大学学报（哲学社会科学版），1996（6）．

［82］张传燧．关于中国教育史研究与教学的几个问题［J］．湖南师范大学教育科学学报，2010（5）．

［83］张传宗．以加强语言教学带动语文教改跨入 21 世纪［J］．课程·教材·教法，1998（1）．

［84］张德明．论"语言美"的分类及其研究趋向［J］．锦州师院学报（哲学社会科学版），1987（4）．

［85］张德鑫．"水至清则无鱼"——我的新生词语规范观［J］．2000（5）．

［86］张锐．谈语文知识教学体系的设计［J］．学科教育，1991（6）．

［87］张锐．九十年代语文教学改革的特色与趋势［J］．中学语文，1994（1）．

［88］张志公，王本华．关于口语研究和口语教学的三个问题［J］．语文建设，1994（10）．

［89］张仲良．"双基"教学中的几个问题［J］．开封师院学报（社会科学版）．1979（3）．

［90］郑国民．小学识字与写字教学改革的基本理念［J］．学科教育，2002（11）．

［91］仲哲明．关于语言规划理论研究的思考［J］．语言文字应用，1994（1）．

［92］周庆元．胡绪阳．走向美育的完整［J］．教育研究，2006（4）．

［93］周庆元，杨云萍．学科教育：时代的永恒主题［J］中国教育学刊，2007（1）．

［94］周庆元，胡虹丽．文言文教学的坚守与创新［J］．中国教育学刊，2009（2）．

［95］周庆元，刘光成．试论21世纪的大学文学教育［J］．高等教育研究，2007（12）．

［96］邹韶华．论语言规范的理性原则和习性原则［J］．语言文字应用，2004（1）．

［97］邹玉华，马广斌，刘红，韩志湘．关于汉语中使用字母词的语言态度的调查［J］．语言教学与研究，2005（4）．

［98］朱传玲．谈中学语法知识教学的系统化［J］．开封教育学院学报，1987（1）．

［99］祝敏青．主持人话语调控与语境［J］．修辞学习，2006（1）．

［100］庄文中．中学语法教学的新思路——谈谈《中学语法教学实施意见（试用）》［J］．课程·教材·教法，1995（4）．

（五）英文文献

［1］H. G. Widdowson. Aspects of Language Teaching［M］. Shanghai：Shanghai Foreign Language Education Press，2001.

［2］Jack C. Richards 著．林立注. Communicative Teaching Today［M］. Beijing：People's Education Press，2008.

［3］Jack C. Richards & Theodore S. Rodgers. Approaches and Methods in Language Teaching［M］. Beijing：Foreign Language Teaching and ResearchPress，2008.

［4］Jane Wills & Dave Wills. Challenge and Change in Language Teaching［M］. Shanghai：Shanghai Foreign Language Education Press，2002.

［5］Kenneth R. Rose & Gabriele Kasper. Pragmatics in Language Teaching［M］. Beijing：World Book Publishing Company Beijing，2006.

［6］M. A. K. Halliday. Language and Education［M］. Beijing：Peking University Press，2007.

后 记

母语教育对于个体成长及民族传承都有极其重要的意义，其重要性已获得了世界各国的共同认可，母语教育史研究也因其借鉴价值而得到了相应的重视。目前，与汉语母语教育史相关的研究领域，比如语文教育史、语言教学、语言政策等，都已有一批或一大批研究者，但集中于汉语母语教育史尤其是现代汉语母语教育史的研究，却仍处于不成形的阶段。如果能从历史演进的角度，对现代汉语母语教育史进行全景式展示，并以此为基础，对其发展路线、各期异同、变迁原因及功过得失进行比较与分析，将为汉语教育史和语文教育史的研究提供重要的学术参考。基于此，我开始了对汉语母语教育史的研究。

此后就是文献的收集与阅读工作，这项工作的艰巨程度超越了我的想象，我在孔夫子旧书网、共享资料、当当、卓越、CNKI、国家图书馆、北师大图书馆等网站或图书馆花费了大量的时间，但所获材料都跟"现代汉语母语教育史"这个核心问题有较远的距离。这种状态难免令人沮丧，但也渐渐地增强了我的信心——至少，这个问题真的还没有怎么被人集中研究过。五六百个日子就在这种状态中匆匆溜走了，到 2010 年暑假将要来临的时候，因为担心再在各种若即若离的资料中飘荡游移会错过研究兴奋期，所以我决定动笔写作。其结果，就是摆在眼前的这初具规模却仍不够成熟的书稿。坦率地说，因为史料掌握得比较丰富，所以对于现代汉语母语教育史的分期我是比较自信的，但历史研究总给人一种无止境的感觉，所以，对于文中的某些部分，自我感觉还是比较惶惑，隐隐约约觉得应该要更深刻或细致一些才好。好在还可以找来一两个自我慰藉的理由：第一，"只有经过风霜的竹子才能用来做笛子"，焦灼与欣然交替的近一年写作，似乎也练就了自己"做笛子"的某些基本素质。第二，"历史的研究永无止境"，本书的完成，至少已为深入的后续研究打下了一些基础。

自我宽慰之后，一个个生动的面孔浮出记忆。

首先当然是我的博士生导师周庆元教授，他的指点让我下定决心对现代汉语母语教育史这个选题进行深入研究，周老师所给予的支持与批评、鼓励与鞭策，是我完成本研究的重要动力；著名的教育社会学研究者石鸥教授的教育社会学理论给了我很大触动，启发了我应该把学校母语教育和社会母语教育紧密结合起来进行观察；教育史研究专家张传燧教授为本书提出了一些宏观的建议，并曾抽出时间跟我进行不少字斟句酌的讨论；刘要悟教授、郭声健教授、辛继湘教授也为这项研究提供了一些方法上的指导。

此外，我要感谢同门挚友黄耀红、李宣平、周敏、胡虹丽和苑青松，他们为论文写作提供了不少宝贵的信息与建议。还要隆重感谢我的对门邻居安淑贞老人，她自前两年去深圳定居后，就一直把房子借给我作书房用，为本书的撰写提供了极佳的工作环境。

衷心祝愿所有这些善良的人们健康幸福！

曾晓洁

2012 年 8 月 25 日